부부를 위한 심리학

잘사는 부부 못사는 부부

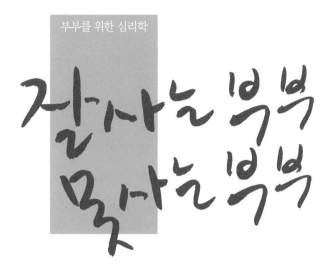

부부를 위한 심리학

잘사는 부부 못사는 부부

홍대식 지음

시그마북스
Sigma Books

부부를 위한 심리학

잘사는 부부 못사는 부부

발행일 2007년 10월 10일 초판 1쇄 발행
2009년 10월 01일 초판 2쇄 발행

지은이 홍대식
발행인 강학경 | 발행처 시그마북수
마케팅 정제용, 김효정 | 에디터 권경자, 김진주, 이정윤
디자인 성덕, 김세아
등록번호 제10-965호
주소 서울특별시 마포구 성산동 210-13 한성빌딩 5층
전자우편 sigma@spress.co.kr | 홈페이지 http://www.sigmapress.co.kr
전화 (02)323-4845~7(영업부), (02)323-0658~9(편집부) | 팩시밀리 (02)323-4197
인쇄 백산인쇄
가격 10,000원
ISBN 978-89-8445-289-3(03180)

차례

현명한 선택

서문

거의 모든 사람들이 숙명처럼 결혼하고 자식을 낳아 기르는 생활을 한다. 그리고 결혼생활 중에 많은 즐거움과 괴로움을 겪으면서 살아가고 있다. 이와 같이 대부분의 사람들에게 매우 중요한 결혼생활에 관련된 심리학적 지식들을 독자들에게 제공하는 것이 이 책의 목적이다. 이 책은 지금까지 부모, 가족, 친지 및 어른들의 가르침을 받아서 결혼생활을 해왔거나, 앞으로 결혼생활을 계획하는 사람들에게 과학적 연구에 기초한 지식을 제공하고자 한다.

이러한 목적을 위해서 지금까지 출간되어 온 최근의 대표적 논문들과 저서들을 참고했으며, 이를 바탕으로 필자의 생각을 첨가시켰다.

결혼생활과 부부관계의 문제는 많은 학자들이 관심을 갖고 있고, 일반인들도 이 문제에 대해 깊은 관심을 갖고 있다. 따라서 이 분야에서 널리 읽혀지고 있는 권위 있는 저서들을 많이 접할 수 있다. 특히 최근에 발간된 저서들 중에서 존 가트맨John Gottman, 하워드 마크맨

Howard Markman, 프랭크 핀챔Frank Fincham 등과 같은 권위 있는 저자들의 저서들은 이 분야의 최신 지식과 기술을 최대로 잘 전달해 주고 있다. 이 책은 이들의 저서로부터 큰 영향을 받았다.

아무쪼록 이 책이 현재 결혼생활을 하고 있는 부부들의 결혼생활을 향상시키는 것을 도와주고, 장차 결혼생활을 계획하는 사람들에게는 결혼생활에 대한 지침을 제공해 주기를 간절히 바란다.

2007년 9월
저자 씀

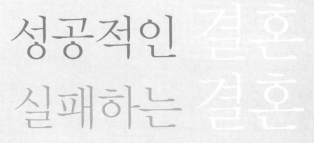

성공적인 결혼
실패하는 결혼

제1장 |

성공적인
결혼생활의
특징

많은 결혼자들이 보편적으로 품고 있는 '원만한 결혼생활이란 도대체 무엇인가' 라는 기본적 의문에 대한 답변을 제공하고, 행복한 결혼을 계획한 사람들을 위해서 '장차 어떻게 살아가야 될 것인가' 에 대해 조망한다.

이 책은 많은 사람들이 관심을 두고 있는 결혼 성공의 원리와 방법을 알아보고자 한다. 좀 더 구체적으로 말하면, 결혼한 부부들 중에서 행복한 부부들과 고통스러운 부부들을 결정짓는 요인은 무엇이며, 부부간의 애정이 감소되거나 사라지는 것을 예방하는 방법은 무엇이고, 이미 감소되었거나 사라진 애정을 회복하는 방법은 무엇인가를 알아본다.

그리하여 많은 결혼자들이 보편적으로 품고 있는 '원만한 결혼생활이란 도대체 무엇인가' 라는 기본적 의문에 대한 답변을 제공하고, 행복한 결혼을 계획한 사람들을 위해서 '장차 어떻게 살아가야 될 것인가' 에 대해 조망한다. 현재 고통스러운 결혼생활을 하고 있는 사람들에게 지옥과 같은 고통에서 벗어나는 길을 제시하고, 결혼의 쓴맛을 체험하고 이혼했다가 다시 재혼을 고려하는 사람들에게 또다시 실패하지 않는 방법을 제공하고자 한다.

그러면 이러한 결혼 행복과 이혼의 주제가 오늘날 특히 관심을 끄는 이유는 무엇인가?

첫째로, 그것은 사람들의 행복, 웰빙well-being, 또는 안녕에 대한 관심의 시대적 증가이다. 오늘날 산업화된 나라에서도 여전히 먹을 것이 없을 정도로 빈곤에 허덕이는 사람들이 많이 있기는 하지만, 경제 수준의 향상으로 어느 정도 의식주가 해결되고 있다. 따라서 사람들은 먹고 살기 위해 할 수 없이 고통스러운 결혼생활을 계속해야만 되는 상황으로부터 벗어났고, 좀 더 즐겁고 행복하며 만족스러운 결혼생활에 초점을 두게 되었다. 한마디로 말해서, 이러한 관심의 증가는 산업화된 국가들에서 결혼생활에 대한 개인적 욕망과 기대가 한층 더 높아진 결과일 것이다.

둘째로, 이러한 결혼생활에 대한 개인적 욕망 수준이 높아진 것과 더불어 파생된 결혼 실패로 인한 고통의 증가이다. 결혼 실패의 증후들 중에서 가장 두드러진 것이 이혼율의 증가이다. 오늘날 미국, 유럽, 일본 등과 아울러 최근 우리나라의 이혼율은 거의 50~70%에 이르고 있다. 결혼한 사람들 두 쌍 중의 한 쌍 이상이 이혼하는 셈이다. 당신 자신은 이 두 그룹 중에서 어디에 속할 것으로 생각되는가? 이혼의 절반이 결혼 초, 즉 결혼 후 7년 이내에 발생한다. 또한 초혼에 실패한 후에 재혼한 자들의 이혼율도 이와 비슷하거나 초혼자보다 10% 더 높다.

이와 같이, 오늘날의 시대에서 이혼은 어쩌다가 발생되는 특이한 문제가 아니라 과거의 흑사병, 이질이나 홍역이 수많은 사람들에게 죽음과 고통을 가져다주었던 것과 비슷하게, 일종의 '전염병' 수준에 도달되어 있다는 주장이 있을 정도에 이르고 있다. 이러한 이혼이라는 전염병은 이혼부부들에 대해 매우 장기적이고 고통스러운 부작용이나 후유증을 수반한다.

이혼부부들에 대한 부작용들은 주로 정신과 신체 건강에 대한 심각한 위험으로 요약된다. 정신적 측면에서 이혼은 정신병, 자동차 사고와 사망, 자살, 폭력, 살인 비율의 커다란 증가를 일으킨다. 신체적 측면에서 이혼은 신체적 병의 발생과 병으로 인한 사망을 증가시키고, 수명의 감소 및 질병에 대한 면역력의 약화를 일으킨다. 예컨대, 불행한 결혼생활을 하는 사람들이 병에 걸릴 확률이 35% 더 높고 수명이 4년 줄어든다는 연구결과가 있다. 부가적으로, 이혼은 빈곤의 주된 원인이 되며 직장인들에게 나쁜 생산성을 일으킨다.

결혼 불화와 이혼은 당사자들뿐만 아니라 그들의 자녀들에게도 심각한 상처를 준다. 자녀들은 출생부터 성장이 완료되기까지 부모의 지극한 사랑과 보살핌을 필요로 한다. 그런데 결혼 불화와 이혼은 자녀들에게 꼭 필요한 사랑과 보살핌을 급감시킨다. 마치 뻐꾸기 새끼에게 밀려난 붉은머리오목눈이, 또는 뱁새의 어린 새끼들처럼 부모의 불화와 이혼에 당면한 자녀들은 부모 품 안의 안전으로부터 밖으로 내팽개쳐지는 셈이다.

붉은머리오목눈이의 새끼들처럼 목숨을 잃는 데까지 가지는 않더라도 정신적 및 신체적 건강과 생활적응력에 심각한 피해를 입는다. 정신적 측면에서 우울증, 사회적 철수, 사교성 감소, 무단 결석, 등교거부, 폭력행동과 같은 행동문제들과 아울러 학업성적 불량의 피해를 당한다. 신체적 측면에서 여러 건강문제들을 더 많이 겪으며, 심지어 수명이 뚜렷이 감소되기까지 한다.

결론적으로, 오늘날 우리나라는 부부관계의 불화와 이혼으로 인해 심각한 '가족 해체의 위기'에 처해 있다. 이러한 위기는 관여된 부부들과 자녀들에게 심각한 정신적·신체적 피해를 주고, 나아가서 사회문제의 큰 부분이 되고 있다. 이러한 점들을 전제할 때, 우리는 결혼 불화와 이혼의 원인이 무엇이고, 예방과 치료의 방법이 무엇인지를 심각하게 고려할 필요가 있다. 이를 위해서, 우리는 먼저 성공적 결혼생활의 특징을 검토할 필요가 있다. 이러한 검토는 일반원리로부터 세부요인들, 예컨대 부부의 의사소통 방식까지의 범위를 취할 수 있다.

이 장에서는 행복하고 오래 지속되는 성공적 결혼생활의 '일반원리'를 제시해서 독자들이 결혼생활에 대한 전체적 조망을 갖는 것을 돕고자 한다. 그 다음에, 결혼생활의 성패의 구체적 세부요인들이 주제 영역별로 좀 더 자세하게 취급될 것이다.

성공적인 결혼생활의 첫 번째 열쇠
부부간의 정 쌓기

여기에서 '정'이란 심리학적으로 쓰이는 정확한 용어는 아니지만 일상적으로 널리 쓰이고 피부로 쉽게 느껴지는 용어이기 때문에 전달의 필요에 의해 사용된다. 정_{고운 정}이라는 용어는 좋아하는 것, 친근한 것, 매력, 그리움, 사랑을 포함하는 가족과 친구와 같은 가까운 인간관계에서 주로 느껴지는 여러 긍정적 감정들을 일컫는다.

정은 모든 가까운 인간관계의 핵심 특징이다. 친구, 선배와 후배, 동료, 부모와 자식, 연인이나 부부 등 모든 가까운 관계의 밑바탕에는 정이 있다. 따라서 정은 인간관계가 원만하고 행복하며 오래 지속되기 위해 필수적인 것이다. 우리가 어떤 사람을 잠시 만나거나 오래 만나거나 간에, 서로 정 있는 언행을 하고 나면 정이 더 많이 느껴지고, 그 결과로 더 많이 친밀해지고 더 많은 시간을 함께 지내거나 활동한다. 일단 정이 들면, 우리는 상대방과 헤어지거나 관계가 단절되는 것을 몹시 싫어한다. 그래서 정든 사람과 헤어질 때는 섭섭해하고 슬퍼하며 눈물을 흘리고 다시 만나기로 약속한다. 또한 헤어진 후에는 그리워하고 실제로 다시 만나기 위해 많은 노력을 기울인다. 이러한 가까운 예는 인간 정서를 노래하는 많은 유행가들이 정을 주제로 하고 있는 것에서 찾아볼 수 있다.

특히, 부부관계와 같이 정신적 · 신체적으로 장기간 몰입된 가까운 관계는 부부간의 정이 관계의 핵심 차원이 된다. 정이 많이 든 부부는 서로의 존재 자체와 상대함에 대해 편안해하고 즐거워하며, 행복과 만족을 느끼고, 함께 오래 머물고 싶어한다. 부부관계는 부부가 서로 여러 특징들상에서 잘 조화되고, 발생된 차이와 문제를 잘 해결하고, 각자의 여러 관계적 역할을 잘 수행할 때에 정이 쌓여가게 된다. 그러나 그렇지 못할 경우에는 서로 정이 떨어지게 되고, 최소한의 정도 유지하고 못하고, 마침내 부정적인 미운 마음마이너스 정만이 남아 있게 된다. 예컨대, 이혼하는 부부들은 대개 결혼 초에 갖고 있었던 좋아하고 사랑하는 감정들이 사그라지고, 서로 상대하는 과정에서 즐거움보다 고통을 더 많이 느끼며, 자기들의 차이와 문제를 잘 해결하지 못해서 심한 고통을 당했던 사람들이다. 요컨대, 이들은 부부관계에서 필수적인 정을 유지시키지 못하고, 증가시키지도 못하며, 그 결과로 정의 '예금 잔액'이 바닥난 사람들이다. 이들은 정의 예금 잔액이 0

의 상태로 된 것보다 더 나아가서 적자, 또는 마이너스 상태에 이른 사람들이다.

이와 같은 관점에서 볼 때, 정은 부부관계의 유지와 운영에 필요한 기본적 자원이나 재산이다. 사람들이 생활에 필요한 돈이나 재산이 없을 경우에 가난한 생활을 하거나 파산하는 것과 똑같이, 정이 부족하거나 없거나 마이너스인 부부들은 부부관계를 유지하는 데에 힘이 들고 고통을 느끼며, 마침내 어쩔 도리가 없어서 부부관계를 깨버리게 된다. 이와는 반대로, 원만하고 행복한 부부관계를 가진 부부들은 부부관계를 유지하고 좋게 만들 수 있는 정의 자원이 많기 때문에 부부관계를 잘 운영한다. 따라서 서로를 좋게 보고 즐거워하며 행복을 느끼고 관계를 평생 유지시키고자 한다. 이들은 결국 부부관계의 건설과 유지에 필요한 자원을 많이 갖고 있고, 자원을 스스로 만들고 저축하는 사람들이다. 한마디로 말해서, 성공적인 결혼생활을 하는 사람들은 부부가 서로 상대해서 살아가는 과정에서 정을 많이 쌓고, 계속해서 정을 쌓기 위해 효과적으로 노력하는 사람들이다. 이러한 증거들은 결혼생활에 관한 수많은 연구들에서 입증되어 왔다. '성공적 결혼생활'을 하는 부부들의 정에 관련된 몇 가지 연구결과를 보면 다음과 같다.

● 배우자에 대한 지식과 기억_성공적 결혼자들은 자기의 배우자에 관해 많이 알고 있고, 그 결과로 갈등이 적고 애정이 많이 생긴다.

그들은 결혼 전의 교제 기간과 신혼 기간에 대해 좋은 추억을 갖고 있고, 과거의 기억들을 관계에 대해 좋은 방향으로 해석한다.

- 긍정적 언행_애정적 태도를 갖고서 상대방에게 주목하고, 관심을 주며, 칭찬하고, 선물이나 꽃을 주며, 감사를 표하고, 손잡으며, 포옹하고, 커피나 식사를 함께 하며, 산책, 등산, 운동, 여행 등을 함께 한다.

- 말다툼_기분 나쁜 말다툼의 종류와 수가 적다.

- 불평_결혼문제에 대해 긴 사설식의 불평보다 한두 마디의 명확한 불평을 제시한다.

- 말다툼 시의 부정적 언행_상호 비난, 경멸, 자기변명, 토의 기피 등이 적다.

- 문제해결 방식_부부간 대화가 유익하다고 보면서 대화시간을 많이 갖고, 혼자보다 부부 공동으로 문제를 해결한다.

- 부정적인 생리적 흥분_부부관계 문제의 토의 시에 스트레스에 기인된 생리적 흥분맥박, 혈압, 스트레스 호르몬의 증가가 낮다.

- 부부간의 물리적 거리_서로 멀리 있기떨어져 있음, 별거보다 가까이 다가간다.

- 고독감_관계의 가까움이 많기 때문에, 부부의 정신적 · 물리적 분리에 기인된 고독감이나 외로움이 적다.

- 불륜행위_제삼자와 사귀거나 간통하는 것과 같은 불륜의 의사와 행위가 적다.

정은 확대되어 재생산되는 성질을 갖고 있다. 즉, 정은 정 있는 언행을 낳고, 역으로 정 있는 언행을 하면 더 많은 정이 생긴다. 이러한 사실은 위에서 제시된 목록에 잘 나타나 있다. 배우자에 대해 긍정적인 지식과 기억이 많고, 부정적 언행보다 긍정적 언행이 많으며, 문제 해결이 긍정적 대화로 이루어지는 부부들은 시초에 정이 많고 그 다음에 정이 드는 언행을 행하고, 그 결과로 또다시 정이 더 많이 드는 사람들이다. 이와 반대로, 시초에 미움이 많고 그 다음에 정이 떨어지는 언행을 하게 되는 부부들은 마침내 미움과 같은 부정적 감정이 점점 더 많아지게 된다. 연구들은 결혼 전의 데이트 과정과 신혼 초에 긍정적 감정이 많고 관계에 만족한 사람들이 결혼 후에도 마찬가지라는 것을 나타낸다.따라서 결혼의 출발을 잘해야만 된다.

마지막으로, 정과 그 반대인 미움은 부부관계에 대한 영향력에서 차이가 있으며, 일반적으로 정보다 미움의 힘이 훨씬 더 강하다. 우리 속담에 "열 번을 잘하다가 한 번을 잘못하면 나쁜 사람으로 여겨진다"는 말이 있는데, 이것은 인간에게 긍정적 언행보다 부정적 언행의 영향이 몇 배나 더 크다는 것을 의미하며 과학적으로도 확고하게 입증된 사실이다. 부부관계에 관한 연구에서도 이와 같은 사실이 입증되고 있는데, 행복하고 안정된 결혼생활을 하는 사람들은 긍정적 언행과 부정적 언행의 비율이 약 5 대 1이며, 그 비율이 1 대 1에 이르면 거의 확실히 이혼했다. 즉, 1 대 1은 0의 정 상태보다 마이너스의 정 상태를 일으킨다. 이와 같은 사실은 부부관계와 같이 가까운 관계들에서 기분 나쁜 언행이 발생되지 않도록 특별히 조심하고 노력할 것을 경고해 준다.

역할

사람들이 해야 될 일, 즉 역할들은 당면한 상황과 과업에 따라 다양하며, 단순하거나 복잡할 수 있다. 예컨대, 갓 결혼한 젊은 남성은 자식, 남편, 직장인, 선후배 등의 역할을 할 수 있다. 이와 같이 인간관계상에서의 개인의 역할은 개인이 처한 상황과 상대하는 사람들에 따라 결정되게 된다. 여기에서, 우리는 대부분의 사람들이 여러 상황에서 행하는 다양한 역할들보다 결혼생활 속에서 부부가 행하는 역할로 범위를 좁혀서, 부부관계에서의 역할을 좀 더 자세하게 검토할 것이다. 이는 장의 주제가 결혼 성공이므로, 결혼 성공에 직결된 역할들을 주로 다루는 것이 더 적절한 것으로 여겨지기 때문이다.

전통적으로, 결혼생활에서 부부가 행하는 역할은 주로 남편과 아내의 '과업적 역할'의 측면에서 단순하게 구분되고 있다. 예컨대, 남편은 직장에 나가서 돈을 벌고, 아내는 집안에서 가정살림을 보살피고 자녀를 돌보는 전통적 역할들이 있다. 그러나 '부부관계' 속에서 부부들이 행하는 역할에 초점을 둘 때, 부부들은 이러한 과업적 역할을 넘어서 몇 가지 기본적 역할을 수행하고 있는 것으로 분석될 수 있다. 즉, 부부들은 때로는 친구로서, 애인으로서, 동료로서, 동지로서, 그리고 은인으로서의 역할을 수행하고 있다. 따라서, 우리는 부부의 역할들을 친구, 애인, 동료, 동지 및 은인의 다섯 가지로 구분해서 좀 더 자세하게 논의할 것이다. 부부가 이러한 역할들을 잘 수행하는 것이 결혼 성공에 필수적이다.

친구 역할 | 호감과 친근감이 있는 부부

이미 지적한 바와 같이, 전통적인 부부관계의 모습은 남편과 아내로서 과업적 역할을 잘하는 것, 즉 남편은 가족 부양을 위해 열심히 일하고, 아내는 집안살림을 알뜰하게 하고 자녀를 잘 돌보는 것이었다. 이런 관점에서, 친구로서의 역할이나 '친구 같은 부부'의 특징은 고상하고 품위 있는 전통적인 부부관계의 모습은 아닌 것 같다. 또한 이 특징은 부부가 남녀로서 서로 열렬히 사랑하는 애정 위주의 부부관계의 모습도 아닌 것으로 여겨진다.

친구 같은 관계는 남녀가 처음 사귀기 시작할 때, 어느 정도 친해져서 서로 남에게 '여자친구'나 '남자친구'라고 부르는 다소 깊지 않은 관계에서, 장차의 깊은 관계를 위해 '재미로' 만나는 관계와 비슷한 성질의 것이다. 이것은 재미 위주, 대화나 이야기 위주, 그리고 활동 예 : 영화 관람 위주로 이루어진 예비적이고 임시적이며, 가볍고 부담 없는 가까운 친구관계의 속성인 것 같다.

그러나 서로 마음에 드는 남녀가 일단 결혼하게 되면, 이러한 재미 위주의 관계는 '남편과 아내'라는 딱딱한 과업중심적 역할관계로 전환되기 쉽다. 이러한 역할관계는 사무적이고 의무적이며 다소 무미

부부는 가장 친한 친구인 거야.

건조한 관계이다. 부부로서의 과업적 역할 이외의 것들은 점점 더 대화와 활동의 주제에서 빠져버리고, 이제 부부는 할 말이 점점 줄어들고 마침내 침묵 속의 생활로 이동해서, 자신의 속마음을 배우자 이외의 친구들과 나누게 된다. 이것이 장기화되면, 부부는 점점 더 남남처럼 되고, 서로를 이해하지 못하며, 오해하고, 상호 믿고 의지할 수 없는 사람으로 바뀐다.

이와 반대로, 평생 동안 행복하게 결혼생활을 해왔다고 대답한 부부들은 모두 그 첫 번째 근본 이유로 자기 배우자가 '가장 친한 친구로서 생각된다'고 지적하고 있다는 것을 연구에서 밝혀냈다. 더 나아가서, 최근의 남녀 간의 사랑에 관한 인기 있는 이론은 완전한 사랑이 친밀성, 열정성 및 지속성의 세 요소로 구성되어 있다고 주장한다. 친구관계의 핵심적 특징인 친밀성이 빠진 애정관계는 성질상 풋사랑, 허울뿐인 사랑, 얼빠진 사랑에 속하는 것으로, 중요한 것이 빠져 있는 결함 있는 애정관계인 것이다. 이와 같이 친밀성은 사랑관계와 아울러 부부관계의 핵심 요소들 중에서 가장 중요한 것이며, 행복한 결혼생활의 관건은 부부간의 깊은 우정이다.

친구 같은 부부관계는 성질상 다음의 네 가지 측면을 갖고 있다.

● 서로 가까이 있다_인간관계에서 기본적 측면인 호감과 매력의 가장 기초가 되는 요인은 물리적 거리이다. 친구들은 대개 이웃에 살거나, 같은 학교나 반에 있거나, 각종 모임에 함께 참가하고 있다. 부부관계도 이와 마찬가지이다. 다정하고 행복한 부부들은 집 안과 밖에서 항상 가깝게 지낸다. 그리고 그들은 함께 있을 때에 서로 가까이 서고, 신체를 접촉하거나 포옹하고, 손을 잡는다. 이와 반대로, 부부관계가 행복하지 못한 부부들은 함께 있을 때에도 서로 거리를 두고, 경직되거나 불안한 신체자세를 갖고, 말다툼 후에 침대에서 서로 등을 지고 눕거나 각자 다른 방에서 기거한다. 장차 행복한 결혼생활을 의도하는 부부들은 서로 기분 나쁜 일이 있더라도, 결코 집을 나서거나 다른 방으로 가서 지내면서 별거상태에 있지 않도록 해야만 된다.

● 대화가 많고 배우자를 잘 이해한다_대화의 빈도와 주제가 많고, 사소한 일상적인 일들은 물론 심지어 속마음까지도 털어놓는다. 그 결과로, 이들은 배우자를 잘 이해한다. 또한 이들은 서로 비난하거

나 침묵하기보다 쉽게 말을 주고받고 즐거운 농담을 한다.

- 동반성이 높다_부부 각자가 혼자 하는 것보다 함께 하는 활동이 많다. 그리고 함께 하는 활동에 대해 즐거움을 느낀다.
- 편안함이 있다_어렸을 때의 친한 친구처럼 만나는 것, 이야기를 나누는 것, 함께 활동하는 것과 심지어 침묵하고 함께 있는 것에 대해 편안함을 느낀다. 그리하여 즐거울 때나, 괴로울 때나, 심심할 때에 함께 있고 싶어진다. 배우자에 대한 편안한 느낌은 부정적 정서보다 긍정적 정서가 많아야만 생긴다. 배우자를 헐뜯고, 꾸짖고, 화내고, 원망하는 것과 같은 부정적 정서를 유발시키는 행위는 편안한 느낌을 망친다.

결론적으로, 부부관계는 친근성이나 친밀성이 많아야 편안하고, 안심되며, 오래 지속된다. 부부관계에서의 장밋빛, 즉 열정성은 순간적이고 잠시 지속되는 것인 반면에, '오랫동안' 지속되는 것은 고향 마을 같은 안온하고 편안한 분위기, 즉 친근성인 것이다. 친근성이나 우정이 많아야 지속적인 사랑이 생기고, 생긴 사랑을 오래 유지시킬 수 있다.

애인 역할 | 열정

연애관계나 부부관계에서 열정성이 없는 경우를 상상해 보라. 이것은 어쩐지 진정한 연애와 부부관계의 모습이 아닌 것같이 여겨진다. 친근한 대화가 있고, 편안하며, 오래 지속되는 어떤 관계가 있다고 할 때, 이것은 부부관계가 아니라, 친구나, 동료나, 선후배 관계에 더 가깝다고 여겨질 수 있다.

오늘날의 이상적 결혼으로 널리 인정받고 있는 '열렬히 사랑해서 결혼한다'라는 전형적인 연애결혼의 이미지 속에는 이미 열정성이나 흥분요소가 내포되어 있다. 열정성은 동서고금을 막론하고, 이상적 남녀관계의 핵심 요소로 간주되어 왔다. 예컨대, 우리나라의 옛 소설인 〈춘향전〉이나, 서양 희곡인 〈로미오와 줄리엣〉의 사랑 이야기 속 주인공들은 상대방만을 사랑하고, 그리워하며, 상대방이 있으면 환희와 같은 열정적 흥분을 느낀다. 또한 상대방과의 사랑관계가 불가능할 때에는 심한 정신적 고통을 느끼고 심지어 자살이라는 극단적 방법으로 생을 마감하기까지 한다.

사랑관계에서 나타나는 열정성은 인간과 동물에서 진화적 · 유전적 뿌리를 갖고 있다. 동물들예 : 산양, 들소, 사자은 번식기가 되면 높은 흥분 상태에 있게 된다. 암놈들은 발정기가 되면 짝을 찾기 위해 안절부절 못하고, 수놈들은 짝을 찾고 경쟁자를 물리치기 위해 서로 싸우고 경쟁하며, 심지어 싸움 중에 생기는 부상으로 사망하기까지 한다. 이러한 싸움과 경쟁 속에서 생리적 흥분과 열정성은 핵심적인 몫을 한다. 경쟁과 선택의 과정을 거쳐 마침내 암수가 서로 적절한 짝을 정했더라도, 암수의 동물은 생식행위를 위해 성기관과 신체가 생리적으로 흥분되어야만 된다. 이와 같이, 동물들에서 사랑과 부부관계의 특징이 되고 있는 열정성은 그 배후에 기초적인 생물학적 뿌리가 있다.

열정성은 인간의 사랑에서도 핵심 요소의 하나이다. 기본적으로,

사랑이라는 인식을 위해서는 생리적이든, 정신적이든 간에 흥분성이 있어야만 한다. 생리적 흥분성은 혈압이나 맥박의 상승, 근육의 긴장 등을 포함하며, 정신적 흥분성은 사랑, 사모, 그리움, 근심, 걱정, 불안, 분노와 같은 다양한 정서 경험들을 포함한다. 이와 같은 흥분성은 그것예 : 가슴이 두근거림의 의미의 해석, 즉 명명 또는 이름 붙임예 : '이것이 사랑이다' 의 과정을 거쳐 비로소 사랑이라고 인식되고 느껴지게 된다. 예컨대, 분위기 있는 장소에서의 열정적 키스나 애무행위는 '사랑' 으로 해석될 수 있지만, 큰 소음이 있는 다소 공개적 장소에서의 애무행위는 다소 무절제하거나 주책없는 '성욕의 분출' 이라고 해석될 수 있을 것이다. 여성들이 '분위기에 약하다' 든가 분위기를 중시한다는 말의 의미도 이와 같은 이름 붙임의 측면에서, 즉 정서적 흥분에 대한 애정 해석 중시의 현상으로 이해될 수 있을 것이다.

심리학자들은 열정애를 격렬한 정서상태라고 정의하면서, 열정애를 측정하는 검사를 만들었는데, 그 중의 한 예가 29쪽의 평가에 제시되어 있다. 당신도 당신의 배우자또는 파트너를 대상으로 이 평가를 실시해 보기 바란다.

일반적으로, 즐겁거나 쾌감을 주는 상대방에 대한 정서적 열정성이나 흥분성은 상대방에 대한 사랑의 인식을 일으키고, 나아가서 관계에 대한 만족과 지속의 핵심 요인이 될 수 있다. 아마 대부분의 동물들과 인간에 있어서, 애정행위나 성교의 욕망과 즐거움이 이성들을 모이게끔 만들고, 관계를 열렬히 추구하게 만들며, 맺어진 관계를 지속하게 만드는 원동력이 될 것이다. 이것은 자연, 또는 좀 더 구체

배우자 또는 파트너에 대한 열정애 검사하기

이 질문지는 당신이 당신의 배우자, 즉 남편이나 아내 또는 파트너에 대해 느끼는 열정애의 정도를 알아보기 위해 마련된 것이다. 당신이 배우자에 대해 현재 느끼는 감정을 아래의 기준에 따라 숫자로 나타내 보라.

아래의 각 질문에 대해 다음의 숫자 범위(1에서 10까지)를 사용해서, 해당되는 숫자를 질문의 오른쪽에 있는 빈칸 속에 기입하라.

1	2	3	4	5	6	7	8	9	10
전혀 또는 거의 그렇지 않음				중간 정도로 그러함					분명히 그러함

1. 만일 배우자가 나를 떠난다면, 나는 깊은 절망감을 느낄 것이다.　( )
2. 나는 때때로 배우자에 대한 생각을 억제할 수 없다.　( )
3. 나는 하루에도 몇 번씩 배우자를 생각한다.　( )
4. 나의 마음 속에는 항상 배우자가 있다.　( )
5. 나는 배우자에 대해 강한 매력을 느낀다.　( )
6. 나는 배우자를 바라보기만 해도 마음이 설렌다.　( )
7. 나는 배우자가 나에게 관심이 없을 때에 매우 고통스럽다.　( )
8. 만일 배우자와 함께 있을 수 없다면, 나는 심한 불행함을 느낄 것이다.　( )
9. 나는 다른 어떤 사람보다도 배우자와 함께 있고 싶다.　( )
10. 나는 정신적으로나 육체적으로 배우자를 원한다.　( )

▶점수 합계 = ( )

여기에서 당신이 얻은 점수를 다른 사람들과 비교해서 평가하기는 곤란하다. 단지, 100점 만점에서 50~60점은 중간 정도를 나타내고, 그 이상은 열정애가 높은 것으로, 그리고 그 이하는 열정애가 낮은 것으로 해석할 수 있다.

적으로 우리의 유전자가 만들어놓은 생물학적 설계의 한 결과일 것이다.

하지만 열정성은 결혼생활 과정에서 시들 수 있다. 열정성과 흥분성을 방해하는 관계 내외의 사건들이나 상황들이 많다. 부부관계에서 끊임없이 제기되는 많은 문제와 갈등, 직업이나 가사와 같은 힘든 일로 인한 심신의 지침과 그로 인한 부부의 상호 상대하기와 대화 부족 등은 열정성을 감소시키고, 열정성을 느낄 기회를 빼앗아 간다. 심지어 부부만의 사적 공간을 침해하는 다른 가족들과 자녀들의 존재도 부부간의 상대하기, 대화와 아울러 열정성을 경험할 기회를 빼앗아 간다. 아마 이 마지막 요인이 우리의 선조들이나 할아버지들이 자기 부인보다 술집이나 다방의 접대부나 마담에게 빠지고 바람을 피우게끔 만든 일부 요인일 수도 있다.

애인 같은 부부관계는 다음과 같은 특징을 가질 것이다.

- 서로 가까이 있으려고 한다_두 사람 이외의 다른 일들이나 사람들 보다도 배우자와 함께 있으려는 동기가 강하다.
- 서로의 신체적 · 정신적 쾌감과 즐거움의 나눔에 관심을 둔다_신체적 접촉이나 대화를 통해 서로 즐거움과 흥분을 제공하고, 스스로 이것들을 열렬히 갖고 싶어한다.
- 배우자에 대한 관심과 아껴주려는 마음이 많다_다른 어떤 일들보다 배우자를 더 많이 생각하고, 배우자의 즐거움과 행복을 위해 정신적으로, 물질적으로 헌신하려고 든다. 그 대표적인 예가 배우자

에게 자주 전화하고, 배우자에게 맛있는 음식, 꽃이나 그 밖의 선물을 주는 것이다.

결론적으로, 열정성 있는 애인 같은 부부는 부부관계의 하나의 핵심적 측면이다. 이러한 결혼생활의 정신적·육체적 즐거움과 쾌감은 강력한 생물학적 뿌리를 갖고 있으며, 나아가서 부부관계의 만족과 지속을 결정짓는다.

동료 역할 | 손발이 척척 맞는 호흡

행복한 결혼생활에 대해 생각할 때, 우선적으로 우리는 부부의 연애감정이나 낭만적 애정을 머리에 떠올리기 쉽다. 그러나 이러한 생각은 부부관계나 결혼생활의 기본적 바탕을 다소 등한시한 것이다. 생물학적으로, 부부관계는 자손 번식의 한 체제이다. 부모 새는 새끼를 먹여 살리기 위해서 많은 위험을 무릅쓰고 희생적 노력을 기울여야만 되며, 그런 힘든 과정에서 그들 스스로도 먹고 살아야만 된다. 대부분의 동물들에서 번식기의 애정행위는 몇 초 동안의 극히 찰나적이고 일시적인 것이며, 그 이후에 기다리고 있는 것은 수개월 동안의 엄청난 노력과 심지어 생명을 무릅써야만 되는 수많은 힘들고 위험한 일들과 작업들이다.

결혼생활은 결국 결혼한 당사자들과 자식들이 '먹고 살아야만' 되는 냉혹한 생활의 일부분인 셈이다. 집안 안팎에 할 일들이 매우 많다. 이러한 일들은 역할분담을 통해서든 공동 노력에 의해서든 간에,

효과적이고 성공적으로 완수되어야만 된다. 생존 과업의 실패는 곧 부부와 아울러 자식들의 생존, 안전, 행복에 대한 심각한 위협을 초래한다.

이와 같은 측면에서, 부부는 가족이라는 조직체의 공동작업자이며, 가족이라는 회사에 속한 동료직원인 셈이다. 따라서 부부는 가정생활의 목표_{예 : 돈을 모음, 자녀교육}에 대해서 의견이 일치되어야만 된다. 더 나아가서 부부는 가정생활에 관련된 일의 처리와 작업과정에서 손발이 잘 맞아야만 된다. 그럼에도 불구하고, 많은 부부들이 결혼생활의 목표가 불일치되거나, 목표가 애매하거나, 집안일과 직장일의 처리에 있어서 손발이 맞지 않는 경우가 많다. 집안청소, 설거지, 세탁, 자녀를 돌보는 것과 같은 집안문제들과 아울러 직업 선택, 부부 맞벌이, 취업지역 등과 같은 직업문제들에서 부부들은 많은 문제와 갈등에 부딪힌다. 이와 같은 문제들에 가장 효과적으로 대처하는 방법은 부부가 한 팀에 속한 동료로서 공동의 목표의식과 긴밀한 관계를 갖고 협력하고, 원조하며, 희생하는 것이다.

동료 같은 부부관계의 특징을 요약하면 다음과 같다.

● 부부가 당면한 문제나 과업에 대해 의견이 일치한다. 부부는 결혼 생활에서 해야 될 일들과 해결해야만 될 문제에 대해 상의하고 공동의 과업의식을 갖는다. 이러한 의견 일치를 위해서 부부간의 상의나 대화가 매우 중요하다. 이것이 없으면, 결혼생활의 과업이나 문제는 각자의 것으로 되고 동료로서의 협력이 불가능해진다. 가정

생활에서 부부간의 긴밀한 '상의' 의 중요성은 아무리 강조해도 부족하다.

● 부부는 과업수행이나 문제해결의 방법을 함께 찾고, 노력을 합친다.

● 부부는 과업완수나 문제해결, 즉 과업성공에 대해 함께 즐거워하고, 과업실패에 대해 서로 위로한다.

결론적으로, 부부관계는 부부를 포함한 가족들의 생존문제를 해결해야만 되는 과업적 관계의 성질을 갖고 있다. 따라서 행복하고 만족스럽고, 오래 지속되는 결혼생활을 위해서 부부는 공동작업자, 동료직원이나 팀 동료의 정신을 가져야만 되고, 일의 수행과정에서 손발이 맞으며, 성공에 대해 공동의 즐거움을 갖고, 실패에 대해 서로 위로해야만 된다.

동지 역할 | 가치관과 목표

부부는 '뜻이 맞아야 된다' 고 한다. 또한 대부분의 이혼자들에서 이혼사유로서 '성격 차이' 를 가장 많이 제시하는데, 이것도 따지고 보면 생활목표, 행동, 습관 등의 '차이' 를 포함하고, 이 차이는 이것이 각자에 대해 나쁘거나 싫게 느껴진다는 것을 의미한다. 이런 것들을 통틀어서 우리는 목표나 가치의 불일치 문제에 속한다고 본다.

부부관계에서 목표나 가치는 소망, 희망, 포부, 생활의 의미와 같은 단어들로 표현되고 있다. 일반적으로, 가치는 사람들이 바람직하다거나, 기준이 된다거나, 중요하다고 여기는 어떤 것들성취나 행복과 같은 생활목표나 궁극적 가치들과 '용감하다'나 '예의 있다'와 같은 수단적이거나 과정적 행위양식들을 포함한다. 이와 같은 가치들이 결혼생활에서 중요하다. 예컨대 아내는 청결을 중시하는데 남편은 다소 털털한 것을 중시한다면 부부간에 집안의 여러 일들에서 '청결'에 대한 견해 차이로 충돌될 수 있다. 이와 같은 문제는 자녀훈육의 엄격성, 가정경제나 돈 씀씀이, 신앙이나 종교, 부모님을 대하는 것 등과 같은 여러 문제들에서 나타날 수 있다.

이와 같은 생활목표나 가치의 차이 문제는 그것들의 대부분이 매우 어렸을 때부터 경험을 통해 발전된 것이므로, 부부가 타협하거나 설득하기가 곤란할 수 있다. 이러한 중요한 목표나 가치는 중요한 것들 이외에도 매우 사소한 것들예: 잠자는 시간, 벗어놓은 양말을 치우는 것에서도 문제가 될 수 있다. 기본적으로 이와 같은 부부들의 소망, 인생의 의미, 목표, 기대 등은 결혼 전에 완전하게 파악하기가 매우 곤란하며, 같이 살면서 비로소 장기간에 걸쳐 확인될 수 있다. 부부간에 "살수록 새로운 것을 발견하게 된다"는 고백이나 한탄은 드문 일이 아니다.

하지만 가장 중요한 것은 목표나 가치의 불일치 자체가 아니라, 그것들을 건설적으로 해결하는 능력이다. 동지 같은 부부는 부부관계의 목표나 방법또는 행위의 방식에 대해 합의하고 발생된 차이의 감소를 위해 함께 노력하는 관계이다.

동지 같은 관계는 다음의 특징이 있다.

- 서로의 결혼생활의 이상, 소망, 희망, 기대 등을 명확히 이해하기

위해 대화한다.

- 서로의 이상, 소망, 기준, 기대 등에서 불일치나 갈등이 생길 때, 서로의 것을 존중해 주고, 양보와 타협을 위해 노력한다.
- 부부에게 가장 바람직한 것이 생활의 중요한 목표와 방법에서 일치되는 것이라는 점을 유의하고, 기타의 여러 사소한 불일치를 너그럽게 참아준다.

결론적으로 부부관계는 공동의 생활과정에서 이루어지는 것이므로, 그 목표, 이상, 소망, 기준이나 가치의 측면에서 일치되는 것이 가장 바람직하다. 이러한 것들에서 불일치될 때에 부부들은 불쾌감을 갖고, 서로 미워하고, 서로를 불필요하고 방해되는 존재로 인식하게 된다. 불일치가 수년간 계속 지속되면, 부부는 서로 연결이나 상호 관련이 없이 마치 캄캄한 밤중에 바다에서 제 갈 길을 가고 있는 두 척의 배처럼 생활하게 된다.

은인 역할 | 베풀기와 감사하기

부부관계에서 가장 바람직하고 이상적인 특징이 바로 부부가 서로 돕고 그 도움에 대해 감사하는 것이다. 상호 도움과 감사는 부부 각자에 대해 보상을 줌으로써 상대방에 대한 호감과 애정으로 발전되며, 부부관계의 모든 측면에서 따뜻한 분위기를 만들어 준다. 이것은 받는 것보다 주는 것예 : 사랑, 위로, 봉사, 희생이 더 많을 때, 그리고 상대방의 목표나 행동을 방해하기보다 촉진시키고 원조해 줄 때에 생기게 된다.

성공적인 부부는 생활과정에서 서로 많은 도움을 준다. 그들은 서로 부족한 것을 원조해 주고 고통을 위로해 주며 신체적·정신적으로 필요한 것을 충족시켜 준다. 이러한 것을 심리학에서는 보수 또는 단순하게 긍정성이라고 하며, 이와 반대되는 것을 부담또는 처벌이나 부정성이라고 한다.

그러나 부부관계에서 은인 같은 감사의 감정을 갖기가 매우 어렵다. 이미 지적한 바와 같이, 유명한 한 연구에 의하면 한 개의 나쁜 언행과 다섯 개의 좋은 언행의 비율일 때에 부부관계가 원만하게 진행된다고 한다. 그리고 그 이하의 비율이 되면 결혼 만족이 부정적인 방향으로 되고, 1 대 1에 가까우면 반드시 이혼하게 된다고 한다. 이와 같이 부부들이 서로 상대하는 과정에서 상호 만족하고 감사하는 마음을 갖기가 매우 곤란하다. 오히려 대부분의 부부는 서로간의 불일치, 불인정, 방해, 폭행 등으로 서로를 적대시하고, 심한 경우에는 은인보다 적이나 '원수' 로서 살아간다.

결론적으로, 은인 같은 부부는 상호 즐거움을 주고, 고통을 공감해 주며 지원해 주는 부부이다. 이러한 것들이 부족할 때에 부부는 서로에 대해 악감정을 갖게 되고, 심지어 상대방을 적으로 인식하거나, 마침내 헤어지는 결과를 갖게 된다.

위에서 살펴본 다섯 가지의 성공적 부부의 역할적 특징들은 부부들이 결혼생활을 하는 과정에서 행하는 역할들을 좀 더 상세화시킨 것이다. 아마 이러한 모든 역할적 특징들을 높게 갖고 있는 부부는 많지 않을 것이며, 이것들은 있음이나 없음의 구분이 아니라 정도로서 말하는 것이 더 정확할 것이다. 어쨌든 간에 이러한 역할적 특징들이 많을수록 부부관계는 원만하고, 행복하며 생산적이고, 지속적이라고 볼 수 있다. 당신은 이러한 역할적 특징들에 대해 찬성하는가, 아니면 추가시킬 또 다른 특징이나 차원이 있다고 생각하는가?

성공적인 결혼생활의 세 번째 열쇠

문제해결

사람들의 결혼생활의 질을 가장 잘 예측하는 것은 부부가 얼마나 서로 사랑하는가, 성생활이 얼마나 좋은가, 금전문제가 얼마나 적은가 보다, 부부의 갈등과 의견 차이를 어떻게 처리하는가에 더 많이 달려 있다. 결혼생활의 성공에 대해 관건이 되는 것은 부부관계에서 불가 피하게 발생하는 갈등과 의견 차이를 대화를 통해 적극적이고 건설적으로 처리하는 것이다.

부부간 갈등과 문제를 해결하는 방법의 측면에서, 성공적인 부부들과 불행하고 이혼하는 부부들의 특징들을 비교하는 많은 연구가 수행되고 있다. 이러한 연구들에서 발견된 특징들은 다음과 같이 요약될 수 있다.

문제제기 방식

● 조용하고 부드러우며 온건한 불평의 제기가 거칠거나 기분 나쁜 제기보다 더 좋다. 대화 시작 시의 분위기가 특히 중요하다. 큰 목소

리로 퉁명스럽게 불평하는 것과 같은, 거친 시작을 행하는 부부들의 90% 이상이 이혼한다.

● 대개 남편보다 아내가 문제나 불평을 더 많이 제기하므로, 아내는 부드러운 말로 문제를 꺼내야만 된다. 이러한 아내의 요구에 대해 남편이 적극적으로 듣고 수용하고, 권력이나 의사결정권을 분배하는 것이 중요하다. 이와 반대로, 아내의 요구에 대해 남편이 들은 체도 하지 않거나 대화에서 철수하는 부부는 결혼에 불만족하거나 이혼하기 쉽다.

● 결혼문제를 토의할 때에 배우자의 인격이나 성품을 비난하는 것보다 문제해결을 위한 진심어린 요구를 하는 것이 더 좋다.

● 한꺼번에 여러 가지 불평을 연속적으로 장시간 제시하는 것은 좋지 않다. 이것은 배우자에 대한 심한 공격과 총체적인 인간적 거부를 의미한다. 이에 따라, 불평과 비난을 계속해서 듣는 측은 배우자에 대한 커다란 혐오감을 발전시키고, 상대하는 것 자체를 지겹게 생각하고 피하게 된다.

● 부부가 교대로, 그리고 경쟁적으로 부정적 감정을 상호 표현하는 것즉, '부정적 상호성'이라고 일컬어짐이 이혼을 예측한다.

● 부부가 상호의 부정적 언행으로 부정적 감정이 홍수처럼 범람하거나 폭발하는 것이 좋지 않다. 이런 경우에, 부부는 배우자의 좋은 점을 먼저 말하거나 유머, 미소 지음, 웃음 등을 사용해서 대화 중에 부정적 감정을 중립적이거나 긍정적 감정으로 이동시키도록 수리작업을 해야만 된다. 또한 아내보다 남편이 말다툼에 기인된 스

트레스로 더 많이 흥분되기 쉬우므로, 아내는 남편의 흥분을 진정시키고 남편 자신도 자신의 흥분을 진정시키도록 노력해야만 된다

예 : 문제토의 중에 흥분이 높아질 때에 휴식시간을 갖는 것.

● 결혼생활에서 말다툼이 항상 있는 부부는 이혼하게 된다.

문제해결 방법

● 부부가 문제해결을 기피하기보다 적극적으로 해결하려고 노력하는 것이 좋다.

● 문제해결은 부부의 한쪽이 단독으로 노력하기보다 공동으로 노력하는 것이 좋다. '백지장도 맞들면 더 가볍다' 는 자세로 부부가 함께 상의하고 노력하면, 문제해결은 훨씬 더 쉬워진다.

● 문제를 토의하고 해결방법을 찾는 데에 있어서 부부가 서로 인격을 존중하고, 관심을 기울이고, 의견을 수용하고, 양보하거나 타협하는 것이 문제해결을 위한 훌륭한 관건이 된다. 문제해결에 있어서, 부부는 서로 적군이 되기보다 아군이 되어야 한다.

마지막으로, 첫 번째 원리에서 논의된 부부의 정이 결혼생활의 갈등과 문제의 해결에 중요하다. 정이 있는 부부는 문제제기를 부드러운 방식으로 행하고, 부정적 언행을 적게 나타냄으로써 갈등이 확대되는 것을 방지하고 흥분을 감소시킬 수 있다. 또한 정이 있는 부부는 문제나 목표에 대해 의견 일치를 보이기 쉽고, 문제해결에 있어서 협동하고 지원할 수 있다.

부부역할의 다섯 가지 차원들을 평가하기

앞에서, 행복하고 오래 지속되는 부부관계의 역할의 차원들을 다섯 가지로 구분해서 제시했다. 이제 당신 자신의 부부역할을 다섯 가지 차원상에서 아래 기준을 참고해 평가해 보라.

0점 : 특징이 전혀 없는 것   **50점 : 특징이 중간 정도로 있는 것**   **100점 : 특징이 최대로 많은 것**

부부역할의 차원들

1. 친구 역할 : 친한 친구처럼 대화가 많고, 함께 활동하고, 상대하기가 편안한 것 (   )

2. 애인 역할 : 서로 가까이 있고 싶은 것, 함께 육체적 즐거움을 느끼는 것, 관심과 아껴주려는 마음이 있는 것 (   )

3. 동료 역할 : 결혼생활의 문제와 과업에 대해 의견이 일치하는 것, 과업수행과 해결방법을 함께 찾고 노력하는 것, 과업완수에 대해 함께 즐거워하는 것 (   )

4. 동지 역할 : 생활목표, 가치, 소망, 희망, 생활의 의미에 대해 서로 일치하는 것 (   )

5. 은인 역할 : 서로 비난, 경멸, 회피보다 즐거움, 온정, 사랑, 위로, 봉사, 지원 및 희생을 제공하는 것 (   )

각각의 점수들이 50점 이하일 경우에 당신의 부부관계는 고쳐야 할 점이 분명히 있다.
50점과 100점 사이의 점수들은 부부관계가 다소 원만하다는 것을 나타내며, 100점의 점수는 매우 이상적이라는 것을 나타낸다.
낮은 점수를 받은 차원이 무엇인가를 주의하고서, 그것을 개선하거나 향상시키는 것에 관한 이 책의 다른 장들을 잘 읽어주기 바란다. 그러면 당신은 분명히 이 책으로부터 큰 이익을 얻게 될 것이다.

제2장

실패하는
결혼생활의
특징

결혼생활에 심한 불만을 느끼고 마침내 이혼하는
부부들은 어떤 '과정'을 거쳐서 이혼하며, 이혼에
관련된 위험요인은 도대체 무엇인가? 이러한 의문
에 대해 현대의 과학적 연구자료를 토대로 대답해
보자.

신혼부부가 열정적 사랑과 다정함, 행복과 만족, 그리고 평생 동안 검은 머리가 파뿌리처럼 될 때까지 함께 살겠다는 굳은 결심을 갖고서 시작한 낭만적 결혼생활은 그 다음에 현실생활이라는 냉혹한 시련을 맞게 된다. 그 결과로, 어떤 부부들은 신혼 초의 만족과 약속을 그대로 유지하며, 어떤 부부들은 신혼 초보다 만족이 크게 감소된 채로 부부관계를 유지하고, 어떤 부부들은 많은 불만을 갖고 있지만 자식, 경제적 기반의 부족 등의 이유로 할 수 없이 결혼을 계속 유지한다. 이러한 세 가지 유형의 부부들은 비록 결혼 만족의 측면에서 차이가 있을지라도, 결혼을 계속 유지시키는 '안정적 부부'의 유형에 속한다. 이런 유형의 부부들 이외에도, 어떤 부부들은 여러 가지 일로 결혼생활에서 고통을 당하고 심한 불만족을 갖고서 생활하다가, 마침내 이별이나 이혼을 결행한다. 이 마지막 유형은 결혼을 유지시키지 못하고서 이혼하는 '비안정적 부부'이다.

이 장에서, 우리의 주 관심사는 결혼에 대해 불행과 불만족을 느끼고, 마침내 갈라서거나 이혼하는 부부들, 즉 결혼생활에 실패하는 부부들이다.

여기에서 논의되는 실패하는 결혼생활의 특징은 제1장에서 논의된 성공적 결혼생활의 특징이라는 주제와 완전히 다른 것은 아니다. 단지, 이 장에서 우리는 성공적 결혼생활의 특징과 반대되는 구체적인 '부정적 특징'에 초점을 두고자 한다. 결국, 성공적 특징과 실패적 특징은 동전의 양면과 같이 서로 밀접하게 연관되어 있는 것으로 간주되어야만 된다.

결혼생활에 심한 불만을 느끼고 마침내 이혼하는 부부들은 어떤 '과정'을 거쳐서 이혼하며, 이혼에 관련된 위험요인은 도대체 무엇인가? 이러한 의문에 대해 현대의 과학적 연구자료를 토대로 대답해 보자.

결혼이 깨지는 과정

결혼생활에 대해 불만족을 느끼고 있는 부부들이 마침내 파경에 이르게 되는 것은 대개 하루아침에 갑자기 그렇게 되는 것이 아니라, 아래와 같은 일련의 긴 과정 속에서 일어난다.

- (결혼 전) 호감, 매력, 이상화 단계_우선적으로, 부부는 결혼 전에 '서로 만나게' 된다. 그들은 만날 당시에 서로 좋아하거나 매력을 느끼게 되고, 점점 더 많은 시간을 함께 보내게 된다. 시초의 만남은 대개 미지의 인물과의 가까운 관계에 대한 마음의 설렘과 상대방에 대한 이상화와 그에 따른 열정을 일으키고, 상대방에 대한 강박증에 가까운 관심을 일으키며, 이러한 관심을 충족시키기 위해 즐거운 활동을 적극적으로 찾게 된다. 새로운 이성에 대한 열정과 즐거움은 두 남녀가 함께 사는 것, 즉 결혼에 관한 사회규범의 뒷받침을 받아서 당사자들에게 관계 지속의 욕망을 일으키고, 마침내 장기적 부부관계를 갖기로 합의하게끔 만든다. 물론, 부부가 처음

만나고 마침내 결혼하기로 결심하는 데에 이르는 과정의 패턴은 부부들 간에 큰 차이가 있고, 그들이 파트너에 대해 느끼는 열정과 만족에도 차이가 있다. 그러나 대부분의 부부들은 비록 교제 기간과 결혼을 향한 진행속도 및 애정과 친근성과 같은 관계의 심리적 특징들이 서로 다를지라도, 대개 위에서 제시된 시초의 공통과정을 거친다.

- (결혼 후) 갈등의 발생과 해결을 위한 노력 단계_부부는 장기적 관계에 대한 욕망을 '결혼식'이라는 공식적 행사를 통해 달성한다. 일단 결혼생활에 들어가면, 부부는 불가피하게 여러 '생활문제'에 부딪친다. 경제문제, 가사문제, 성격문제, 생활습관 문제, 친인척 문제, 자녀문제 등 모든 사람이 공통적으로 겪는 여러 종류의 문제가 끊임없이 부부를 기다린다. 이들 문제는 해결이 쉽거나 어려울 수 있다. 특히, 문제를 당면함에 있어서 문제발생 자체보다 문제와 그로 인해 생긴 갈등을 어떻게 해결하고 관리하는가가 더 중요하다. 즉, 모든 부부가 공통적으로 비슷한 문제에 부딪치지만 어떤 부부는 원만하게 해결해서 긍정적 감정을 유지하는 반면에, 다른 부부는 심한 갈등과 고통을 겪으면서 문제를 해결하지 못하거나 나쁘게 해결해서 부정적 감정을 키운다.

- 갈등으로 인한 부정적 경험의 증가 단계_결혼생활의 문제와 갈등을 나쁘게 해결하는 부부들은 큰 곤란과 고통을 경험하고, 한 팀으로서 협력하지 못하고, 의사소통이 곤란해짐에 따라 점점 더 기분이 나빠지고, 상대방에 대해 심한 비난과 경멸과 같은 부정적 행동

을 많이 하게 된다. 이러한 부정적 행동의 증가는 갈등을 더 빈번하게 일으키고 갈등의 심도 또한 점점 더 강해진다. 그리고 이에 따라 심적 고통과 타격은 인내하기 어려운 수준에 이른다.

● 외부로부터의 생활 스트레스 추가 단계_갈등의 증가와 그에 따른 고통의 증가와 더불어, 관계 외부의 생활문제들예 : 집의 장만과 관리, 아이 양육, 직무 과중, 금전적 스트레스, 실직 등이 계속 발생되거나 증가된다. 즉, 부부는 관계 안팎으로부터 인내하기 어려운 스트레스를 받게 된다.

● 개선을 위한 노력이 감소하는 단계_관계 안팎으로부터 받는 스트레스는 부부들에 대해 관계의 긍정적 측면들을 고려하고 향상시킬 정신적·물질적 여유를 갖지 못하게끔 만든다. 이런 부부들은 자연히 생활의 즐거움이 줄어들고, 즐겁고 재미있는 친근성이 줄어들며, 상호 지원이 감소되고, 마침내 고통과 스트레스만이 증가되게 된다. 이렇게 되어서, 부부가 시초에 관계를 지속할 것을 결심하게끔 만든 상호에 대한 열정성과 만족이 사라지게 되고, 부부는 자기들의 장기적 관계에 대해 심각한 의문과 위협을 느끼게 된다. 즉, 이들은 마음 속으로 자기들이 '함께 사는 이유나 필요성이 도대체 어디에 있는가'라는 의문을 반복적으로 품게 되고, 이혼을 심각하게 고려하게 되며, 상호 헌신과 관계에 대한 정신적·물질적 투자를 감소시키게 된다.

● 이혼 결정 단계_이혼에 대한 고려만으로 이혼이 실행으로 옮겨지지는 않는다. 이혼은 부부들의 부부관계에 대한 개인적 헌신의 의

사 이외의 다른 요인들, 즉 관계 해체를 막는 '도덕적·현실적 제약이나 구속요인들'의 다과에 의해 결정된다. 부부관계 해체의 제약요인들은 이혼을 막는 부정적인 사회규범이나 법률, 가족, 자녀, 이웃, 공동 재산, 대안이 되는 적절한 상대의 존재 여부 등이다. 만일 부부들의 이혼 의사에 대한 이러한 제약요인들이 약하게 되면, 마침내 이혼이 발생되게 된다.

많은 이혼자들이 위와 같은 과정을 거쳐서 이혼하게 된다. 그러면 이혼을 방지하거나 예방하는 방법이 있는가? 이런 의문에 답변하기 위해 이 책이 준비되었으며, 그런 방법들을 다음에서 자세하게 살펴볼 것이다. 이제 이혼의 과정 속에서 작용하는 구체적 위험요인을 살펴보자.

이혼의 위험요인들

부부가 결혼생활을 지속하는 것을 방해하는 위험요인들은 무엇인가? 부부가 결혼생활을 지속해 나가는 길 위에 많은 함정과 돌부리가 부부들을 기다리고 있다.

이혼을 일으킬 수 있는 위험요인은 많은 학자들의 관심의 대상이 되어왔고, 이미 수천 개의 과학적 연구들이 수행되어 왔다. 그럼에도 불구하고, 이혼의 원인에 대한 완전한 이해에는 아직 도달하지 못하고 있다. 그러나 이혼의 원인에 대한 100%의 이해에 도달하지 못했다고 해서, 이혼에 대한 대비책을 세우지 못할 수준은 아니다. 100%의 이해에 못 미치더라도 이혼에 대한 이해는 상당한 정도로 이루어져서 약 90% 정도는 이해되고 있다고 생각된다.

이제 이혼의 위험요인을 체계적으로 살펴보자. 이러한 검토는 당신에게 이들 위험요인을 이해하고, 가능한 경우에 미리 대비책을 세우고, 혼자 해결하지 못할 경우에는 몸이 아플 때에 병원에 찾아가듯이 전문적 도움을 구할 수 있게끔 만들 것이다.

다음에서 우리는 이혼을 일으키기 쉬운 네 가지 큰 요인들, 즉 개인요인, 가족배경요인, 환경요인 및 상대하는 방식의 요인을 살펴볼 것이다. 그러나 이러한 이혼의 위험요인이 있다고 해서 반드시 이혼하는 것은 아니다. 다른 요인들이 동일할 경우에 이들 요인이 많을수록 이혼의 위험성이 더 크다고 생각하라.

개인요인

부부관계는 기본적으로 당사자들, 즉 남편과 아내로 구성된 관계이다. 따라서 당사자 개인들의 특성이 부부관계의 성질을 결정짓기도 한다. 성격 특징, 태도, 신념 및 가치와 같은 개인적 특징들은 부부관계의 갈등과 문제의 근원이 되거나, 문제해결 능력을 감소시키거나, 부부가 서로 상대하는 방식을 나쁘게 만듦으로써 이혼의 위험성을 증가시킬 수 있다. 부부관계의 만족과 이혼에 대해 밝혀진 위험한 개인요인은 다음과 같다.

- 부정적 반응성향이 있는 성격신경질성, 우울성, 충동성, 비사교성 등을 많이 지닌 사람이 이혼하기 쉽다.
- 자기존중감이 낮은 사람이 이혼하기 쉽다.
- 결혼생활에 대한 비현실적 믿음과 전통주의적이거나 가부장적 태도를 가진 사람이 이혼하기 쉽다.

가족배경요인

개인이 결혼 전에 성장한 원래의 가정은 유전적으로나 환경적으로 개인에게 영향을 주며, 이것이 개인의 부부관계의 성질에도 영향을 줄 수 있다. 특히, 출생가족또는 원가족 중 가장 중요한 사람들인 부모의 특징과 개인과 부모 간의 관계가 중요하다. 이런 의미에서, 개인의 부부관계의 성질도 다른 개인적 특징들과 마찬가지로 유전되거나 대물림된다.

- 부모 사이의 관계가 나쁘고 갈등이 심했던 사람이 이혼하기 쉽다.
- 부모가 이혼했던 경험이 있는 사람이 이혼하기 쉽다.
- 결혼 전에 부모와의 관계가 원만치 못했던 사람이 이혼하기 쉽다.
- 성장기에 가정 분위기가 화목하지 못했던 사람이 이혼하기 쉽다.

환경요인

부부를 둘러싸고 있는 과거와 현재의 부정적 환경요인이 부부의 개인적 특성과 서로 상대하는 방식에 영향을 주어 이혼의 위험요인이 될

수 있다. 환경은 사회적 환경과 물리적경제적, 직업적 환경으로 구분될
수 있다.

- 지원적 관계에 : 부모의 지원, 배우자 부모의 지원, 친구들의 지원를 갖지 못
  한 사람이 이혼하기 쉽다.
- 일찍 결혼한 사람이 이혼하기 쉽다.
- 빈곤하거나 하류의 사회계층에 속한 사람이 이혼하기 쉽다.
- 경제적 고생이 많은 부부가 이혼하기 쉽다.
- 직업적 스트레스가 많거나 과로하는 사람, 또는 직업에 대한 몰입
  이 너무 큰 사람이 이혼하기 쉽다.
- 종교적 배경이 다른 부부가 이혼하기 쉽다.

상대하는 방식의 요인

결혼생활의 만족과 이혼에 가장 직접적인 관련이 있는 요인은 부부가
직접 서로 상대해서 나타나는 행동들이다. 이러한 행동들은 그 자체
로서, 또는 그 '결과들' 예 : 임신, 동거을 통해 관계의 성질과 이혼에 영
향을 줄 수 있다. 이혼을 증가시키는 것으로 밝혀진 부부의 상대하는
방식에 관련된 세부요인들은 아래와 같다.

- 부부가 결혼 전에 동거한 것
- 부부가 이전에 이혼한 일이 있거나, 이전 결혼에서 낳은 자녀가 있
  는 것

- 교제 기간이 짧은 것
- 혼전과 혼후에 부부의 갈등을 조장하는 의견 불일치나 문제가 많거나, 의견 불일치나 문제에 당면해서 부부가 서로 상대하는 방식이 부정적인 것
- 혼전과 혼후에 두 사람 사이의 갈등에 대한 의사소통의 질이 낮은 것즉, 의사소통이 소극적이거나 파괴적인 것
- 결혼 전에 두 사람 사이의 관계에 대해 불만족했거나, 관계 지속의 결심이 약했거나 애매했던 것
- 현재의 결혼생활에 대해 불만족한 것
- 현재의 결혼생활의 지속에 대한 의사나 결심이 약한 것
- 장래의 관계 유지에 대한 신뢰를 쌓아가지 못하는 것

위에서 제시된 4개의 큰 요인이 결혼생활의 만족과 아울러 이혼과 관련되어 있다. 이들 요인은 결혼 만족과 이혼에 대해 직접적으로나 간접적으로 영향을 줄 수 있다. 예컨대, 개인의 가족배경예 : 부모의 이혼은 개인의 성격이나 믿음에 영향을 주고, 이것이 부부관계에서 개인이 배우자와 상대하는 방식에 영향을 주고, 마지막의 것이 결혼 만족과 이혼에 영향을 줄 수 있다.

특히 부부가 서로 상대하는 방식의 요인이 결혼 만족과 이혼에 직접 영향을 주기 쉽다. 이 때문에 이 요인은 연구자들이 많은 관심을 기울이고 있는 요인이며, 결혼생활의 향상과 이혼의 방지를 위한 다양한 전문적 프로그램들이 이 '상대하는 방식의 개선' 에 주로 초점을

두고 있다.

부부간 불화에 직접적인 영향을 주는 행동 스타일

앞에서 제시된 바와 같이, 결혼생활의 만족과 이혼의 직접적 결정요
인은 부부가 서로 상대하는 방식이다. 기본적으로, 부부가 항상 긍정
적인 방식으로 서로를 대한다면 부부는 서로 상대하는 것에 대해 만
족을 느끼고, 나아가서 결혼 만족을 느낄 것이며 이혼의 가능성은 거
의 없을 것이다. 부부 각자가 현재의 배우자 이외의 특별히 매력 있는
대안이 되는 다른 관계를 갖기 이전에는 이들 부부는 모두 만족하고
관계를 지속시키게 될 것이다. 그리고 특별한 상황이 발생되지 않는
다면, 이들 부부는 태평세월 속에서 평생을 함께 지낼 것이다. 특별한
상황은 현재의 부부관계 이외의 제삼의 더 이상적이고 매력적인 인물
이 있거나, 추구해야 될 어떤 특별한 목표나 사명예 : 석가모니의 구도를 위
한 출가처럼 직업적이거나 이념적 몰입이 있는 경우 등이다. 이런 경우에, 부
부관계 자체에 아무런 잘못이나 불만이 없더라도 부부관계는 깨질 수
있을 것이다. 그러나 대개의 경우에 부부관계는 서로 상대하는 과정
에서 생긴 상대방에 대한 부정적 행동, 사고 및 감정의 결과로 악화되
고 깨지게 된다.

부정적 행동의 과잉

부부관계는 기본적으로 서로 '상대하는 과정'으로 이루어진다. 그것은 서로 만나고, 얼굴을 마주 대하며, 일상적인 일들에 관해 대화하고, 당면하는 생활의 문제를 해결하며, 생각이나 행동에서의 불일치나 갈등을 처리하는 것으로 이루어져 있다. 이런 상대하는 과정 속에서 부부는 배우자에 대해 여러 가지 행동을 하게 된다. 이러한 행동은 배우자에 대해 유쾌하거나 불쾌한 성질을 갖게 되고, 부부들은 바로 이러한 성질로부터 큰 영향을 받는다.

부부는 배우자의 행동에 의해 영향받지 않고서도, 개인요인이나 성격에 기인하여 배우자에 대해 긍정적이거나 부정적으로 행동할 수도 있다. 어떤 남편이나 아내는 본래 퉁명스럽거나 사교성이 없어서, 배우자를 포함한 타인들에게 부정적으로 대할 수 있다. 이러한 사람들은 그렇지 않은 사람들에 비해 이혼하는 경향이 더 많다.

그러나 부부가 보이는 부정적 행동은 대개 부부가 서로 상대할 때, 특히 문제나 갈등을 제기하고 해결하는 과정에서 나타나기가 더 쉽다. 문제나 갈등을 제기하고 해결하는 동안에, 부부는 여러 긍정적 행동과 부정적 행동을 행한다. 이런 상황에서 보인 부부의 긍정적 행동과 부정적 행동의 숫자들의 비율을 엄밀하게 관찰한 연구자는 만족하고 안정된 부부들에서 그 비율이 '최소한' 다음과 같다는 것을 발견했다.

- 만족하고 안정된 부부관계 = $\dfrac{1\,(\text{부정적 행동})}{5\,(\text{긍정적 행동})}$

- 불만족하고 이혼하는 부부 = $\dfrac{1\,(\text{부정적 행동})}{0.8\,(\text{긍정적 행동})}$

위에서 보이는 바와 같이, 만족과 이혼을 결정짓는 강력한 지표는 긍정적 행동의 숫자에 비한 부정적 행동의 숫자이다.

만족하고 결혼을 유지하는 부부들에서, 부정적 행동은 상당히 드물게 발생한다. 이들은 평균적으로 5회의 긍정적 행동에 대해 1회의 부정적 행동으로 상대해서, 이들의 부정적 행동의 비율은 긍정적 행동의 20% 이내이다. 이것은 또한 1회의 부정적 행동이 5회의 긍정적 행동이 갖는 효과에 맞먹는다는 것을 시사한다. 다시 말하면, 사람들은 긍정적 행동보다 부정적 행동에 의해 더 많은 영향을 받으며, 1회의 부정적 행동의 나쁜 영향을 없애기 위해서는 5회의 긍정적 행동을 필요로 한다. 따라서 당신이 배우자에 대해 10회의 부정적 행동을 행했다면 50회의 긍정적 행동을 해야만 겨우 긍정적 감정을 유지시키고 이혼을 막을 수 있다.

이에 비해서, 결혼생활에 대해 불만족하고 이혼하는 부부들은 긍정적 행동과 부정적 행동의 비율이 1 대 0.8로서, 부정적 행동은 긍정적 행동의 125%나 된다. 다시 말하면, 이혼하는 사람들은 서로 한 번의 부정적 행동과 한 번 이하의 긍정적 행동의 비율로 행동한다. 이보다 더 부정적 행동의 발생비율이 높다면 이혼은 거의 확실하며, 비록 부부가 이혼하지 않았더라도 이들은 '심리적으로' 완전한 이혼상태에 있다고 볼 수 있다.

그렇다면 긍정적 행동의 숫자에 비한 부정적 행동의 숫자가 20%와 125% '사이에 있는' 많은 사람들은 결혼생활에 대해 불만족과 불행을 느끼면서도 할 수 없이 결혼생활을 유지하는 사람들에 속한다는 결론이 나온다. 아마 상당수의 사람들이 이 부류에 속하면서 결혼생활의 행복과 불행의 교차를 맛보게 될 것이다. 배우자로서 당신들 자신이 어디에 속해 있다고 생각되는가? 그리고 당신들은 어디에 속하기를 원하고 있는가? 일단 반성의 기회를 가져보기 바란다.

당신과 당신의 배우자 사이에서 단지 어떤 부정적 행동이 나타났다고 해서 너무 걱정할 필요는 없다. 두 사람이 함께 살고 여러 일이나 문제를 헤쳐나가다 보면, 필연적으로 부정적인 말과 행동이 나타나게 마련이다. 앞에서 제시한 바와 같이, 행복하게 결혼생활을 유지하는 사람들에서도 5회의 긍정적 행동과 1회의 부정적 행동이 나타난다. 따라서 결혼생활 과정에서 20% 이하로 부정적 행동을 유지시키는 것이 중요하며, 단순히 부정적 행동을 표출한 것에 너무 많이 신경을 쓸 필요는 없다. 기본적으로, 결혼생활을 행복하게 유지시키기 위해서는 부부간에 발생되는 부정적 행동을 줄여야만 된다.

갈등의 확대

갈등의 확대escalation는 배우자들이 서로 부정적 반응을 주고 받으면서, 상대방의 반응이 점점 더 나쁘게 되게끔 언행의 부정성을 더 높일 때에 일어나는 현상이다.

부부와 같은 매우 가까운 관계들에서도, 한쪽의 부정적인 말이나 행동은 상대방의 분노를 자극시키고 심한 좌절감을 일으킨다. "당신은 멍청이 같아", "병신같이!", "무능자!"라는 말을 듣고서 아무렇지 않게 느끼는 사람은 드물 것이다. 이런 말을 듣게 되면, 대개 "바보 같은 것이!", "자기는 뭐 잘난 게 있다고!" 등과 같은 반발의 말이나 욕설이 순간적으로 튀어나오게 마련이다.

대부분의 이혼하는 사람들은 그들의 언행의 부정성을 통제하지 못한다. 마치 들소가 한번 성이 나면, 이것저것을 가리지 않고 상대방에게 전력을 다해 돌진하듯이 이러한 부부들은 서로 마구 돌진하는 식으로 점점 더 언행의 부정적 강도를 높여 나간다. 이와 반대로, 행복한 관계를 유지하는 부부들은 갈등 확대의 경향이 적다. 이들은 말다툼이 매우 불쾌해지고 전력을 기울이는 싸움으로 이행되기 이전에, 이러한 부정적 주기를 중지시킬 수 있다. 즉, 이들은 자동차가 잘못된 길로 접어들었을 때에 속도를 더 내기보다 속도를 줄이면서 올바른 길로 갈 수 있는 조치를 취한다.

이제, 갈등 확대를 촉진시킬 수 있는 요인들이 무엇인지를 자세하게 검토하는 것이 도움이 될 것이다. 또 부부가 일상생활의 과정에서 나타내고 있는 어떤 부정적 행동, 사고 및 감정이 부부관계를 해치는지를 자세하게 살펴보자.

│부정적 감정의 상호 표출│

결혼 불만족의 가장 일관성 있는 관련요인은 부정적 감정의 상호 표출이나 교환이다. 대부분의 사람들은 평소에도 배우자에 대해 다소 일정한 비율로 부정적으로 대하지만, 상대방이 부정적으로 대할 경우에 훨씬 더 큰 비율로 부정적으로 대한다. 이것을 '부정적 감정의 상호성'이라고 하며, 이것은 배우자들이 보이는 단순한 부정적 감정의 양 자체보다 결혼 불만족의 훨씬 더 영향력 있는 예측요인이 된다.

배우자들이 부정적 언행이나 감정을 상호 교환하는 것이 갈등 확대에 가장 기본이 된다. 특히 부부문제의 토의 중에 "게으름뱅이!"와 같은 모욕적인 별명을 사용하거나, "정말 웃겨!"와 같이 배우자를 조롱하는 말이나, "그래, 그렇게 하지 않으면 어쩔 테야?"와 같은 시비조의 말이나, "아이구, 저런!"과 같은 상대방의 말을 흉내내는 것은 모두 배우자를 경멸하고 모욕하는 말이다.

사소한 일에 대해 배우자들이 수년간 이러한 식으로 말다툼을 벌이게 되면, 이것들이 계속 누적되어 배우자들 간의 긍정적인 좋은 일들을 침식시키면서 장기적으로 큰 대가를 치르게끔 만든다. 부부간의 언쟁이 점점 더 확대될수록, 장차 큰 관계문제를 가질 위험성은 더 크게 된다. 따라서 부부는 이러한 갈등이나 언쟁의 확대 경향을 방지할 대책을 세우고 실천하는 것이 중요하다.

부부가 부정적 감정의 상호성이라는 순환적 고

리를 신속하게 깰수록, 관계에 대한 만족은 손상받지 않을 수 있다. 아내가 남편의 불평에 대해 자신을 방어하려고 들기보다 목소리를 낮추면서 불평거리의 존재를 인정하고 수용하고, 또한 남편이 한발 물러서서 아내의 입장을 이해하고 불평의 타당성을 인정하는 것이 평화를 위한 가장 강력한 방법이다. 이것이 잘 되지 않을 경우에는 그 방법을 하루 빨리 배우고 익히는 것이 필요하다.

| 거친 문제제기 방식 |

우리는 일상생활에서 어떤 친한 사람이 상황에 걸맞지 않게 갑자기 심하게 욕설하거나 비난할 경우에 크게 당혹감을 느끼고, 오랫동안 잊지 못할 정도로 심한 정신적 쇼크를 받는다. 이와 동일한 것이 결혼생활에서도 일어난다. 남편이 직장에서 퇴근한 후에 집안청소가 안 된 것과 같은 사소한 일로 버럭 고함을 치면서 아내에게 욕설을 퍼붓는다면, 아내는 그 이유가 어디에 있든 간에 심한 고통과 좌절감을 느끼게 된다. 그리고 이것은 남편에 대한 혐오감과 기피의 행동을 일으키기 쉽다. 또한 남편도 이와 비슷한 상황에 부딪치면, 마찬가지로 고통과 좌절감을 느끼게 된다.

한 연구자는 15분간 자기들의 결혼생활의 문제를 토의하는 부부들에게서, 첫 1분의 언행의 부정성이 이혼을 강력하게 예측해 준다는 것을 발견했다. 다시 말하면, 의견 불일치가 되는 주제로 토의할 때 시작하는 방식이 결혼 만족과 이혼에 결정적으로 중요하다. 부부문제의 토의에서, 첫마디 말이 "당신은 무책임하고 무능해!"라고 매우 부정적인 말부터 시작하고, 배우자의 행동을 계속 비난하고 빈정거리는 것은 건설적인 대화를 지속할 수 없게끔 만든다.

일반적으로, 모든 부부들에서 남편보다 아내가 불평하거나 비평하는 경향이 더 많으며, 이것은 불행한 부부들에서 특히 더 그러하다. 이런 부부들에서 아내가 남편과의 대화에서 거친 시작을 하는 것, 즉 중립적 감정으로부터 갑자기 부정적 감정 쪽으로 폭발하는 것은 더 낮은 결혼 만족과 더 많은 이혼을 낳는다.

아내가 결혼문제에 대해 낮은 목소리로 온건하게 발언을 시작하는 것은 남편 측의 문제토의의 준비를 돕고, 문제의 존재에 대한 인정을 촉진시키기 쉽다. 이것은 아내에게만 적용되는 것이 아니고, 남편에게도 마찬가지로 적용된다. 예컨대, 남편은 아내의 불평이나 비평에 대해 즉각 성질을 내기보다 한발 물러서서 여유 있게 대하는 것이 좋다. 문제를 꺼내기 시작할 때부터 부정적 언행을 삼가는 것이 특히 부부의 문제토의에서 필요하다.

| 흥분의 진정 곤란 |

부부가 어떤 문제를 갖고서 말다툼을 벌이게 되면, 자연히 서로 비난하고 변명하면서 상대방에게 공격하고 좌절감을 주게 되고, 이것은 생리적 흥분을 일으킨다. 이혼한 부부들과 결혼생활을 계속하는 부부들에 대한 혈압, 맥박 및 혈액의 흐름의 비교 연구는 말다툼 시에 이혼한 남편들의 분당 맥박수가 그렇지 않은 사람들보다 훨씬 더 빠

르고, 아내들도 더 빠른 혈액의 흐름을 보인다는 것을 알려준다.

이러한 결과는 무엇을 의미하는가? 이것은 흥분된 정서상태가 원만한 결혼생활에 해가 된다는 것을 의미한다. 그 이유는 다음과 같이 설명될 수 있다. 부부관계에서의 문제가 불쾌감과 좌절감을 일으키고, 이것이 일반적인 생리적 흥분을 일으킨다. 생리적 흥분과 더불어 일반적 흥분상태가 생기게 되면, 새로운 문제해결 방법을 찾는 능력이 감소되고, 습관적 행동과 사고가 우세해지며, 말다툼 상황에서 우세한 행동인 싸움전투이나 도주도망의 반응이 강화되기 쉽다. 부부 싸움에서 공격은 비난과 모욕의 형태를 취하고, 도주는 변명과 대화 기피의 형태를 취한다. 그리하여 공격과 도주행동으로 인해 부부문제를 건설적으로 해결하는 능력이 손상되게 된다. 이와 반대로, 일반적 흥분상태가 진정될 수 있다면, 문제나 대화에 대한 주의집중 능력이 향상되고 부정적 감정에 사로잡히지 않게 되어 문제를 건설적으로 해결할 수 있다.

갈등에 기인된 만성적인 일반적 흥분상태는 부부간의 말다툼 상황을 넘어서, 질병에 저항하는 신체의 면역능력에 손상을 주어 장기적으로 부부의 신체건강과 수명에도 나쁜 영향을 준다. 원만한 부부관계와 친근한 친구관계를 가진 부부들이 그렇지 못한 부부들보다 더 건강하고 더 오래 산다는 증거가 있다.

이런 증거들에 비추어 볼 때, 부부관계에서 일반적 흥분상태를 진정시키는 것이 매우 중요하며, 많은 부부치료법은 부부가 말다툼을 벌이거나 문제를 토의할 때에 웃음이나 유머와 같은 부정적 흥분을 진정시키는 행동을 사용할 것을 권장하고, 심지어 말다툼이나 토의가 열기를 띨 때에 '휴식시간' 이라는 선언과 함께 충분한 휴식시간을 가질 것을 권장하고 있다.

흥분을 진정시키는 데 여성들보다 남성들이 더 서툴다는 증거들이 보고되고 있다. 예를 들어, 남성들은 여성들보다 배우자의 더 낮은 수준의 부정적 행동에 의해 정서적으로 흥분된다는 것이 발견되었다. 남편 자신과 아울러 아내가 남편을 진정시키는 방법예 : 유머를 사용하는 것, 애정과 관심을 표현하는 것, 조용하게 열심히 들어주는 것을 사용할 것이 권고되고 있다.

│ 상대 안 하기와 회피 │

대화 특히, 부부관계에 관련된 문제에 대한 대화 중에 듣는 이가 상황으로부터 철수하거나, 듣는 것을 아예 회피할 때에 결혼 불만족과 이혼이 생긴다. 부부들이 상대하기로부터 철수를 나타내는 여러 행동 단서들이 있으며, 이것은 배우자의 의사전달에 대한 무관심, 부주의 및 인간적 무시를 전달한다.

상대하기에 대한 관심과 주의를 전달하는 행동단서들은 눈 마주침, 머리를 끄덕임, 눈썹을 올리거나 내리는 것과 같은 안면표정, "그래", "어!"와 같은 발성 등이다. 이와 반대로, 관심과 주의가 없다는 것을 전달하는 행동단서들은 흘끗 쳐다보는 것, 창 밖이나 먼 곳이나 바닥을 쳐다보는 것, 목을 뻣뻣하게 유지하는 것, 응답하지 않는 것, 전혀 목소리를 내지 않는 것, 무감각한 표정 등이다.

상대하기로부터의 더 적극적인 철수방법은 상대방의 문제제기에 대해 "나중에 이야기합시다", "지금 말하고 싶지 않아", "당신은 지금 흥분하고 있어. 나중에 보자구"와 같은 말을 하면서, 그 자리를 떠나는 것이다.

부부가 문제를 토의하게 될 때에 아내들보다 남편들이 훨씬 더 많이 철수행동을 보이며, 아내나 부부 모두가 철수행동을 보이기 시작할 때쯤이면 이혼이 임박했다는 신호가 된다. 일반적으로 부부관계에서 아내들은 여러 가지 불평거리를 제시하거나 문제의 시정을 요구한다. 이에 대해, 남편들은 자신을 방어하고 문제상황에서 도피하거나 철수하려고 든다. 부부관계에서 나타나는 이와 같은 행동패턴을 학자들은 요구–철수demand-withdraw 패턴, 또는 '아내의 요구와 남편의 철수 패턴' 이라고 일컫는다. 부부문제 토의에 관한 연구들은 대화에서 도피하는 것의 85%가 남편들이라는 것을 보인다.

이와 같은 패턴이 나타나는 이유는 남성이 여성보다 문제상황이나 스트레스에 당면했을 때 더 높은 생리적 흥분즉, 혈압이 올라가고 맥박이 빨라지고 아드레날린 호르몬이 분비되는 것을 하게 되고, 이러한 고통스러운 흥분을 가라앉히기 위해 철수를 선호하게 된다는 것이다. 한편, 남편의 대화 거부나 철수는 아내에게 매우 기분 나쁜 것이며, 아내는 더욱 생리적 흥분이 증가하게 되고, 그 결과로 더욱 따지고 덤벼들게 된다. 이와 같이 부부관계에서 아내들이 따지고 덤벼들고즉, 요구하고, 남편들이 문제를 얼버무리고 상황에서 이탈하려는즉, 철수하려는 경향은 마치 쫓는 자와 쫓기는 자, 또는 추적자와 도망자의 모습과 비슷하다.

또한 아내의 문제제기에 대한 반응으로, 남편이 물러나거나 철수하는 것은 평상시의 부부관계의 만족 정도에 달려 있다. 평상시의 부부관계가 만족스러우면, 부부의 어느 쪽도 상호 대화나 문제토의에서 쉽게 도망가려고 하지는 않는다.

상대하기로부터의 철수가 부부관계에 도움이 될 수 있는 매우 특수한 경우가 있는데, 그것은 바로 부부가 상호 폭력행동을 하게 될 경우이다. 부부들은 때때로 언어적·신체적 폭력을 행하는 상태에 이른다. 이럴 경우에는 잠시의 철수가 상호의 흥분을 진정시키게끔 만들고, 더 이성적으로 문제를 토의할 기회를 제공할 수 있어서 다소 도움이 될 수 있다. 그러나 장기적이거나 만성적인 철수는 궁극적 문제해결을 불가능하게끔 만들어서, 갈등 확대와 차후의 폭력행위의 소지를 마련하게 된다.

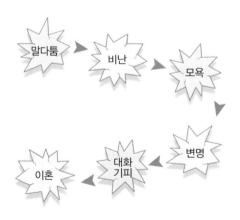

'이혼의 지름길'

| 상대방에 대해 정서적으로 관여하지 않음 |

부부가 서로 비난이나 경멸과 같은 매우 부정적인 행동을 보이지 않고 심한 부정적 감정이 없더라도, 부부관계에는 문제가 남아 있다. 그것은 바로 배우자와 관계에 대한 정서적 비관여라는 것이다. 부부의 정서적 비관여는 서로 감정이 없는 것이므로, 이러한 부부관계는 남남 사이의 관계보다 더 못한 것이다.

이들은 긍정적 감정이 없고, 친근성도 없다. 이들은 감정적으로 죽어 있는 상태여서 즐거움, 유머, 애정 표현, 적극적 관심이 없으며, 대개 큰 분노나 갈등적 말다툼도 없다. 이런 가운데에서 자연히 상호 긴장이 있어서 이것이 부부의 경직된 안면표정, 음성 및 신체자세에서 표출된다. 또한 관계에 대한 침울한 감정이나 슬픔의 정서도 나타난다.

이들은 상호 불평금지의 자세를 갖고서 모든 것이 좋다는 식으로 말하면서, 서로 어울리지 않고 관련 없는 평행적 생활을 한다. 마치 항구에서 캄캄한 밤중에 제 갈 길을 가는 두 배처럼 이들은 서로 관심과 애정이 없다.

정서적 비관여의 원인은 기본적으로 시초에 상호 긍정적 감정이 부족한 사람들이 결혼하게 되고, 결혼생활 중에 계속 해결 불가능하거나 매우 불일치되는 문제들에 당면해서 상호 긍정적 감정이 메말라버린 상태까지 이른 것으로 볼 수 있다. 연구는 대부분의 사람들이 비슷하거나 동일한 문제들을 아주 동일한 방식으로 계속 토의하고 있다는 것을 보여준다.

이와 같은 문제들의 성질을 분석해 보면, 문제들 중의 30% 정도는 토의에 의해 해결이 가능한 상황적 문제들인 반면에, 70% 정도는 토의에 의해 해결하지 못하는 수년간 또는 수십 년간에 걸친 장기적 문제즉, 영속적 문제이다. 이러한 영속적 문제는 근본적으로 개인의 성격과 욕구에 관련된 것으로서, 부부들은 이러한 면에서의 갈등과 차이에 대해 끊임없이 계속 말다툼을 벌이고 있다. 이러한 문제들은 부부 중의 한쪽이나 양쪽이 인간적으로 크게 바뀌지 않을 경우에는 해결될 수 없는 성질의 것이다.

이러한 장기적 갈등상태에 대한 해결책은 두 가지이다. 하나는 갈등상태가 지속되고 양측의 입장이 요지부동해서 타협을 거부하는 것이다. 이런 상태가 지속되면, 상호 기분이 상하고 비방이 심해지지만 이것도 관계개선에 아무 소용이 없다는 것을 인식하게 되고, 마침내 정서적 비관여 상태에 이르게 된다.

장기적 갈등상태에 대응하는 다른 하나는 문제를 기정사실로 인정하고서, 가급적 그 문제를 긍정적 시각에서 보아주는 것이다. 예컨대, 자기 남편이 술친구를 몹시 좋아하는 버릇 때문에 오랫동안 시달려온 아내는 남편의 문제를 대수롭지 않은 것으로 마음자세를 고쳐먹을 수 있다. "남편은 그런 사람이야. 술친구를 좋아하는 술고래야"라고 가볍게 보아넘기면서 남편에게 '술고래'라고 별명을 붙여주고 유머로 대할 수 있다면, 이제 남편의 술친구에 관련된 문제는 통상적 대화의 주제가 될 수 있다. 물론 남편의 문제는 고쳐진 것은 아니다. 하지만 이들 부부는 이 문제로 인해 부부관계에 손상을 받지 않고서, 편안한 대화로 진행할 수 있게 된 것이다.

부부들에게 해결이 거의 불가능한 문제들이 불가피하게 존재한다는 것을 강조하면서, 한 연구자는 "결혼한다는 것은 한 세트의 문제를 선택한 것과 같은 것이다"라고 말했다. 기본적으로 부부관계의 문제가 관계의 본질의 일부분에 속한다는 것이다. 이러한 것들에는 앞에서 예로 든 술친구를 좋아하는 것 이외에도 떠드는 것, 기다리기를 몹시 싫어하는 것, 몹시 결벽증이 있는 것, 꼼꼼한 것, 신앙심 등등의 수많은 개인적 성격과 욕구에 관련된 특징들이 있다.

이와 같은 부부관계의 문제들을 기정사실로서즉, 상대방의 개성으로서 또는 한계점으로서 받아들이고 상대해 나가는 것이 가장 현명한 대처방법일 것이다. 기본적으로, 부부관계에서 개인적 욕구, 가치, 습관과 같은 '개성'에 관련된 문제들은 그 뿌리가 오래되고 깊은 만큼 해결이나 변화가 용이하지 않고, 따라서 긍정적 감정을 갖고 넘어가는 것이 중요하다. 섣불리 상대방의 개성이나 성격을 고치려고 들면, 부부갈등이 심화되고 마침내 이혼에 이르게 됨을 명심해야 한다.

앞에서 논의된 불만족하거나 이혼하는 부부들이 보이는 부정적 행동들과 정서적 관여 부족은 기본적으로 부부관계와 배우자에 대한 '생각들'과 밀접하게 관련되어 있다. 따라서 부부관계에 해를 주는 '생각들'을 검토할 필요가 있다. 기본적으로, 부부관계에 해를 주는 생각들은 부부관계와 배우자에 대한 부정적이거나 비현실적인 생각들로 구성되어 있다. 그리고 이러한 부정적이거나 비현실적인 생각들의 중요한 한 근원이 부부간의 생각의 불일치이다.

부정적인 생각

부부들은 장기간 함께 생활하면서 여러 행동과 사건을 경험한다. 부부들은 처음 만나고, 데이트를 하고기간이 짧거나 길거나 간에, 결혼식을 올리고, 함께 살아가면서 서로 많은 행동을 하고 기억될 만한 여러 사건을 경험한다. 이러한 장기간의 행동들과 사건들에 대해 부부들은 마음 속으로 자기들의 '관계의 이야기나 역사'를 만들게 된다. 우리나라의 역사를 기술할 때에도 긍정적 시각과 부정적 시각을 갖고 임할 수 있는 것과 마찬가지로, 부부관계에 대한 역사와 이야기도 긍정적 시각과 부정적 시각에서 꾸며질 수 있다.

불만족하고 마침내 헤어지는 부부들은 만족하고 계속되는 부부들보다 자기들의 관계와 배우자에 대해 부정적 시각을 갖고서, 배우자의 행동과 사건을 기억하고 평가한다. 이들은 관계의 좋은 측면은 생각하지 않고 나쁜 측면을 주로 생각하며, 배우자가 잘하는 행동은 거들떠보지 않고서 잘못하는 행동들을 주로 주목한다. 다시 말하면, 파란색과 빨간색으로 이루어진 그림에서 파란색은 보지 못하고 빨간색만 보는 식이다. 이렇게 자기들의 관계의 역사와 시초의 행동이나 사건을 부정적 시각에서 보게 되면 자연히 관계상태와 배우자를 전반적으로 부정적으로 보게 되고, 그 결과로 배우자에 대해 서로 부정적 행동과 정서를 표현하게 되며, 이것은 역으로 자기들의 부정적 시각이 옳다는 것을 입증해 주는 증거가 된다. 이렇게 해서 관계는 점점 더 악화의 길로 접어들게 된다. 이런 점에서, 적극적으로 관계와 배우자에 대해 긍정적 시각으로 보는 것이 관계 만족과 유지에 유익할 것이다. 이러한 긍정적 시각은 마음자세를 고쳐먹는 큰 결단이 필요하며, 그렇게 하기는 대개 곤란할 것이다. 좀 더 현실적인 것은 부부가 서로의 관계와 행동의 역사를 긍정적 시각에서 볼 수 있게끔 부부관계의 향상을 계획하고 실천해 나가는 것이다.

불만족하고 헤어지는 부부들이 관계와 배우자에 대해 갖는 부정적 시각은 배우자가 행한 '행동의 원인'에 대한 해석에서도 나타난다. 많은 심리학 연구들은 화목하지 못한 부부들이 그렇지 않은 부부들보다 '불화를 계속 유지시키는' 또는 '관계를 손상시키는' 원인해석을 행한다는 것을 증명해 왔다. 이와 반대로, 화목한 부부들은 '화목을 계속 유지시키는' 또는 '관계를 향상시키는' 원인해석을 더 많이 행한다.

예컨대, 남편이 '술을 먹고 밤늦게 귀가한 행동'에 대해 결혼생활에 대해 불만족하는 아내는 아내를 생각지 않는 못된 성향즉, 개인 내부의 원인인 동시에 지속적이고 안정적 원인임의 탓으로 원인해석을 한다. 이와 반대로, 동일한 행동에 대해 결혼생활에 대해 만족하는 아내는 '남편이 사업상으로 손님 접대즉, 외부 원인인 동시에 일시적이고 불안정적 원인임 때문에' 그런 행동을 행한 것으로 원인해석을 한다.

이러한 원인해석은 남편이 선물을 사다준 행동과 같은 긍정적 행동에 대해서도 이루어지는데, 이 경우에서는 앞의 예와는 반대되는 원인해석이 이루어진다. 즉, 결혼생활에 대해 불만족하는 아내는 그것이 남편이 술을 먹어 '기분이 좋아서'와 같이 우연적이거나 상황적인 원인의 탓이라고 해석하는 반면에, 결혼생활에 대해 만족하는 아내는 그것이 남편이 자기를 사랑하고 있다는 내부적이거나 안정적 원인의 탓이라고 해석한다. 이러한 화목한 부부와 불화한 부부의 배우자의 행동의 원인해석에 대한 요약이 표 2-1에 제시되어 있다.

요약하면, 결혼생활에 대해 불만족하는 사람들은 배우자의 부정적 행동이 고의적이거나 성향적으로 생긴 것이라고 보고, 긍정적 행동은 우연적이거나 상황적으로 생긴 것이라고 본다. 다시 말하면, 부정적 행동은 더욱더 나쁜 동기에 의한 것으로 간주되고, 긍정적 행동은 더욱더 대수롭지 않은 동기에 의한 것으로 간주된다. 이와 반대로, 결

표 2-1 불화를 겪는 부부들과 화목한 부부들의 배우자의 행동 원인해석 방식의 차이들
불화를 겪는 부부들은 불화를 계속 유지시키는 식으로, 그리고 화목한 부부들은 화목을 계속 유지시키는 식으로 상대방의 행동 원인을 해석한다.

행동의 종류	불화를 겪는 부부들	화목한 부부들
부정적 행동	■ 배우자의 성격 탓이다. (내부 원인) ■ 변화되기 곤란한 원인의 탓이다. (안정적 원인)	■ 우연이나 상황 탓이다. (외부 원인) ■ 변화되기 쉬운 원인의 탓이다. (일시적 원인)
긍정적 행동	■ 우연이나 상황 탓이다. (외부 원인) ■ 변화되기 쉬운 원인의 탓이다. (일시적 원인)	■ 배우자의 성격 탓이다. (내부 원인) ■ 변화되기 곤란한 원인의 탓이다. (안정적 요인)

혼생활에 대해 만족하는 사람들은 배우자의 부정적 행동은 대수롭지 않은 동기에 의한 것으로 간주하고, 긍정적 행동은 더욱더 좋은 동기에 의한 것으로 간주한다.

이렇게 해서, 불만족하는 부부들은 상대방의 나쁜 점을 강조하는 반면에, 만족하는 부부들은 상대방의 좋은 점을 강조하는 식으로 결혼생활을 하게 된다.

부정적 시각은 과거의 행동에 대한 부정적 평가와 원인해석뿐만 아니라, 미래의 행동에 대해서도 적용된다. 즉, 결혼생활에 대해 불만족한 부부들은 배우자의 미래의 행동에 대해 부정적 기대를 갖는다. 자기 배우자가 장차 나쁜 행동을 계속할 것이라는 기대가 일단 생기고 지속되게 되면, 이 부정적 기대는 그 자체로 입증되게 된다. 이것을 '기대 확증'이라고 한다. 예를 들면, 자기 아내가 '화를 잘 낸다'고 생각하는 남편은 아내에 대해 좋은 기분이 들지 않고, 그에 따라 아내에게 퉁명스럽게 대할 것이다. 이러한 남편의 퉁명스러운 행동에 당면한 아내는 자연히 화를 내게 될 것이다. 이것을 목격한 남편은 역시 자기 아내가 '화를 잘 낸다'고 자신이 이전에 기대하고 예상했던 것이 사실로서 잘 증명되었다고 여기게 되고, 따라서 더욱더 부정적인 기대를 굳게 갖게 된다.

부정적 기대가 장기적으로 계속되는 것은 관계와 배우자에 대한 불만족의 씨앗이 되므로, 이 씨앗을 제거하는 것이 중요하다. 부부들은 자기 배우자에 대해 어떤 부정적 기대를 갖고 있는지를 우선적으로 검토할 필요가 있다. 그리고 나서 그 기대가 사실적이고 합리적인 것인지, 아니면 가공적이고 불합리한 것인지를 검토해야만 된다. 그리고 이러한 부정적 기대를 부부관계의 공동 의제로서 제기하고 해결해 나가야만 된다.

│생각의 불일치│

부부들에게 불만족을 일으키는 가장 큰 근원은 여러 가정 대소사나 종교와 같은 중요한 문제에 대해 생각이 불일치되는 것이다. 심리학적으로, 의견의 불일치에 '비례해서' 상호의 호감이나 만족이 감소된다는 것이 확고하게 증명되어 왔다. 다시 말하면, 사람들은 사소한 문제로부터 중대한 문제에 이르기까지 서로 의견이 불일치되는 것 자체에 대해 불쾌감을 갖고, 불일치하는 상대방에 대해 싫은 감정을 갖는다. 특히, 부부관계와 같이 가까운 관계에서는 상호 의견이 불일치될 기회가 훨씬 더 많아진다. 이것은 부부가 장기적으로, 그리고 빈번하게 서로 만나고 대화하는 생활을 하기 때문이다.

사소한 문제들에 대한 생각의 불일치에도 불쾌감이 생기고 만족감을 떨어뜨린다는 것을 전제할 때, 개인에게 중요한 주제들에 대한 생각이나 의견의 불일치는 심각할 정도의 많은 불쾌감과 불만족을 일으킨다. 이러한 것들은 부부가 갖고 있는 생활의 이상, 목표, 부부의 역할 등이다. 예컨대, 아내는 3년 동안 저축을 해서 집을 장만하려는 목표를 갖고 있는데, 남편은 그런 목표에 관심 없이 돈이 생기면 이것저것을 사면서 '돈은 있는 대로 쓰는 것이다' 라는 식의 사고방식을 갖고 있다면, 이 부부는 결코 화목하고 만족스런 관계를 유지시킬 수 없을 것이다.

결혼상태의 위험성 평가해 보기

이 장에서 지적된 결혼에 불만족하거나 이혼하는 부부들의 특징들에 기초해서, 자신의 결혼 실패의 위험성을 평가해 본다.

아래의 각 질문에 대해 다음의 숫자 범위(1에서 10까지)를 사용해서, 해당되는 숫자를 질문의 오른쪽에 있는 빈칸 속에 기입하라.

1	2	3	4	5	6	7	8	9	10
전혀 또는 거의 그렇지 않음				중간 정도로 그러함					분명히 그러함

1. 나는 신경질을 잘 부리거나 우울하거나 충동적이거나 비사교적인 성격을 갖고 있다. ( )
2. 나는 이 세상에서 살 가치가 없는 사람이다. ( )
3. 성장기 동안에 부모가 이혼할 정도로 가정 분위기가 나빴다. ( )
4. 나는 결혼생활을 유지시키기가 곤란할 정도로 경제적으로 쪼들리고 힘이 들지만, 부모 나 친척으로부터 거의 위로나 도움을 받지 못한다. ( )
5. 우리는 결혼 전과 결혼 후에 계속 의견이 맞지 않는 것이 너무 많다. ( )
6. 우리는 종종 고함치거나, 욕설을 하거나, 상대방의 외모나 인격을 조롱한다. ( )
7. 우리는 말다툼할 때 한 치의 양보도 없이 함께 흥분해서 서로를 비난한다. ( )
8. 우리는 심한 말다툼 후에 몇 주나 몇 달 동안 말도 걸지 않고 상대하지 않는다. ( )
9. 배우자와의 결혼 전과 결혼 후의 기억은 좋은 것들보다 나쁜 것들이 훨씬 더 많다. ( )
10. 우리는 사소한 일부터 중요한 일들에 이르기까지 매사에 생각이 맞지 않는다. ( )

▶ 점수 합계 = ( )

위에서 당신이 얻은 점수는 다른 사람들과 비교해서 평가하기는 곤란하다. 단지, 100점 만점에서 50~60점은 이혼 위험성이 중간 정도를 나타내고, 그 이상은 이혼 위험성이 상당히 높은 것으로, 그 이하는 위험성이 다소 낮은 것으로 해석할 수 있다.

제3장

결혼생활에서의 남성과 여성의 차이

부부간에 갈등이 제기될 때 남성들은 대개 갈등의 제기와 처리를 회피하려고 드는 경향이 있으며, 이것은 부부관계의 위험신호가 된다. 위와 같은 논의들을 더 집중적으로 제시하면서, 남성과 여성이 부부관계에서 특징적으로 나타내는 현상들과 그 원인들을 좀 더 자세하게 살펴보자.

앞 장에서 실패하는 결혼생활의 특징을 취급할 때에, 우리는 남성과 여성이 부부관계에 대해 대처하는 스타일상에 차이가 있음을 언급한 바 있다. 예컨대, 부부간에 갈등이 제기될 때에 남성들은 대개 갈등의 제기와 처리를 회피하려고 드는 경향이 있으며, 이것은 부부관계의 위험신호가 된다.

또한 남성의 이러한 회피와 철수 경향을 부채질하는 것이 아내측의 거친 문제제기 방식, 즉 남편의 흥분을 자극시키는 거친 요구방식이라는 것도 지적되었다.

이 장에서는 위와 같은 논의들을 더 집중적으로 제시하면서, 남성과 여성이 부부관계에서 특징적으로 나타내는 현상들과 그 원인들을 좀 더 자세하게 살펴보자. 비록 남편과 아내가 같은 인간으로서 많은 공통점을 갖고 있을지라도, 결혼생활 과정에서 남성과 여성의 특징들이 다소 차이가 있고, 이것이 부부관계의 독특한 양상과 문제를 일으킬 수 있기 때문이다.

생물학적으로 인간의 유전적 특징을 결정짓는 46개의 전체 염색체 중에서 남성과 여성이 다른 것이 성염색체인데, 이 성염색체가 여성은 XX형이고 남성은 XY형이므로, 남녀 간의 염색체 숫자의 단순한 차이는 X와 Y 사이의 차이, 즉 1/46인 셈이다. 이러한 단순한 남녀 차이를 계산하는 것이 특별한 의미가 있는 것은 아니겠지만, 이것이 유전적으로 45/46가 공통이고, 1/46만 차이가 있다는 것을 시사한다고 생각해 보는 것도 유익할 수 있다. 이런 면에서, 남성과 여성은 인간으로서 대부분의 공통점을 갖고 있으면서 작은 차이도 갖고 있다는 점을 유념해야 될 것이다.

인간 남녀는 우리가 보통 생각하는 것보다 생물학적으로 큰 차이가 없지만, 이러한 작은 차이는 외모와 행동상의 차이를 두드러지게끔 만들고 그에 따라 양성에 부여하는 심리적 특징들의 차이를 유발시키고, 이것이 바로 남녀에 대한 사람들의 고정관념을 이룬다. 즉, 우리들 대부분은 남녀의 신체적 특징의 차이가 크다고 생각하고, 남성과 여성의 심리와 행동도 매우 다르다고 가정한다. 이러한 남녀 차이의 가정은 남성과 여성에 대한 고정관념들에서 매우 뚜렷하게 반영되어 있다예 : 남성은 씩씩하고 여성은 상냥하다. 이러한 고정관념들과 아울러 남녀 간의 실제적 차이는 결혼생활의 역할과 행동의 차이를 낳는다.

이제 결혼생활에 영향을 줄 수 있는 몇 가지 남녀 차이의 측면들을 검토해 보자.

결혼생활에서의 남녀의 역할 차이와 갈등

남녀평등이 사회의 여러 면에서 강력하게 실행되고 있는 현재의 시점에서, 남녀의 역할상의 차이를 언급하는 것이 부적절할지 모른다. 또한 여권론자들은 이것이 남녀 차이를 유발하는 행위라고 비난할 수도 있다. 그러나 현실은 현실대로 인정하는 것이 현실을 이해하는 첫걸음이므로, 역할상의 남녀 차이의 현실을 언급하는 것이 필요할 것이다.

농업이나 목축업을 주로 생업으로 삼았던 시대에는 남녀의 신체구조와 기능의 차이가 가정생활에서 부부의 역할을 명확하게 구분지었다. 옛날의 농업 중심의 시대에는 밭을 갈고, 씨를 뿌리고, 농작물을 돌보고, 추수하는 일에 많은 체력이 필요했다. 요즈음과 같이 성능이 좋은 각종 기계를 사용하는 것과는 달리, 옛날의 농업사회에서는 체력 위주의 생산양식을 갖고 있었다. 이런 사회에서 여성보다 우세한 남성의 체력은 높은 생산성을 갖게 되었고, 남성이 생계를 책임지게 되었다. 체력이 약한 여성들은 주로 집안일과 자녀를 돌보는 일에 종사하게 되었다. 이러한 역할 차이는 기본적으로 먹고 사는 데에 관련된 생산성의 차이와 연결되어 있고, 생계를 위한 생산성이 높은 남성이 여성보다 더 많은 권력과 권위를 갖게 되었다. 이것이 바로 가부장 사회인 것이다.

오늘날 산업화와 더불어 많은 힘든 작업들이 인간보다 효율적인 기계로 대치되면서 체력 면에서의 남성의 상대적 우위는 그 가치가 급격히 떨어졌다. 이런 기계화의 시대적 추세와 병행해서 나타난 것이 남녀평등주의나 여권론이다. 오늘날 산업화에 기인해서 대부분의 사람들이 사회 전체의 운영에 있어서 남녀평등주의의 가치를 갖게 되었다.

더욱이 산업화 시대를 통과해서 정보화 시대로 이행되는 현대사회에서 체력의 우위에 바탕을 둔 남녀의 차별은 시대역행적인 것으로 되어가고 있다. 그러나 이러한 시대적 변화에도 불구하고, 남성의 체력적 우위의 결과는 여러 분야에서 아직도 잔존하고 있다. 남성이 가정 생계의 주 책임자라는 생각이 정도는 약해졌지만 사람들의 마음 속에 계속 존속되고 있다. 예컨대, 결혼조건으로서 전 세계의 미혼 남녀들이 제시한 내용을 살펴보면, 여성들은 남성의 자원, 즉 높은 교육수준, 경제수준 및 사회적 지위를 갈망하고, 남성들은 여성의 자원인 아름다움과 젊음을 갈망한다.

이러한 논의는 결코 남녀평등이 나쁘다거나 불합리한 것이라고 지적하는 데에 있지 않다. 단지 남녀의 역할에 대한 일반인들의 생각이나 고정관념이 확실히 존재한다는 것이다. 남성은 생계를 책임지고, 여성은 집안살림을 잘하는 것에 대한 고정관념이 아직도 은연적으로나 명시적으로 널리 퍼져 있다. 이러한 고정관념과 관련해서 남성과 여성에 대한 바람직스러운 특징들이 사람들의 마음 속에 자리잡고 있다. 그것은 남성성과 여성성에 대한 일반적 믿음들이나 고정관념들이다.

남성성에 관한 믿음들은 주로 공격성, 독립성, 야망성, 지배성, 유능성 등의 과업수행성에 관련된 것인 반면에, 여성성에 관한 믿음들은 주로 부드러움, 대인관계적 민감성, 상냥함, 동정심, 온정성, 양보성 등의 사회성에 관련된 것들이다.

이러한 남성성과 여성성에 관한 보편적 믿음들이나 고정관념들은 양성의 역할이 애매해진 현대생활 속에서 비록 강도는 약화되었을지라도 계속 존재하고 있다. 하지만 이러한 남성성과 여성성에 대한 고정관념들은 현대의 남녀평등주의와 모순되기 쉽다. 예컨대, 남녀평등주의는 남성과 여성이 동일한 역할을 수행하고 동일한 지위를 가질 것을 주장하지만, 남성성과 여성성에 관한 사람들의 고정관념은 남녀에 대한 상이한 역할을 지시하고 있다.

결혼생활에서 남성과 여성의 역할에 대한 의견 차이가 명시적으로 나 은연적으로 표출되어서 작거나 큰 갈등들을 발생시킬 수 있다. 결혼생활에서 남성성과 여성성의 차이를 믿는 남편은 자기 아내가 부드럽고, 상냥하고, 양보하기를 기대할 것이다. 이와 반대로, 남녀평등성을 주장하는 아내는 자기 남편의 부드러움, 상냥함, 양보성을 기대할 수 있다. 이러한 남녀의 특징에 대한 부부간의 의견 차이는 가정 내의 여러 활동들에서 표출될 수 있다.

오늘날, 부부관계의 많은 문제가 남편과 아내가 각각 어떤 역할을 해야 되는가에 대한 믿음의 차이에서 기인된다. 남편은 아내의 순종을 바라고 아내는 부부의 동등한 권리를 주장하고 지배적 행동을 보인다면, 이들 부부는 남녀의 역할에 대한 기본적 태도에서 차이를 갖고 있으므로 매사에 갈등에 당면하기 쉽다. 또한 만일 어떤 남편이 집안일에 : 청소을 하는 것이 남성의 일이 아니라고 생각하는데 그의 아내는 남편이 집안일을 해야 된다고 생각한다면, 집안일의 문제에서 이 부부는 심각한 갈등에 당면하게 된다.

이러한 가정생활에서의 남녀의 역할에 대한 부부갈등은 그러한 갈등을 분명하게 인식하고, 문제로서 제기하고, 서로에게 기대하는 역할을 협상함으로써 해결할 수 있을 것이다. 가정생활에서의 남녀의 역할에 대한 생각과 믿음의 차이들을 내버려두지 않고, 적극적으로 해결하는 것이 부부갈등의 중요한 근원을 없애는 방도가 될 것이다.

아내들의 더 큰 불만족

결혼한 부부들에 대한 많은 조사연구들은 일반적으로 남편들보다 아내들이 결혼생활에 대해 더 많이 불만족한다는 것을 보인다. 이것은 결혼생활에서 남편들보다 아내들의 욕구가 더 많이 좌절된다는 것을 의미한다.

전통적으로 여성들의 주된 역할은 가정살림, 즉 밥을 짓고, 빨래하고, 청소하고, 아이를 돌보는 것이었다. 이러한 일들은 시작과 끝이 없이 계속 반복되는 성질을 갖고 있다. 이러한 대부분의 일들이 항상 즐거운 일이 못 되고 힘들고 신경 쓰이는 일들이라는 점을 전제한다면, 아내들은 결국 결혼생활에서 힘들고 괴로운 일을 계속 반복하는 처지에서 살고 있는 셈이다.

물론 남편들도 할 일 없이 놀고 있는 것은 아니다. 그들이 육체적으로나 정신적으로 직장이나 일터에서 하는 일들은 아내들의 것보다 더 힘들 수 있다. 그러나 이러한 일들은 직장이나 일터에서 일어나는 것이고 결혼생활과 직접 관련된 것은 아니다. 따라서 남편들의 고통은 대개 직장에 한정되어 있고 가정까지 연결되지는 않는다. 그 결과로, 남편들은 대개 직장과 가정이 구분된 생활영역들을 갖고 있고, 가정에서의 힘든 일이 더 적기 때문에 결혼생활 자체에 대한 불만족은 아내들보다 더 적을 수 있다.

물론 이러한 설명은 부부가 맞벌이하는 경우에는 적용되지 않을 수 있다. 맞벌이 부부에서 아내는 직장일과 가정일을 모두 해야만 되는 이중적 역할을 갖는다. 직장에 나가는 아내는 많은 시간을 직장일에 보내고 자연히 가정일의 수행이 줄어들 수 있다. 그러나 아직도 가정생활의 모습은 전통적인 틀을 크게 벗어나지 않고 있다. 상냥하거나 협조적인 남편들은 팔을 걷어붙이고 설거지와 같은 집안일을 흔쾌하게 해준다. 그러나 이러한 남편들조차 설거지나 청소 정도의 간단한 일을 해주는 것으로 끝나고, 더 복잡하고 힘든 요리나 세탁과 같은 가정일들은 하지 않거나 할 줄 모른다. 따라서 현대생활에서도 아내가 직장에 나가든 나가지 않든 간에 관계없이, 집안일은 주로 아내들의 몫으로 계속 남아 있고, 그에 따라 결혼생활에 대한 만족이 남편들보다 더 낮은 상태에 머물게 되는 것이다.

오늘날의 결혼생활에서는 남편과 아내가 특히 집안일들을 어떻게 협조적으로 공평하게 분담해서 맡는가가 매우 중요하다. 가사일을 분담하는 부부들이 성생활에서도 더 많이 만족한다. 일반적으로 남성들이 가사일을 적게 하고 있으므로, 남성들이 솔선해서 가사일을 더 많이 해주는 것이 결혼의 행복을 위해 좋을 것이다.

요구하는 아내, 회피하는 남편

앞 장에서 이혼하는 부부의 특징으로서 부부의 '상대 안 하기와 회피'가 제시된 바와 같이, 결혼생활에서 남편과 아내가 서로를 대하는 방식에 있어서 일정한 패턴이 나타난다. 그것은 바로 아내가 문제나 불평을 제기하고, 남편이 그러한 주제의 토의를 피하는 것이다. 연구는 부부대화에서 도피하는 것의 대부분, 즉 85% 가량이 남편이라는 것을 나타낸다. 이러한 패턴은 요구 - 철수 패턴이라고 하는데, 결혼 불만족과 이혼을 강력하게 예측해 준다. 즉, 결혼생활에서 끊임없이 아내가 불평과 불만을 제기하고, 남편이 이것에 대한 토의나 개선을 계속 회피하게 되면, 문제의 근본적 해결이 되지 않고, 이혼의 가능성이 높아지게 된다.

그러면, 이러한 '요구 - 철수' 패턴 또는 '쫓는 자와 쫓기는 자'의 패턴이 어떻게 생기게 되는가에 대한 의문이 생긴다. 그 이유에 대해 남성들이 부부문제의 토의에서 더 큰 생리적 스트레스를 느끼며, 이것에서 벗어나기 위해 대화를 기피한다는 설명이 있기는 하다. 그러나 주된 이유는 결혼생활에 대한 남녀의 역할 차이라고 볼 수 있다.

아내들이 가정살림을 주로 맡고, 남편들이 돈벌이를 주로 맡는다는 것을 전제할 때, 가정생활의 장면에서 주로 문제가 되는 것은 여성의 일에 관련된 것이기 쉽다. 가정생활에서 부부에게 공통으로 관련된 집안일에 관해서 남편들은 직접 자신이 담당한 일이 아니기 때문에 일들의 사정이나 문제에 대해 관심이 적고 잘 알지 못하는 반면, 아내들은 집안일에 대한 주의를 더 많이 하고 더 많은 곤란이나 문제에 부딪히고, 그로 인해 심하게 좌절하고 속상해한다. 결국 집안일의 당사자는 아내이며, 남편은 방문자이며 손님인 셈이다. 따라서 아내들은 남편들에게 문제해결을 위해 도움과 개선에 관해 요구할 사항이 매우 많다. 예를 들면, 다음과 같은 문제가 아내들에 의해 제기되기 쉽다.

- 남편이 벗은 양말을 방구석에 던져놓는 것
- 남편이 퇴근 후에 씻지 않는 것
- 남편이 친구들과 만나서 술을 마시고 늦게 귀가하는 것
- 아이들이 용돈을 많이 쓰는 것
- 아이들이 만류해도 계속 서로 싸우는 것
- 아이들이 공부를 않고 컴퓨터 게임으로 밤을 새우는 것
- 아이들이 고기반찬만을 찾고 식사할 때 불평을 많이 하는 것
- 화장실 변기가 막힌 것
- 열쇠를 방 안에 두고 방문을 잠근 것
- 지붕이나 화장실에서 물이 새는 것
- 생활비가 부족한 것

아마 위에서 제시된 것보다 훨씬 더 많은 일들이 아내들을 좌절시키고 속상하게 만들고, 아내들은 이러한 문제의 해결에 남편이 적극적으로 참여하기를 바란다. 하지만 남편들은 집안살림에 관한 문제는 자신의 소관이 아니라고 여기며, 해결에 대한 생각을 많이 하지 않아왔기 때문에 해결에 대한 관심과 자신감이 부족하다. 자연히 남편들은 가정살림의 문제를 아내에게 떠맡기게 되고, 자기가 관여되지 않기를 바란다. 아내가 관여를 원하거나 강요하게 되면 귀찮은 생각

이 들고, 따라서 피하거나 아주 도망가 버린다.

이런 상황에 당면해서, 아내는 큰 좌절과 분노를 느끼게 되고 남편을 무책임한 비협조자라고 보게 되는 반면에, 남편은 바깥일로 힘든 자신을 대수롭지 않은남편의 입장에서 집안일로 괴롭히고 잔소리하는 것으로 보게 된다. 이쯤에 이르면, 남편과 아내는 가정생활의 문제로 계속 마주 대하는 것이 심히 괴로운 일이 되고, 마침내 부부의 친밀감과 애정감은 크게 사라져버린다.

이런 경우에 해결책은 기본적으로 두 가지가 있을 수 있다. 하나는 아내가 요구를 감소시키거나 포기하는 것이고, 다른 하나는 남편이 아내의 요구에 적극 호응하는 것이다. 아마 아내의 요구는 가정생활의 직접적이고 절박한 문제에 관한 것이기 때문에 포기하기가 곤란할 것이다. 한편, 남편이 아내의 요구에 따르는 것도 남편 입장에서는 큰 노력과 힘든 문제해결을 요하는 것이어서 요구에 그대로 따르기가 곤란하다. 이런 상태가 계속되면 부부관계는 나빠지기 쉽다.

타협적 대안은 아내가 요구를 가급적 줄여서 부드럽게 제기하고, 남편이 아내의 요구에 대해 적극적 자세를 갖고서 임하는 것이다. 실제로 이 분야의 전문가들은 이렇게 하는 것이 부부관계를 향상시키는 하나의 좋은 방법이라고 제안하고 있다. 특히, 남편이 아내의 '요구에 적극적으로 관심을 갖고 수용하는 것'이 아내 사랑과 가정평화를 위한 훌륭한 방법이라는 것을 인식하는 것이 좋을 것이다.

남편의 과업중심성–이성성 스타일과
아내의 관계중심성–정서성 스타일

부부관계에 관련 있는 중요한 남녀 차이가 여러 학자들에 의해 연구되어 왔으며, 남성들 간의 관계가 활동 중심으로 이루어지고, 여성들 간의 관계가 대화 중심으로 이루어진다는 것이 지적되어 왔다. 따라서 기본적으로 남성과 여성 사이의 관계는 주된 관계적 활동의 남녀 차이에 기인되어 원만하게 이루어지기가 쉽지 않다. 특히 의사소통의 측면에 있어서, 일반적으로 여성은 남성보다 더 많이 자기공개를 행하거나 속마음을 털어놓는다. 더 나아가서 여성들은 남성들보다 감정적인 것들과 부정적인 것들에 : 부모, 친구, 두려움들에 관해서 더 많이 자신을 드러내는 반면에, 남성들은 여성들보다 사실적인 것들에 : 정치적 견해과 긍정적인 것들에 : 자신과 상대방의 장점들에 관해서 더 많이 자신을 드러낸다.

일반적으로 여성들은 자신의 정서를 더 잘 표현하고 타인의 정서에 민감한 반면에, 남성들은 자신과 타인들의 실제적 목표를 달성하고 문제를 해결하는 것에 더 많은 관심을 두는 것 같다. 이러한 현상을 '여성의 표현성 대 남성의 도구성'이라고 일컫는다. 여성들의 표현성과 남성들의 도구성또는 과업중심성은 각각 장단점을 갖고 있다.

여성들은 남성들보다 일반적으로 사회적 민감성이나 눈치가 더 많아서 표정, 제스처, 음성의 고저 등과 같은 비언어적 의사소통을 더 잘하며, 남의 말을 더 잘 들어준다. 또한 고통을 당한 가족이나 타인을 더 잘 위로해 주고, 관계의 문제들에 대해 더 많이 생각하며, 타인의 감정에 더 잘 공감한다. 이와 같은 여성의 사회적 민감성은 관계문제들이 발생할 때에 문제를 감정적으로 처리하려고 들기 때문에 오히려 남성과의 공동의 문제해결을 방해할 수 있다. 즉, 여성들은 부부갈등이 생겼을 때 강한 부정적 감정을 더 잘 드러내고, 강요적이거나 압력적 방법예 : 언어적 공격, 죄의식의 유발 등을 더 많이 사용하고, 화해의 노력을 거부하기 쉽다.

이와 달리, 남성들은 문제해결에 직접 도움이 되는 행동을 더 많이 보여서 갈등을 토의할 때에 침착성을 더 많이 유지하고, 문제중심적 접근을 취하며, 타협적 해결방법을 찾는 데에 더 많은 노력을 기울인다. 이러한 남성의 과업중심성은 여성에 비해 남성이 냉정하고, 정서적 반응이 적고예 : 여성의 정서적인 말에 대해 공감이 없는 것, 상대방의 심정에 대해 무감각하거나 둔감하다는 부정적 인상을 준다.

이와 같은 여성의 표현성과 남성의 과업중심성은 부부갈등이 확대

될 때 강화되어 서로 의사소통하는 데 큰 지장을 줄 수 있다. 여성이 주로 흥분되고 화가 난 상태로 발언하고, 남성이 주로 진정되고 냉담한 반응을 보일 경우에 의사소통은 원만하게 진행될 수가 없을 것이다. 부부관계에서 여성들이 감정을 다소 줄이고 객관성을 더 갖고, 남성들이 다소 더 감정적이고 여성의 발언에 더 민감하게 귀를 기울여 준다면 관계가 더 좋아질 것이다.

행복한 결혼생활은 아내보다는 남편에게 달렸다

결혼생활과 배우자에 대해 아내보다 남편의 민감성과 존중의 영향이 더 크다. 우리는 일반적으로 결혼생활이 가정 내에서 아내의 주도하에 이루어지고, 따라서 아내의 영향이 남편의 영향보다 더 클 것이라고 믿고 있다. 예컨대, 아내가 남편에 대해 민감하고 상냥하게 대하는 것이 부부관계를 위해, 그리고 가정평화를 위해 가장 중요하다고 흔히 말해지고 있다. 실제로 행복한 가정들에서 아내는 다정하고 상냥한 언행을 많이 나타낸다.

이러한 일상적 관찰들로부터 사람들은 원만하고 행복한 결혼생활이 '남자보다 여자가 하기 나름이다' 라는 믿음을 갖기 쉽다. 물론 부부관계가 두 사람으로 이루어진 관계이니까, 부부 모두가 잘하는 것이 결혼 행복에 가장 이상적 조건이 되겠지만, 그렇더라도 부부관계에서 구태여 '어느 쪽의 영향이 더 큰가' 를 따진다면, 남자보다 여자의 민감성과 존중이 더 중요하다는 선입견을 갖기 쉽다.

그러나 최근의 여러 연구들은 이러한 선입견과 반대되는 결과들을 내놓는다. 연구들은 결혼 행복과 유지에 있어서 아내보다 남편의 배우자에 대한 민감성과 존중이 더 중요하다는 것을 나타낸다. 이와 관련된 첫 번째 증거로서, 우리나라뿐만 아니라 전 세계적으로 아내가 남편의 의사에 따라야만 된다는 '여필종부'의 문화규범이 매우 보편적이라는 사실을 들 수 있다.

결혼생활에서 남편과 아내는 의사결정권이나 권력의 측면에서 평등하거나 차이가 있을 수 있다. 이러한 권력 균형상태에 대해서 남편과 아내는 모두 여자보다 남자 쪽으로 기우는 것에 대해 더 편안해한다. 예컨대, 결혼 만족에 관한 연구들은 남자들과 여자들 모두 평등적이거나 여성지배적 관계보다는 남성지배적 관계에 대해 더 많이 만족한다는 것을 일관성있게 발견해 왔다.

한 연구는 교제 당시에 여자의 지배성의 한 지표로서, 남자의 말을 막거나 중단시키는 경향이 많은 여자들의 80%가 5년 후에 헤어졌으며, 결혼한 부부 중에서 5년 전에 여자가 남자의 말을 더 많이 중단시켰을수록 부부 모두의 관계만족도가 더 낮다는 것을 발견했다.

두 번째 증거는 남자보다 여자가 부부관계를 더 중시하고, 따라서 결혼을 유지할 의사가 더 크다는 것이다. 일반적으로 아내들은 결혼생활에 대해 불만족스럽고 남편에 대해 화나거나 혐오하는 마음이 있더라도, 남편을 존중하고 자랑스럽게 여기는 마음자세를 유지시키고, 의사결정 시에 자신의 의견과 생각에 대해 남편이 귀를 기울여주기를 원하고 있다.

또한 아내들은 남편에 대해 화내고 부정적 감정을 품기는 하지만 이러한 감정을 쌓아두는 일이 적은 반면에, 많은 남편들은 아내를 무시하는 방식_{비난, 모욕, 변명, 도피}으로 대응한다. 남편이 아내의 의견을 들어주지 않는 부부는 들어주는 부부보다 네 배나 되는 이혼율을 갖는다. 질투를 유발시키는 매우 불쾌한 상황에서도 여자들은 소극적이고 관계유지적으로 반응하는 반면에, 남자들은 적극적이고 관계파괴적으로 반응한다. 이와 같이, 여자들이 부부관계를 소중하게 여기고 유지시키려는 경향이 높기 때문에 관계를 깨는 것을 좌우하게 되는 것은 주로 남자가 행하게 되는 셈이다.

세 번째 증거는 의사소통의 유능성이라는 분야에서 제시된다. 의사소통은 크게 두 가지 통로를 통해 이루어진다. 즉, 언어내용_{예 : "나는 화난다"고 말하는 것}과 비언어_{예 : 화난 표정, 얼굴이 붉어짐, 높은 목소리, 눈을 흘김}의 통로를 통해서 의사전달이 이루어진다. 특히 비언어 의사소통에서 남편이 민감하거나 유능한 경우에 부부의 결혼 만족이 높다.

남자들과 여자들의 비언어적 의사소통 능력의 영향을 연구하기 위해 교제 중인 남녀들, 신혼부부들 및 일반의 부부들을 대상으로 파트너의 비언어 단서를 파악하는 능력을 알아보고, 이것을 관계 만족과 관련지었다. 이 연구는 교제 중인 남녀들과 신혼부부들보다 일반 부부들에서, 배우자의 비언어 단서를 민감하게 파악하는 남편들이 아내들보다 결혼 만족을 더 많이 결정한다는 것을 발견했다. 또한 아내들이 배우자의 비언어 단서들을 파악하는 능력은 결혼 만족과 관련이 없었다. 결론적으로 이 연구는 결혼생활에서 아내보다 남편의 비언어 의사소통 능력이 결혼 만족에 더 큰 관련이 있다는 것을 보여주었다. 이러한 남자들의 비언어적 의사소통 능력의 중요성에 관한 연구 결과는 아내보다 남편의 정서지능이 결혼생활에 더 중요한 요인이 된다는 것을 말해준다. 자기 아내에 대해 많은 지식을 갖고 있고, 아내를 배려하고 존중할 줄 알고, 진심으로 대할 수 있는 능력은 결혼생활을 행복하고 원만하게 해나가는 데에 매우 중요한 자원이라고 할 수 있다.

결혼 행복이 여자보다 남자가 하기 나름이라는 점을 전제로 할 때, 남자들이 도대체 무엇을 해야 되는가에 대한 의문이 제기된다. 그 답변은 이미 앞에 제시되어 있다. 결혼생활에 관한 의사결정 시에 남편이 독단적으로 결정하기보다 아내의 의견과 생각에 귀를 기울이는 것이 도움이 될 수 있다. 이것은 아내에 대한 하나의 존중의 표시가 되고, 아내는 이러한 존중에 대해 행복과 만족을 느끼게 될 것이다.

다른 한 방법은 남편들이 아내의 부정적 감정을 돋우는 행동을 자제하는 것이다. 남편들이 아내에 대해 비난, 모욕, 변명, 토의 기피와 같은 부정적 행동을 줄일수록 아내들은 더 많은 행복을 느끼게 될 것이다.

마지막 방법으로, 남편들의 정서지능을 개발하는 것이 제시될 수 있다. 아내에 대해 많은 것을 알고, 배려하고 존중하며, 진심으로 대하는 것이 관련된 정서지능의 요소들이 될 것이다. 이것들 중 하나인

'아내에 관해 잘 알기'는 앞에서 제시된 비언어 의사소통 능력처럼 표정, 몸짓, 억양 등을 민감하게 파악하는 것을 들 수 있는데, 이것은 집중적 훈련을 통해서 비로소 가능할 수 있다. 좀 더 직접적이고 손쉬운 방법은 언어적 방법으로 아내를 파악하는 것이다. 아내를 파악하는 언어적 방법으로서 추천할 만한 것은 '아내에 대해 질문하기'의 일상화이다. 아내에 관련된 중요한 사실을 파악하기 위해 자주 질문하라. 질문의 종류에는 아내의 하루 일과, 친구들, 최근의 근심이나 걱정거리, 어렸을 적의 즐겁거나 괴로웠던 일들, 선호하는 음식, 음악, 영화, 장래의 포부와 희망 등이 될 수 있다. "남자들이여, 아내를 이해하고 존중하기 위해 아내에게 일상적으로 질문하는 습관을 들여라." 여성보다 남성이 배우자에 대해 더 민감해지는 것이 곧 결혼 생활에 있어 행복의 지름길이다.

부부역할과 상대하기 패턴의 검토

여기에서는 이 장에서 취급된 결혼생활에서의 남성과 여성의 역할을 검토해서, 부부관계에서 발생되기 쉬운 남녀의 역할갈등을 최소화시키고, 남편과 아내의 상대하는 방식을 수정할 기회를 갖는다.

1. 가정생활에서의 역할 검토

가정생활에서 이루어지고 있는 여러 활동들이나 행동들 중에서, 남편과 아내가 개선하거나 증가시킬 것들을 검토하고 토의하라. 다음의 예들을 참고하라.

- 아침에 기상하기 : 기상시간, 잠자리 정리, 기상 후의 활동예 : 식사준비, 운동, 산책 등

- 출근 준비와 실시 : 출근시간, 출근 시에 준비할 것들출근 복장, 도시락, 자동차 점검 등, 출근 시의 인사방법

- 일과 중의 활동 : 안부전화하기, 이메일 보내기, 특별한 일이 생길 때에 연락하기

- 저녁 때의 재회 : 귀가하는 시간, 귀가할 때의 인사방법

- 저녁식사와 식사 후 활동 : 식사시간, 가족 식사방식에 : 일주일에 최소한 한 번은 온 가족이 함께 식사하기, 식사 중과 후의 대화방식, 설거지 방법, 식사 후의 산책이나 대화

- 잠자리에 들기 : 잠자는 시간, 잠자는 방식에 : 부부가 같은 시간에 잠자리에 들기

- 부부에게 직접적인 관련이 큰 집안살림의 경비, 저축, 투자의 면에서 개선해야 될 점

- 자녀 돌보기, 훈육방식, 교육 등

2. 문제제기와 토의

가정생활에서 아내가 주로 문제를 제기하고 개선을 요구하는 경향이 있고 남편이 이에 대해 회피하는 경향이 있어서, 부부관계에 긴장과 불만족이 생기고 문제해결이 계속 지연된다는 것을 앞에서 지적한 바 있다. 이러한 문제를 해결하기 위해, 당신들 부부가 일상적으로 실행하는 패턴을 분석하고 대화하라.

❶ 결혼생활에서 남편이 아내에게 요구하고 싶은 개선사항들을 기입하라.

❷ 결혼생활에서 아내가 남편에게 요구하고 싶은 개선사항들을 기입하라.

❸ 위에서 부부 각자가 기입한 내용들에 대해 부부 토의시간을 갖고, 적극적으로 토의하라.

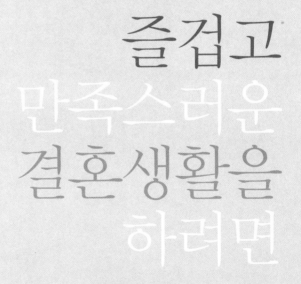

즐겁고
만족스러운
결혼생활을
하려면

제4장 |

친구 같은 부부

40년 이상을 함께 다정하게 살아온 노부부들을 생각
해 보자. 그들은 이성의 부부라기보다 친구처럼 지내
고 있다. 열정성과 친근성을 비유한다면, 벌겋게 달
구어진 난로와 따끈따끈한 온돌방의 아랫목을 생각
할 수 있을 것이다.

사람들은 연애관계와 부부관계의 핵심 특징이 서로 열정적으로 사랑하고 그리워하는 것이라고 생각하는 경향이 있다. 그러나 일반적으로 열정성은 강도가 강하기는 하지만 지속성이 부족한 특징이 있다. 열렬한 사랑의 장기적 지속은 상사병에 걸린 사람처럼 병적인 심신상태를 일으킬 정도로 나쁜 결과를 가져올 수 있다.

예컨대, 상사병으로 마음을 앓는 젊은 남녀가 자리에서 일어나지 못할 정도로 육체적인 무기력 상태에 빠지거나 치료하기 힘든 병에 걸린다는 것이 옛날 소설에 가끔 묘사된 바 있다. 결혼생활도 이와 마찬가지이다. 부부의 열렬한 애정행위 뒤에 충분한 휴식이 있어야만, 다음의 기회가 열렬하고 즐거울 수 있는 것이다. 다시 말하면, 열정성은 흥분 정도가 강하기는 하지만 지속성이 약한 특징이 있다.

이와 반대로, 친근성은 흥분 정도가 강하지는 않지만 오래 지속되는 특징이 있으며, 모든 가까운 관계들의 핵심 특징이며 필수요소이다. 40년 이상을 함께 다정하게 살아온 노부부들을 생각해 보자. 그들은 항상 서로 가까이 있고, 함께 지내며, 작은 일이나 큰 일이나 서로 상의하고, 자주 대화하며, 상대방을 잘 이해하고, 그에 따라 매우 원만하게 상대하기 때문에 서로 언성을 높일 정도의 싸움에 이르지 않는다. 그들은 이성의 부부라기보다 친구처럼 지내고 있다. 열정성과 친근성을 비유한다면, 벌겋게 달구어진 난로와 따끈따끈한 온돌방의 아랫목을 생각할 수 있을 것이다.

우리는 부부간의 좋은 관계를 위한 열정적 애정행위를 논하기 이전에, 관계의 장기적 안정성에 필수적인 관계의 다정함, 친근함 및 상대방에 대한 많은 정보와 이해를 우선적으로 검토해야만 된다. 이것들을 한마디로 부부관계의 '친근성'이라고 일컬을 수 있다. 부부관계의 장기적 안정성을 보장해 주는 친근성도 부부간의 물리적 거리의 가까움, 유사성 등의 여러 요인에 의해 영향받을 수 있어서, 개인에 따라 친근성의 필수요소로서 상이한 측면들을 강조할 수 있다. 그러나 여기에서 필자는 훌륭한 친근성의 모든 측면을 완전하게 취급할 의도는 없다. 단지, 원만하고 행복한 결혼생활의 과정에 필요한 친근성의 네 가지 측면을 강조한다.

넓고 깊게 대화하기

당신의 가장 친한 친구를 생각해 보라. 가장 친한 친구에 관해 우리는 어느 누구보다 더 많이 알고 있고, 친구가 괴로운 일에 당면할 때에 가장 잘 이해해 줄 수 있다. 따라서 친구관계의 첫 번째 특징은 친구에 대해 많이 알고 있다는 것이다. 사이가 깊어지면, 친구끼리는 자신과 자신에 관련된 모든 것을 털어놓으며, 심지어 평소에 숨겨왔던 자신의 약점들, 자신의 못난 점들, 걱정거리들까지도 이야기한다. 서로 매우 잘 알고 있고 숨길 것이 없는 사이가 바로 가장 친한 친구관계의 속성인 것이다.

부부가 오래 함께 살기 위해, 각자의 집안내력, 개인적 성장의 내력, 습관과 기호, 장래의 희망과 포부 등과 같은 배우자에 관한 '객관적 사실들'에 관해 부부가 서로 얼마나 많이 알고 있는가가 매우 중요하다. 이것은 부부관계가 잘 진행될 수 있는 탄탄한 길을 닦는 것과 같다. 이러한 객관적 사실들에 더해서, 상대방이 즐겁게 여기는 것, 두렵거나 불안하게 여기는 것과 같이 상대방의 정서적 세계를 이해하는 것 또한 중요하다. 상대방의 '정서적 세계'를 이해할 때에 우리는 상대방과 함께 기쁨과 즐거움, 그리고 슬픔과 괴로움을 정서적으로 공감할 수가 있다.

이와 같이 상대방의 사실적 세계와 정서적 세계를 잘 알게 되면, 두 사람은 상대방을 예측할 수 있고, 나아가서 상대방의 존재에 대해 안심하고 편안하게 여기게 된다. 처음 만나는 사람을 상대할 때에, 우리는 대개 불편함을 느끼고 상대방과의 대화를 가급적 빨리 끝내고 싶어한다. 이것은 기본적으로 서로를 잘 알지 못하고, 상대방의 생각이나 행동을 쉽게 예측할 수 없으며, 상대방과 상대하기가 힘들고 피곤한 데에 주로 기인된다. 타인에 대한 이해와 예측은 우리에게 보상과 안심을 주지만, 그 반대는 부담과 불안감을 준다.

부부간에 서로를 잘 이해하기 위해서 부부는 우선적으로 많은 시간을 함께 지내야만 된다. 함께 지낼 수 있어야만 많이 대화할 수 있고, 그 결과로 서로에 관한 정보를 얻을 수 있으며, 마음 속에 있는 생각이나 정서상태를 잘 파악할 수 있다. 하루 중에 정기적으로 함께 얼굴을 마주 대하는 시간을 갖는 것이 매우 도움이 된다. 부부가 하루 일과를 마치고서 함께 저녁식사를 하는 동안이나, 잠자리에 들기 전에 20~30분 동안 하루 일에 대해 대화하는 것이 배우자에 관한 최근의 사실과 정서를 이해하는 좋은 기회가 될 것이다.

　그러나 많은 사람들이 먹고 살기 위해, 또는 많은 중요한 일을 성취하기 위해 몹시 바쁘다. 직장에 나가는 남편은 많은 일 때문에 늦게 귀가하거나, 손님접대 때문에 집 밖에서 식사하고 저녁 늦게 술을 마시고 집에 들어온다. 따라서 부부가 함께 오붓하게 식사하고 대화할 시간을 갖기 어렵다. 또한 아내도 많은 집안일들, 아이들을 돌보는 것으로 매우 분주하며, 맞벌이 아내인 경우에는 더욱 분주하다. 이렇게 안팎으로 부부가 바쁘게 되면, 서로 대화할 기회가 부족하고, 서로를 이해할 기회를 갖지 못하게 된다. 이렇게 부부 각자가 바쁜 생활을 장기간 갖게 되면, 부부는 친근한 대화를 갖지 못하고, 그 결과 서로를 알지 못하고, 마침내 남남 사이와 같은 소원한 관계가 되게 될 것이다. 결국 이런 부부는 바쁜 생활의 결과로 일의 세계에서의 성취인 돈과 명예는 얻겠지만 가장 중요한 부부간의 우정과 사랑을 잃게 된다. 이렇게 부부가 생활의 공통적 의미를 갖지 못하게 될 때에 남는 것은 무엇이겠는가? 직업적 성공과 명예도 자신의 결혼생활이 행복할 때, 함께 기뻐해 줄 사람이 있을 때에 개인적으로 의미가 더욱 큰 것이다. 개인생활이 행복하지 못할 때의 성취는 대수롭지 않고 의미가 별로 없는 허무한 것이 된다. 따라서 직업적 성취와 성공은 얻었지만 친밀한 관계를 상실한 사람은 직업적 성취에게 부부관계의 행복을 빼앗긴 사람이다. 두 가지의 균형이 절대적으로 필요하다. 그리고 그 한 축인

행복한 부부관계의 핵심은 친밀한 부부대화이다.

어떤 심리학자는 부부간의 이해를 촉진시키기 위해 부부가 서로 '인터뷰하기'를 권고한다. 한 사람은 상대방을 취재하는 기자가 되고, 다른 사람은 취재 대상이 된다. 인터뷰를 행하는 자는 미리 상대방에 대해 질문할 사항들을 생각해 내고서 간단한 질문목록을 작성한다. 그 다음에, 서로에 대해 인터뷰를 하고 상대방에 대해 잘 알지 못했던 것을 알아내도록 한다. 이와 같은 '인터뷰 게임'은 부부에게 서로 상대방의 세계를 알게끔 만드는 훌륭한 방법이 될 수 있다. 당신과 당신의 배우자가 이 게임을 행하기로 합의한다면, 인터뷰할 질문들을 만들기 위해 시간을 내고서 각자 약 20분간을 인터뷰해 보라. 당신은 아마 상대방에 대해 지금보다 훨씬 더 많은 것을 알게 되고, 그 결과로 상대방을 더 잘 이해할 수 있을 것이다.

인간적 호감

몇십 년간 장기적으로 행복하게 결혼생활을 해온 부부들에 대한 조사연구는 그들이 공통적으로 자기 배우자에 대해 인간적 '호감'이나 '좋아함'을 느끼고 있다고 보고한다. 결혼생활에 대한 만족은 물질적 만족과 정신적 만족으로 구성될 것이다. 그리고 정신적 만족의 핵심 부분은 주로 관계들배우자, 자식, 친척 등에 대한 행복과 만족으로 구성되며, 이 가운데에서 개인의 가장 가까운 관계인 배우자와의 관계가 가장 중요한 몫을 차지한다.

어떤 부부들은 자기 배우자가 밉고 함께 있는 것조차 싫다는 말을 한다. 이쯤 되면, 이들은 배우자에 대한 부정적 감정이 매우 커서 서로 친구가 될 수 없고 나아가서 애정상대도 될 수 없는 상태에 이른 것이다. 부부가 진정으로 친구관계가 되기 위해서는 상대방에 대해 호감을 갖고 좋은 점을 볼 수 있어야만 된다. 이러한 측면을 한 연구자는 부부관계의 '호감과 칭찬의 체계' 또는 '호감과 칭찬의 정도'라고 이름 붙이면서, 부부간에 호감을 갖고 칭찬을 할 수 있는 관계가 성공적 부부관계에서 필수적임을 강조한다.

부부가 서로 잘 지내기 위해서는 상대방에 대한 이해를 넘어서, 정서적으로 편안하고 가까이 있고 싶어야만 되며, 이것은 곧 상대방을 좋아하고 있다는 것을 의미한다. 이와 같이 상대방에 대해 호감을 갖는 것은 관계의 전반적 정서 분위기가 따뜻하고, 서로 상대할 때에 긍정적인 행동이 나타날 수 있는 바탕을 갖고 있는 것이다. 이러한 긍정적 정서가 우세한 상태는 차후의 상대방식을 긍정적 방향으로 물들인다. 예컨대, 남편에 대한 호감이나 고마운 느낌으로 기분이나 정서상태가 좋은 아내는 남편이나 식구들에게 상냥하고 친절하게 대할 수 있다.

자기 배우자의 정서상태를 긍정적으로 만들기 위해 할 수 있는 가장 좋은 방법은 상대방을 인간적으로 좋아하고 있다는 것을 전달하는 것이다. 누구든지 상대방이 자신을 좋아하고 있다는 것을 아는 것은 매우 기분 좋은 일이다. 그리하여 연애하고 있는 남녀들은 서로의 애정관계의 정점에 이르러서 '당신을 사랑해'라는 말로 상대방에게 자신의 사랑과 호감을 공개적으로 고백한다. 그럼으로써 만일 두 사람의 관계가 다소의 애정적 바탕을 갖고 있다면, 두 사람의 관계는 극적으로 진전되게 된다. 배우자에게 당신의 호감을 물질적으로나 언어적으로 직접 표현하라! 당신의 호감을 나타낼 수 있는 꽃이나 간단한 선물로 표시하라. 생각지도 않았던 큰 선물예 : 100송이의 장미꽃이라면, 호감 전달의 의도는 100% 달성될 수 있다. 선물이 아니더라도, 당신의 호감을 다정한 말이나 카드나 편지로 전달하는 것도 마찬가지로 효과를 낼 것이다.

언어적으로 당신의 호감을 전달하는 효과적인 한 가지 방법은 '상대방의 좋은 점과 고마웠던 점'을 말하는 것, 즉 칭찬해 주는 것이다. 상대방의 성품과 행동 중에서 당신이 '좋아하는 측면들'을 생각해 보라. 그리고 이것을 목록으로 작성하라. 또한 더 적극적으로 상대방이 당신에게 해주었던 '고마웠던 일들'을 생각하고, 목록을 작성하라. 그리고 이들 목록을 열 번 정도 외우고 나서, 상대방에게 조용한 시간을 택해서 이야기해 주어라. 당신의 배우자는 이것에 대해 어떻게 반응할까? 아마 이것이 처음이라면, 당신의 배우자는 몹시 기뻐하고 심지어 눈물을 글썽거릴 정도로 감격할 것이다. 이것은 또한 당신 자신이 배우자에 대해 가졌던 평소의 호감과 고마움의 느낌을 향상시키고, 당신의 애정표현을 습관화시키며 배우자와의 부드럽고 따스한 차후의 상대방식을 향상시킬 것이다. 더 나아가서, 만일 당신과 배우자 사이에 어떤 말다툼이 있었다면, 그것은 좀 더 건설적인 분위기 속에서 해결될 바탕을 갖게 될 것이다. 마음 속으로 좋아하고 칭찬하는 것도 은연중에 상대방에게 전달되어서 관계에 대해 좋은 영향을 줄 것이지만, 이러한 정서는 상대방에게 직접 표현될 때에 더욱더 강하고 큰 실질적 효과를 내게 될 것이다.

배우자에 대해 호감과 칭찬을 전달하는 데 있어서 주의할 점은 상대방에 대한 불평, 비평 및 경멸하기를 절대로 금지하는 것이다. 호감과 칭찬을 전하면서 비평이나 경멸도 전하는 것은 상대방을 혼란시킨다. 사람들은 긍정적인 일보다 부정적인 일에 의해 더 큰 영향을 받으므로, 호감과 칭찬보다 싫어함과 비난을 더 많이 전달하게 되며, 부부관계에 부정적인 영향을 준다.

요컨대, 부부간의 호감과 칭찬은 관계 만족과 행복의 기본적 바탕이 된다. 또한 부부 사이에서 발생되는 좋지 못한 사건과 갈등을 예방해 주고 해결해 주는 바탕이 된다. 따라서 부부는 서로 인간적 호감을 증가시키도록 신경을 쓰고 실행해야만 된다.

긍정적 행동

가장 친한 친구들은 서로 기분 나쁜 행동을 하지 않는다. 이것은 서로를 잘 이해하고 인간적 호감을 가질 경우에 더욱 그렇게 되기가 쉽다. 우리의 옛말에 "친할수록 예의를 지켜라"라는 말이 있는데, 이 말은 바로 이 점의 중요성을 나타내 준다.

부부가 서로 긍정적 행동을 행하기 위해서는 우선적으로 서로 함께 있는 시간을 많이 가져야만 한다. 친구관계에서 친구들은 함께 지내는 시간이 많다. 어떤 목적을 위해 행동하지 않더라도 친구들은 함께 만나서 시간을 보낸다. 그런데 현대의 부부들은 매우 바쁘다. 아침에 일어나서 헤어지고, 일과 후에 밤늦게 피곤하고 바쁜 상태에서 함께 있는 시간을 갖는다. 따라서 부부가 함께 있는 시간은 대개 오붓하지 않다. 세수하고 부지런히 밥을 먹고 나서, TV 앞에 앉아서 시간을 보내다가 졸려서 잠자리에 들기 쉽다. 함께 갖는 시간이 있다고 하더라도, 각자 제 할 일을 하기 때문에 진정으로 함께하는 시간은 매우 적다. 더욱이 직장일이 힘든 경우에는 지쳐 쓰러져 잠자는 일도 있다. 부부간에 하루 일과에 관한 여유 있는 대화는 거의 없다. 이것이 몇 달이나 몇 년 동안 지속된다면, 부부관계는 남남 사이나 이혼상태와 다름없게 되고, 만일 좋지 못한 계기가 생기면 이혼이라는 최후를 맞기 쉽다.

부부가 함께 있는 시간에 함께 어떤 일을 행할지도 잘 모르고, 어쩌다가 갖는 드문 대화 속에서 서로에 대해 갖고 있는 불평거리를 티격태격 쏟아내다가 마침내 서로 신경질을 부리고서 각자 잠자리에 드는 경우도 흔히 있는 일이다.

부부가 무료하게 시간을 보내거나 각자의 불평거리를 제기하기보다 하루 동안에 서로에 대해 궁금했던 일들을 질문하는 것이 좋다. 이것은 상대방에 대한 순수한 주의와 관심을 나타내며 호감을 전달하는 좋은 방법이며, 상대방에 대한 이해를 증진시키는 일이다. 부부는 하루 중의 각자의 일들, 재미있었던 일들, 애를 먹었거나 기분 나빴던 일들에 관해서 질문하는 습관을 갖는 것이 좋다. 필자가 알고 있는 부부 금실이 무척 좋은 어떤 분은 자기 아내의 안부에 대해 하루 중에도 여러 번 묻는다. 심지어 여행 중이나 이동 중에, 그리고 식사할 때도 휴대전화로 자기 배우자에게 자신의 위치와 하는 일을 알려주고 배우자나 주변의 일들에 관해 질문한다. 행복한 결혼생활의 기본은 엄청나게 훌륭한 행동에 있지 않고, 평상시의 별일 아닌 것 같은 세심한 주의와 관심을 표현하는 질문에 있다. 이러한 일은 매우 쉬우면서도 보통은 잘 하지 않는 행동이다. 그러나 그 효과는 100점이다.

부부가 함께 시간을 보낼 때에 유쾌하고 즐거운 공동 활동을 행하는 것이 가장 좋다. 함께 재미있는 일들에 관해 대화하는 것, 함께 시장보러 가는 것, 함께 배드민턴이나 테니스 경기와 같은 운동을 하는 것, 산책하는 것, 여행하는 것, 등산하는 것은 기분 좋은 활동을 함으로써 부부관계를 행복하게끔 만드는 좋은 방법이다. 필자는 주말에 함께 등산을 가는 부부들을 본다. 그들은 도시락을 준비해서 손을 잡고 산에 오르고 함께 산에서 식사하고 하산하는 도중에 함께 차를 마시거나 빈대떡을 사 먹고 집에 와서 함께 식사하고 함께 잠자리에 든다. 이와 같이 공동 활동을 하는 것이 바로 행복한 결혼생활의 본질이다. 결혼생활에서 이루어야 될 많은 일들에 : 아이를 키우고 가르치고, 돈을 버는 것이 있지만, 이것들은 부부관계의 주변에 있는 일들이다. 부부관계의 본질은 그저 모든 일을 '함께 하는 것' 이다. 이런 부부들은 함께 하는 동안에 서로에 대해 많은 것을 알고, 호감을 갖고 전달하며, 생활의 진정한 의미를 발견한다. 이러한 것들이 장기적으로 계속되면 부부는 자기들의 인생이 보람 있다는 느낌을 갖게 된다. 결혼생활의 행복은 거창한 일들이나 커다란 성취에 있지 않고, '함께 하는 작은 일들' 에 있다. 많은 것을 함께 하는 부부들은 큰 싸움이나 이혼이 거의 일어나지 않는다. 당신이 행복한 결혼생활을 바란다면, 그 방법은 매우 간단하다. 많은 일들을 당신의 배우자와 함께 하라! 그러면 당신은 반드시 결혼에 성공할 것이다.

부부가 함께 하는 일들 중에서 매우 중요한 활동은 서로를 아끼고 위안해 주는 것이다. 이것은 배우자에 대한 일종의 인격적 지원이다. 인격적 지원은 배우자의 즐거움을 증가시켜 주고 괴로움을 감소시켜 주는 엔돌핀과 같은 것이다. 배우자의 즐거움을 증가시키는 것 중에서 가장 효과 있는 것은 배우자의 인간적 가치를 인정해 주는 것이다.

인간적 가치의 존중은 상대방에 대한 애정표시로 실현될 수 있다. 상대방에게 말이나 행동으로 애정을 '표현하라.' 쑥스러워하지 말고 상대방의 볼에 뽀뽀를 해보라. 그리고 더 나아가서 포근하게 안아 주어보라. 많은 전통적인 부부들이 이러한 일들이 부부간에 좋은 애정표시 방법이라는 것을 알면서도 점잖지 못하다는 선입견을 갖고 있거나, 습관이 되지 않아서 어색하게 느끼고 실행하지 못한다. 이제 일상생활 속에서 뽀뽀해주기와 안아주기를 정기적으로 해보라. 아침이나 저녁에 하루에 한 번이라도 좋다. 부부가 서로 약속을 하고 정기적으로 해보라.

상대방의 인간적 가치를 존중하는 좀 더 적극적인 방법은 상대방의 괴로움, 마음의 상처 및 스트레스에 관해서 질문하고 들어주고 토의하는 것이다. 전통적인 부부들은 서로 부담을 주지 않기 위해 자신의 괴로움, 마음의 상처, 고민, 힘든 일에 대해 입을 다무는 일이 많다. 물론 이런 정신자세는 배우자를 배려하고 아끼는 훌륭한 것이다. 그러나 이러한 자세 자체가 서로에 대해 훌륭한 일이기는 하지만, 서로의 괴로움과 힘든 일을 각자가 이겨나가는 것은 제삼자가 보았을 때에 효과적인 것이 못 된다. 부부 각자가 갖고 있는 괴로움과 힘든 일을 부부가 '공동으로 대처해 나가는 것'이 더욱 바람직스러운 것이다. 각자가 자기 자신의 괴로움이나 힘든 일을 먼저 이야기하는 것이 상대방을 피곤하게 만들고 자신의 체면을 손상시키기 쉬우므로, 각자가 배우자의 괴로움이나 힘든 일을 먼저 질문하는 것이 좋다.

하루 일과 후에 대화하면서 자연스럽게 상대방의 괴로운 일, 상처

받은 일, 힘든 일을 물어보라. 그런 일들을 직접 해결해 주면 가장 좋겠지만, 단지 들어주고 이해해 주는 것만으로도 정신적으로 큰 위안이 되고 힘이 된다는 것을 잊지 말라. 이것은 당신의 가까운 친구관계를 돌이켜 보면 쉽게 이해할 수 있을 것이다. 당신의 친구가 항상 당신의 괴로움이나 힘든 일을 해결해 주지는 않았을 것이다. 단지 그런 일들에 대해 '마음 놓고 털어놓을 수 있다'는 것 자체가 큰 위안이 되고 힘이 된다는 것을 잊지 말라.

부정적 언행을 삼가기

부부간의 친근성을 발전시키고 유지시키기 위해 특별히 유의할 점은 상대방에 대해 부정적 언행을 행하지 않는 것이다. 우리는 제2장에서 부부관계를 악화시키고 실패하게끔 만드는 근본 원인이 부정적 행동의 상호 실행이라는 것을 강조한 바 있다.

부부들의 부정적 언행들은 일상화되거나 습관화되기 쉽다. 부부들은 결혼생활에 관련된 중요한 일이나 그 밖의 여러 일들의 처리에 있어서 서로 의견이 맞지 않는 경우가 자주 있다. 이것은 부부가 동일한 인간이 아니기 때문에 불가피한 것이다. 이러한 의견 불일치가 너무 많거나 어떤 중요한 일에 의견이 맞지 않을 경우에, 부부 각자는 우선적으로 불쾌감을 느끼고 상대방이 나와 맞지 않는 사람이라고 인식하게 된다.

이와 같이 부부가 서로에 대해 행하는 부정적 언행들이 일상화되면, 부부는 자연히 부정적 정서 분위기 속에 있게 되고, 이러한 부정적 정서 분위기는 부부의 모든 상대하는 방식을 부정적으로 물들여서, 부부의 모든 언행도 점점 더 부정적으로 교환된다. 따라서 부정적 언행은 그 다음에 부정적 언행을 낳게 되어서, 부부는 사소한 일에도 퉁명스럽게 대하게 되고, 이쯤 되면 부부의 문제의 협동적 해결 분위기는 아주 망가져버리게 된다.

부정적 언행의 악순환을 중지시키기 위해 부부는 우선적으로 자신의 어떤 언행이 상대방에게 불쾌감을 주는지를 인식해야만 된다. 우리의 일상적 언행이 대개 의식적 주의를 기울이지 않고서 무심결에 실행되기 때문에, 우리는 자신의 어떤 언행이 상대방에게 부정적으로 영향을 주는지를 인식하지 못하기 쉽다. 예컨대, 자기 아내의 청소방식이 마음에 들지 않는 남편은 자신도 모르게 아내의 행동에 대해 빈정대거나 비평하는 말을 하기 쉽고, 이것은 아내의 부정적 정서상태를 증가시켜서 밤늦게 시도되는 남편의 애정행위를 거부하게끔 만들 수 있다.

만일 우리가 자신의 부정적 행위가 배우자에게 불쾌감을 주었다는 것을 인식한다면, 즉각 부정적 행위의 나쁜 영향을 해소시켜야만 된다. 아내가 시장에 가서 물건을 사달라는 요청을 했을 때에 남편은 피곤해서 자기도 모르게 즉각 거부할 수 있다. 이때에 남편은 자신의 피곤에 관심과 주의가 쏠려 있기 때문에, 아내의 기분과 반응에 주의하지 못할 수 있다. 이때에 아내는 남편이 자기 자신의 편안함만을 중시하는 이기적인 사람이라는 생각이 들 수 있다. 이렇게 되면, 남편의 무관심과 아내의 부정적 감정상태가 합쳐져서 상호 부정적 언행의 자동적 악순환을 저지를 가능성이 매우 높게 된다.

부부가 서로에 대해 다소 주의하고 관심을 기울이게 되면, 각자의 어떤 행동이 상대방에 대해 불쾌감과 좌절을 일으키는지를 알 수 있고, 그것에 대해 민감하게 대처할 수 있다. 예컨대, 아내가 남편의 직장에서 필요한 증명서를 동사무소에 가서 떼어놓기로 약속하고서 깜빡 그 약속을 잊었을 수 있다. 이튿날 아침에 출근하면서, 남편이 그 증명서를 달라고 말했을 때에 아내는 비로소 자기가 그 약속을 잊은 것이 생각났다. 남편은 출근하는 바쁜 시간에 일이 뜻대로 되지 않아서 심한 좌절상태에 빠졌고 다녀온다는 인사의 말도 없이 대문을 박차고 나가버린다. 이런 경우에, 아내가 그 약속을 이행하지 못한 것에 대해 얼른 "여보, 어제 너무 바빠서 그 일을 깜박 잊었어요. 어떡하죠? 제가 당장 동사무소에 가서 서류를 떼어 팩스로 보내면 안 될까요?"라고 진정으로 사과한다면, 남편의 좌절감은 절반으로 줄어들 수 있다.

기본적으로 부정적 언행의 나쁜 효과를 감소시키거나 없애는 방법은 그 언행의 발생을 솔직하게 인정하고, 그 언행의 나쁜 효과를 없애는 것이다. 뒷장에서 더 자세하게 취급하겠지만, 부정적 언행의 나쁜 효과는 그 행위의 잘못됨을 인정하고 상대방의 괴로움을 위로하고 재발을 방지하는 노력을 보여줌으로써 감소될 수 있다. 일상적 과정에서 자신의 행동에 의해 상대방이 어느 정도의 불쾌감과 좌절감을 갖게 되었을 경우에, 그 행동에 대해 진심으로 사과하는 것이 매우 중요하다. 우리 속담에 '말 한 마디로 천 냥 빚을 갚는다'라는 말이 있다. 이것은 상대방에 대한 자신의 실수나 과오를 인정하고 사과하는 것이 상대방의 부정적 정서를 줄이는 데 큰 효과가 있다는 것을 나타낸다. 부부간이라고 해서, 자신의 잘못이나 실수를 대수롭지 않게 여기면 안 된다. 그것에 대해 반드시 사과하라. 사과는 배우자에 대한 인격적 존중의 표시이다.

앞에서 이미 지적한 바와 같이, 부정적 언행은 일상생활의 혼란 속에서 자연적으로 발생되기 때문에 우리는 자신의 어떤 언행이 상대방에게 부정적 영향을 주었는지조차 인식하지 못할 경우가 많다. 하루일과 후의 대화에서 부부는 상대방이 불쾌했거나 좌절당했던 일을 질문하는 것이 좋다. 만일 이 경우에 자신이 무심결에 행한 부정적 행위가 언급될 수 있다면, 이것은 자신의 부정적 언행의 발생을 분명하게 인식할 수 있는 좋은 기회가 된다. 이런 인식이 있은 후에, 부부들은 서로 불쾌감과 좌절감을 주는 언행을 인정하고 줄임으로써, 긍정적 감정상태를 증가시키고 부정적 감정상태를 감소시킬 수 있다. 이렇게 함으로써 이들은 모두 차후에 다정하고 애정 있는 언행을 할 수 있는 바탕을 튼튼하게 다진 것이다. 부부는 각자의 부정적 언행의 발생을 미리 예방하기 위해 최대로 노력하고, 만일 이미 발생되었다면 그것을 인식하고 그것의 나쁜 효과를 없애는 데 즉각적 노력"미안해요"와 같은 말과 진심어린 사과을 기울여야만 된다.

배우자와의 친근성 평가

친근성에 관한 진술문에 대해 아래의 숫자를 써서 응답하시오.

1	2	3	4	5
매우 그렇지 않다	상당히 그렇지 않다	중간이다 (또는 모르겠다)	상당히 그렇다	매우 그렇다

1. 나는 배우자와 편안한 관계를 갖고 있다. ( )
2. 나는 배우자와 가깝다고 생각한다. ( )
3. 나는 배우자와 다정한 관계를 갖고 있다. ( )
4. 나는 필요할 때에 배우자에게 의지할 수 있다. ( )
5. 나는 배우자와 잘 대화한다. ( )

▶점수 합계 = ( )

5개 진술문에 대한 점수를 합계한 후에, 다음의 기준에 비추어서 해석하라.

5~10점 = 친밀성이 낮음

11~15점 = 친밀성이 보통 이하임

16~25점 = 친밀성이 높음

(단, 위의 점수는 타인들과 비교된 것은 아님)

제5장

재미있게
살기

부부들은 자기 부모를 뵙거나 나이 든 어른들을 뵙거
나 간에, "재미있게 살아라"라는 당부를 자주 듣는
다. 우리보다 더 나이 든 어른들의 이러한 당부는 무
엇을 의미하는가? 이러한 당부 속에 깊은 의미가 들
어 있다.

앞 장에서 필자는 친근성이 부부관계의 본질을 이루는 중요한 요소라는 것을 지적했고, 친근성을 향상시키고 유지시키기 위한 네 가지 방법을 제안했다. 친근성을 높이기 위해 긍정적 행동과 활동을 많이 행할 것을 강조하면서 기본적으로 그것이 즐거워야만 된다는 것도 지적했다.

이러한 결혼생활의 즐거움은 부부관계의 친근성의 향상을 넘어서 결혼생활 전체의 행복과 만족에 영향을 주므로, 여기에서는 즐거운 결혼생활을 위해 부부가 함께 재미를 즐기는 주제를 더욱 집중적으로 취급하고자 한다.

결혼생활에서 재미의 중요성

부부들은 자기 부모를 뵙거나 나이 든 어른들을 뵙거나 간에, "재미있게 살아라"라는 당부를 자주 듣는다. 우리보다 더 나이 든 어른들의 이러한 당부는 무엇을 의미하는가? 이 어른들도 대부분의 사람들처럼 결혼생활의 힘든 일과 역할을 잘 해내기 위해 열심히 살아온 분들이다. 이들은 결혼생활의 훌륭한 선배이고 스승이다. 이들은 특별히 문제가 있거나 가난하게 사는 사람들을 제외하고서, 대부분의 젊은 부부들에게 "재미있게 살아라"라고 당부한다. 이러한 당부 속에 깊은 의미가 들어 있다. 이것은 결혼생활이 결코 돈을 많이 벌고, 집안살림을 잘하고, 자식을 잘 키우는 것으로 충분하지 않다는 것을 의미한다.

우리의 결혼생활은 일하고 쉬는 두 가지 측면으로 구성되어 있다. 이것들 중에서 먼저 강조되는 것은 일이다. 이것은 우리의 삶의 조건이 물질적 조건의 충족이 없이는 기본적으로 불가능하기 때문이다. 먹고 사는 문제, 즉 의식주의 충족과 자녀양육 등의 문제의 해결은 기본적으로 금전이나 재물을 필요로 하며, 우리는 이것을 얻기 위해 아침부터 밤늦게까지 개인생활의 모든 즐거움을 희생하면서 일한다. 그저 하루하루를 밥 먹고, 일하고, 잠자는 주기를 반복하면서 기계처럼 살아가는 것이 우리들 대부분의 일상생활이다.

이렇게 기계처럼 열심히 산 것의 결과는 대부분의 사람들에게 많은 것을 가져다준다. 의식주의 문제가 해결되고, 자녀교육을 위해 남들처럼 돈을 쓸 수 있고, 장래를 위해 저축하거나 재산을 장만하고, 여가생활을 즐길 만한 돈도 마련된다. 이러한 금전적 필요의 충족은 우리가 열심히 살아온 것에 대해 매우 훌륭한 보상이 된다. 하지만 이와 같은 '일 중심적 삶' 은 우리에게서 매우 중요한 것을 빼앗아 간다. 이것은 생활의 한 목표나 가치, 즉 결혼생활의 즐거움과 동반성의 손실이다.

밥 먹고 일하고 잠자는 것이 주기적으로, 그리고 기계적으로 거의 무한하게 반복되는 생활은 우리에게 삶이 매우 '힘들고 재미없다' 는 느낌을 준다. 또한 부부관계의 다정한 정을 나눌 겨를이 부족하기 때문에 부부는 실제로 대화가 부족하고 친밀감이 부족하게 된다. 이렇게 열심히 산 것의 전체 대가로 물질적 성과는 어느 정도 거두었지만, 관계적 성과는 그만큼 잃은 것이다. 그리고 후자는 우리의 생활의 의미에 대한 깊은 회의를 갖게끔 만든다. 즉, 우리는 우리의 인생에서 필요한 하나를 얻고, 다른 하나를 잃는 생활을 하고 있는 셈이다.

우리는 일 중심으로 열심히 사는 것이 필요하고, 또한 그것이 훌륭한 성과를 준다는 것을 잘 알고 있다. 하지만 이것들이 부부들에게 주는 부정적인 것들, 즉 생활이 고달프고 재미없다는 느낌, 부부관계가 소원해짐으로써 기인된 부부간의 친밀감의 훼손과 결혼생활에 대한 무의미감의 증가와 같은 것들은 일 중심의 결혼생활이 얻는 것만큼 잃는 것도 많다는 것을 나타낸다. 물리학에서 말하는 에너지 항등의 원리처럼 우리 인생살이는 '하나를 얻으면 반드시 다른 하나를 잃는 것'인가? 동시에 이 둘을 얻는 방법은 없는 것인가?

여기에서의 요점은 결혼생활이 결코 일의 성취나 역할수행만으로 행복하고 만족스럽게 되지는 않는다는 것이다. 일의 보람과 성과와 더불어 관계적·정서적 행복이 매우 중요하며, 후자를 위해 우리는 결혼생활을 즐겁고 재미있게 만들어야만 된다. 요즈음 당신이 배우자와 함께 재미있는 일을 즐긴 것이 언제였는가? 만일 매우 오래전이었다거나 생각나지 않는다고 대답한다면, 당신은 지금 바로 일 중심보다 관계 중심에 더 많은 신경을 써야 할 필요가 있다. 결코 '일에서 많은 성취를 거두지만, 인간적으로는 행복하지 못한 상태'에 이르지 말라. 일과 부부관계그리고 삶의 재미를 모두 고려하고 잘 균형을 맞추어라. 두 가지 중 어느 하나만으로는 결코 완전한 행복을 가질 수 없다.

결혼생활이 재미있게 되지 못하는 이유

결혼생활이 재미있게 되지 못하는 이유는 여러 가지이다. 그것들 중에서 중요한 두 가지를 다음과 같이 제시해 보겠다.

결혼생활에서 즐거움과 재미를 무시하는 태도

사람들은 결혼 전 교제 기간 동안에는 대개 단둘이 분위기 좋은 카페나 공원에 가서 담소를 즐기거나, 추억에 남을 만한 명승지에 찾아가서 하루를 즐겁게 보내는 등의 일을 한다. 심지어 만나기 훨씬 이전부터 만남의 즐거움과 설렘으로 들떠 있고, 만나서 어떤 재미있는 일을 할 것인지를 곰곰이 생각한다. 그러다가 결혼을 하고나면, 이전의 즐거운 활동들은 완전히 졸업한 것으로 여기고 중단한다. 그리고 각자의 일에 몰두하여 정신없이 살아가고, 이것이 지속되면 두 사람은 평행선을 달리는 기차선로처럼 각자 제 할 일에 거의 모든 시간을 바친다.

　이렇게 되는 데는 다 이유가 있다. 신혼기에는 집 장만과 자녀의 출생과 더불어 금전적으로 쪼들리기 쉽다. 또한 직장에서의 지위도 신입 직원의 처지에 있어서, 일을 배우고 수행하는 데 전심전력을 기울여야만 되며, 그렇지 않으면 직업에 적응하기 어려운 상황에 처한다. 이렇게 부부가 가정 내외에서 바쁜 생활을 하다보니 자연히 여유 있는 시간을 갖기 어렵다. 설사 여유 있는 시간이 있다고 하더라도 여가를 즐기는 '습관'이 사라져서 설령 시간이 나더라도 무엇을 어떻게 하면서 지낼 것인지를 결정하지 못한다.

117

젊었을 때에는 부지런히 일해서 돈을 모으고 나이 들어서 편하게 지내야 된다는 일반적 고정관념이 결코 틀린 것은 아니다. 그러나 일 중심의 생활에 빠져서 부부가 즐거운 휴식과 놀이를 갖지 못하면, 결국 생활이 재미없어지고 더욱 힘들게 여겨지기 쉽다. 이러한 생활 스트레스는 부부관계로 옮아와서 부부관계를 다정하고 재미있게 만드는 일을 등한시하기 쉽고, 서로 쉽게 짜증을 내고 말다툼하며, 결혼생활에 회의를 느끼고, 결국 부부관계는 금이 가며, 심한 경우에는 이혼을 생각하고 마침내 헤어지게 된다.

따라서 결혼생활을 잘해나가려면 결혼생활에 꼭 필요한 두 가지, 즉 부부의 일의 영역과 관계의 영역을 모두 잘 관리해야 한다. 생활에서 일만 잘하는 것은 결혼생활에 필요한 조건의 절반만을 충족시키는 것으로 여겨야 된다. 다른 반쪽, 즉 관계의 친밀성과 원만성을 위해 부부는 즐겁고 재미있게 살고자 노력해야만 한다. 이제 결혼생활에 대한 새로운 개념을 가질 때가 되었다. 부부는 '열심히 사는 것과 아울러 즐겁게 사는 것'을 생활목표로 삼아야 된다. 둘 중의 어느 하나가 부족하면 그 결혼생활이 완전치 못한 것이라는 점을 분명히 인식해야만 된다.

시간과 돈의 부족

부부가 즐거운 활동을 행하면서 살기 위해서는 즐거운 활동에 사용할 시간과 돈이 필요하다. 부부가 모두 바쁜 현대생활에서 두 사람이 즐거운 활동을 위해 동시에 시간을 내기는 어려운 경우가 많다. 맞벌이 부부의 경우에는 더욱 어렵다. 또한 운동을 하든 여행을 하든 외식을 하든 간에, 대부분의 활동들에는 기본적인 금전이 필요하다.

어떤 즐거운 활동을 위해 돈이 필요하다면, 생활비의 일부분을 즐거운 활동이나 여가활동에 할애하는 것이 좋다. 우리는 여가활동에 쓰는 시간과 돈을 '사치'나 '낭비'의 일종으로 보는 경향이 있다. 이제 이런 생각을 버릴 때가 되었다. 결국, 오늘날의 결혼생활이란 부부가 즐겁고 행복하게 살기 위한 것이며, 행복의 조건들 중에서 부부관계의 원만함과 결혼생활의 즐거움이 가장 중요한 요소라는 것을 인정해야만 된다.

부부가 즐거운 활동을 위해 시간과 돈을 들이는 것에 대해 너무 압력을 느낄 필요는 없다. 시간이 바쁜 사람들의 경우에 부부가 함께 낼 수 있는 시간을 검토하는 것이 좋을 것이다. "열심히 하고자 하는 일에 안 될 일이 무엇이 있겠는가?"라는 자세로 즐거움을 위한 시간을 내라. 아무리 해도 부부가 여유 있는 충분한 시간을 내지 못한다면, 자투리 시간을 이용할 수 있다. 퇴근시간에 한두 시간 동안 만나서 마음에 드는 곳에서 커피를 마시는 것, 시장을 구경하면서 순대를 사 먹는 것, 보고 싶은 영화를 보는 것 등도 노력하기에 따라 그리 어려운 일이 아닐 수 있으며, 이런 활동들에 드는 비용도 그리 크지는 않을 것이다. 부담 없이 부부가 즐길 수 있는 방법은 얼마든지 찾아낼 수 있다. 생활의 즐거움을 위해 부부가 함께 용감하게 시도하는 일만이 남아 있다.

재미를 즐기는 몇 가지 방법

필자는 위에서 부부가 즐거운 생활을 갖지 못하는 두 가지 주된 이유를 제시했고, 그런 가운데에서 이것들을 해결할 일반적 방법들까지도 제안했다. 이제 결혼생활을 즐겁고 재미있게 만드는 구체적 방법들을 좀 더 자세하게 검토해 보자.

'인생에서 남는 것은 즐기는 것이다' 라는 생활자세를 가져라

많은 사람들이 경제문제의 해결과 집안살림을 위해 인생을 거의 다 바쳐 일을 한다. 그리고 많은 사람들이 이렇게 열심히 산 덕택으로 의식주 문제를 해결하고 자녀를 키우고 어느 정도 노후를 보낼 자금도 마련한다. 이런 일을 달성하는 일이 결코 쉬운 일이 아니다. 오늘날과 같이 안정된 직장을 얻기가 어렵고, 설사 얻었다고 하더라도 4, 50대 초반이나 중반이면 직장에서 물러나야만 되는 상황에서, 안정된 일자리를 유지하면서 생계를 꾸려나가는 일은 쉬운 일이 아니다. 이러한 현실적 압박 때문이 아니더라도, 자기의 직업분야에서 남보다 더 많은 업적을 내기 위해 기를 쓰고 일을 하기도 한다. 이렇게 열심히 살면 생활도 안정될 것이고 직업 분야에서는 만족할 만한 성취를 이룰 수 있을 것이다. 그러나 이런 만족의 이면에는 항상 실망이 기다리고 있다. 기를 쓰고 살면서 이룬 것들을 되돌아보면, 대수롭지 않은 것이 대부분이다. 그저 먹고 살고 시간을 보냈을 뿐이며, 이룬 업적이나 성과도 달성한 그 당시에 만족하고 행복했을 뿐, 그 행복감은 오래 가지 않게 마련이다.

더욱이 기를 쓰고 정성을 다해 살아왔는데 가족 중의 한 사람_{남편, 아}_{내, 또는 자식}이 속을 썩이기라도 하면, 낙담과 비애를 느끼고 인생의 무상함과 허전함을 달랠 길이 없다. **결국 인생에서 그런대로 의미가 있는 것은 즐겁고 재미있는 시간이다.** 이런 면에서, 우리 모두는 가급적 인생을 즐겁고 재미있게 살아야 된다. 그렇다고 해서 자기 할 일을 제쳐놓고서 재미만을 추구하라고 권하는 것은 결코 아니다.

일상적 타성에서 벗어나라

대부분의 부부들이 재미있게 살지 못하는 것은 반드시 일이 너무 많아서 바쁘거나 경제적으로 여유가 없기 때문만은 아니다. 바쁜 가운데에서, 그리고 경제적 여유가 부족한 가운데에서도, 부부가 즐겁게 시간을 보낼 수 있는 방법은 얼마든지 있다. 이러한 많은 가능성을 활용하는 첫 번째 관문은 일 중심의 타성에서 벗어나는 것이다.

우리는 생활에 적응하면서 살기 위해 일상적 생활습관을 발전시킨다. 사람들에 따라 여러 가지 생활습관이 있겠지만, 공통적인 것은 바쁘게 사는 것이다. 우리는 어렸을 적부터 〈개미와 베짱이〉라는 동화에서처럼 열심히 일하는 것이 행복을 얻고 부자가 되는 길이라는 가르침을 받아왔다. 그리고 교과서나 TV와 같은 대중매체를 통해서도 적극적으로 열심히 살아서 성공을 거둔 사업가, 정치가, 법관, 학자에 관한 이야기들을 수없이 많이 보아왔다. 그리하여 우리의 마음 속에는 '열심히 사는 것이 성공하고 행복해지는 지름길' 이라는 생각이 뿌리 깊게 박히게 되었다.

물론 열심히 사는 것은 행복과 성공의 지름길이다. 이것을 부정할 만한 확고한 증거는 없다. 심리학에서도 '성공을 위한 동기' 에 관한 많은 논문들이 성공에 대한 지속적인 생각과, 과제를 효과적으로 선택하고 수행하는 것이 과업성취를 가져다준다는 것을 증명하고 있다.

하지만 지나치게 일에만 집착하는 삶은 부부에게서 서로 즐겁게 지내면서 정을 쌓을 시간을 빼앗아 간다. 일의 영역에서 성공을 거두고 집안이 살 만해진 부부들이 부부관계의 영역에서는 염증을 내고 서로 원수처럼 지내고 급기야 이혼하는 사례들이 매우 많다. 따라서 일의 영역과 인간관계의 영역은 적절한 균형을 이룩해야만 된다.

여기에서의 요점은 결코 재미를 즐기는 것에만 초점을 두고 살라는 것이 아니라 적절하게 균형을 이루어 성공을 거두라는 것이다.

재미를 즐기기 위한 상황을 적극적으로 만들어라

사람들이 시간이 없고 바빠서 재미있는 시간을 갖지 못한다고 대답하는 일이 매우 보편적이므로, 우리는 재미를 위한 시간 부족 문제를 먼저 해결해야 될 것이다. 이를 위해, 우리는 부족한 시간 중에서 시간을 내고, 바쁜 가운데에서 여유 있는 시간을 찾아야만 된다. 그러기 위해서는 두 사람의 시간을 검토하고 조정할 필요가 있다. 이러한 조정을 잘해내는 한 가지 좋은 방법은 재미있게 지내는 방법을 생각해 내고, 실행에 옮길 수 있는 구체적인 계획서를 작성하는 것이다. 이러한 계획서는 부부로 하여금 타성에 젖어서 새로운 재밋거리를 찾지도 못하고 즐기지도 못하는 습관으로부터 빠져나올 수 있게 해주는 하나의 심리적 상황을 만들어준다. 따라서 부부는 스스로 만든 심리적 상황에 영향을 받아서, 재미있는 시간을 갖게끔 스스로 압력을 제공하게 될 수 있다.

재미있는 시간을 갖기 위한 계획서는 언제, 어디서, 무엇을 행하고, 이를 위해 무엇이 필요한지를 검토하고 결정한 것을 기록한 것이다. 계획서에 포함될 항목은 부부마다 다를 수 있겠지만, 다음의 사항을 포함시키는 것이 좋을 것이다.

| 시기별로 재미있는 활동을 계획하기 |

계획서를 작성할 때, 연간, 월간, 주간 및 일간 계획을 고려하는 것이 좋으며, 그 예들은 다음과 같다.

- 연간 계획_여행하기, 방문하기, 낚시하기
- 월간 계획_등산하기, 소풍 가기, 공원 산책하기, 외식하기, 토요일 밤에 외출하기, 영화 관람, 일출이나 일몰 구경
- 주간 계획_대화하기, 식구가 함께 식사하기
- 일간 계획_부부가 함께 식사하기, 하루 일에 대해 이야기하기

언제, 그리고 무엇을 할 것인지를 결정하는 것이 가장 중요하다. 타성에 젖어서 몇 년 동안 함께 재미있는 시간을 갖지 못했던 부부들은

언제, 그리고 무엇을 할 것인지를 '구체적으로' 결정해 본 적이 없는 사람들이다.

부부가 한자리에 앉아서 달력이나 가계부를 앞에 놓고, 1년간 특별히 함께 할 일을 의논한다. 연간 계획에는 일상적으로 할 수 없는 일들을 포함시킨다. 1년에 한두 번 할 수 있는 일들을 생각해 낸다. 시간적·경제적 여유가 다소 있는 부부들은 여행이나 방문계획을 세울 수 있다. 국외나 국내의 명승지나 관심 있는 장소예 : 농어촌, 사적지, 명승지를 정해서 며칠간의 여행을 계획할 수도 있다. 해외여행도 많은 돈을 들이지 않고서 가능할 수 있다. 가까운 일본, 중국, 태국, 필리핀, 베트남, 캄보디아 등 관심 있는 지역을 정해서 여행사에 문의하면, 각자의 능력과 여유에 맞게 여행지와 여행기간을 쉽게 정할 수 있다. 국내 여행은 이보다 더 쉽게 정할 수 있다. 남해안 돌아보기, 동해안 돌아보기와 같은 것은 많은 시간과 금전을 들이지 않고서도 실행할 수 있다. 여행경비를 줄이기 위해 민박집을 알아보고 정할 수 있다. 인터넷 정보를 이용하면, 전국에 있는 민박집을 알아보고 전화 문의를 할 수 있다.

월간 계획에는 한 달에 한두 번 할 수 있는 재미있고 흥미 있는 항목들을 포함시킨다. 이것은 연간 계획에 포함되는 항목들보다 기간과 경비가 더 적은 것들일 수 있다. 한 달에 한두 번 등산하기, 시골마을 찾아가기, 시골 장 구경 가기, 어촌의 어시장 찾아가기, 맛있는 음식을 먹으러 가기 등이 그러한 항목일 수 있다.

주간 계획은 일주일 안에 실행할 항목들이 포함될 수 있다. 일주일에 한 번 온 식구가 함께 식사하기, 함께 대화하기, 빈대떡이나 과일 먹기와 같이 부부가 하고 싶은 일들을 생각해 내어 상의해서 정할 수 있다.

일간 계획은 매우 일상적인 일들이 포함될 수 있다. 요즈음과 같이 부부가 한자리에 앉아서 식사하는 일도 드문 생활에서 부부가 하루 중의 한 끼 식사를 반드시 함께하기, 저녁시간에 함께 하루 일과에 대해 이야기하기 등은 부부가 서로 즐거운 자리를 함께 가지면서 서로를 이해할 수 있는 매우 좋은 기회가 된다.

| 여가를 위한 친목회나 모임에 가입하기 |

부부의 즐거운 활동들은 부부 단독으로 계획해서 실행할 수 있다. 이 것을 특별히 원하고 행할 수 있는 부부들은 부부 단독의 활동을 스스로 계획해서 실행하라. 그러나 함께 어울려서 재미있는 활동을 하는 것이 더욱 재미있고, 쉽고, 경비가 적게 들 수 있다. 다른 사람들과 함께 어울려서 재미를 즐길 수 있는 것은 사회적 동물로서 우리의 사회적 욕구나 소속욕구를 충족시키고, 사회적으로 더욱 원만하고 성숙하게끔 만들 수 있다.

필자는 한때 지방대학에 근무했었고, 숙식의 편의를 위해 하숙집을 구해 거주한 적이 있다. 그 하숙집 부부는 해마다 봄과 가을에 2~3일 간 여행을 다녀왔다. 그 부부는 친한 사람들끼리 모여서 봄과 가을에 여행을 다녀온다고 했다. 이들 부부는 부부 외의 친한 사람들과 함께 어울려서 즐거운 시간을 가졌고 그런 시간이 매우 즐겁고 보람 있다고 말했다.

이와 같이 친한 친구들이나 친지들과 함께 부부가 공동으로 참가하는 모임을 갖는 것은 그 자체로 즐거우면서도 상호 친목을 도모할 수 있는 좋은 방법이다. 함께 즐거운 활동을 하는 모임이나 계에 드는 것은 부부 단독으로 즐거운 활동을 하는 것에 비해 그 활동을 '반드시' 갖게 끔 하는 상황적 압력을 스스로 만드는 것이다. 이러한 상황적 압력은 대개 개인적인 사정으로 즐거운 활동을 취소하는 것을 방지하는 매우 강력한 힘이 된다.

우리나라에서 많은 단체 관광객들은 서로 인연이 있는 사람들의 모임이나 계로 구성되어 있다. 부부들이 함께 즐길 수 있는 여러 모임들을 알아보고 가입하거나, 스스로 만들어서 활동에 참가하라. 쳇바퀴 같은 따분하고 지겨운 일상생활에서 벗어날 수 있는 좋은 방법이 될 것이다.

| 다른 일들이 방해하지 않도록 대비하기 |

부부의 즐거운 활동들은 본래 즐거움을 위해 행해지는 것이다. 따라서 즐거움을 해칠 수 있는 여러 가지 부담과 갈등을 방지해야만 된다.

첫째로, 재미를 위한 활동이 부부의 직업이나 가사활동으로 인해 방해받지 않도록 미리 시간 조정을 잘해야만 한다. 자기가 할 일을 제쳐놓고서 놀이를 하는 것은 결국 일을 망쳐서 더 큰 스트레스를 일으키고, 나아가서 부부관계를 더욱 악화시키기 쉽다. 부부가 마음 놓고 즐거운 활동을 할 수 있으려면 다른 일들을 미리 처리하고 해결해야만 된다.

둘째로, 재미를 위한 활동에는 대개 많든 적든 돈이 필요하다. 필요한 돈을 미리 책정해 두거나 특별한 명목으로 저축해서 금전적으로 쪼들리지 않고 즐거운 활동에 부담없이 몰입할 수 있어야만 된다.

셋째로, 직업적 일의 부담을 해결하는 것 이외에도, 가정일의 부담을 해결해야만 된다. 어린 자녀가 있는 경우에 아이를 돌보아줄 사람예 : 친척, 이웃들, 친지 등을 미리 구하거나 집을 돌보아줄 사람을 구한다.

마지막으로, 부부관계의 문제나 갈등 자체가 즐거운 활동의 수행과정을 방해하지 않도록 해야 된다. 부부문제나 갈등을 이러한 활동 동안에 일체 말하거나 제기하지 않기로 하는 규칙접어두기 규칙, time out rule을 미리 정한다. 부부의 즐거운 활동들이 기본적으로 부부관계를 향상시키고자 수행되는 것이므로, 재미와 부부관계에 방해가 되는 평소의 부정적 감정들, 불평들, 해결할 문젯거리들을 놀이 동안에는 일체 표출하지 않는 것이 필요하다. 만일 부부 중 한 사람이 즐거운 활동 중에 평소 부부관계의 문제나 갈등을 제기하면, 상대방은 이것이 놀이의 규칙에 위반된다는 것을 지적하고 "접어두기", 또는 영어로 "time-out"이라고 외칠 수 있다. 모든 활동이 끝난 후에, 갈등이나 골치 아픈 문제들에 대해 확실하게 대화하기로 서로 약속한다.

| 활동의 종류를 결정하기 |

필자는 주말에 부부 동반으로 교외의 산에 등산하는 친구들을 본다. 그들은 대개 가진 것은 그리 많지 않지만, 즐겁고 행복한 하루하루를

보낸다. 등산뿐만 아니라 부부가 함께 배드민턴을 치거나, 시내버스를 타고서 교외의 마을을 방문하거나, 함께 음식점에 들르거나, 장날에 시장 구경을 하거나 간에 언제나 오순도순 대화하고 서로 편안한 기분으로 대하고 있는 것을 볼 수 있다. 바로 이러한 활동들이 부부생활의 재미를 키우고 친근성을 증진시킨다.

중요한 것은 공동으로 실행하는 활동의 종류이다. 부부가 재미있게 지내는 것도 아무렇게 되는 것이 아니다. 평상시보다 더 재미있게 지내기 위해서는 더 많이 머리를 써야만 된다. 부부관계 향상을 위한 프로그램들은 바로 부부가 즐겁게 행할 수 있는 활동의 목록을 체계적으로 작성하고, 부부가 각각 그 목록 중에서 좋아하는 활동을 우선순위에 따라 1~3개씩 선택하고, 상대방이 그 중에서 좋아하는 활동을 정하는 방법을 권한다.

부부들이 재미있게 행할 수 있는 방법 중에서 비교적 실행하기 쉬운 것은 대화하기와 칭찬해 주기이다. 대화하기는 부부들이 서로 상대방의 심리세계를 이해할 수 있는 가장 좋은 방법이며, 부부 모두에게 재미있을 수 있다. 대화의 주제는 부부가 함께 갖고 싶은 미래의 계획, 꿈, 희망 및 공상 등으로 정할 수 있다. 또한 두 사람 공동의 과거 일들이나 즐거웠던 일들이나 웃겼던 일들에 : 처음 만났거나 데이트 동안에 일어났던 일에 관해 이야기할 수 있다.

또한 칭찬해 주기는 단순한 재미나 즐거움을 넘어서, 부부관계에 매우 유익한 활동일 수 있다. 이것만 잘하더라도 당신의 부부관계는 잉꼬부부에 가깝게 될 수도 있다. 칭찬을 듣는 것은 어린아이들, 청소년들, 직원들이나 부하들만 좋아하는 일이 아니다. 부부들도 항상 이 것에 굶주려 있기 쉽다. 매일매일 힘들게, 그리고 여러 가지 골치 아 픈 일들을 처리하면서 살게 될 때, 우리는 배우자에게 칭찬보다 짜증 이나 불평이나 비난을 하기가 더 쉽다.

부부간의 즐거움을 증가시키기 위한 한 가지 방법으로서, 배우자가 갖 고 있는 긍정적 특징들을 말해주는 것을 시도해 보라. 아래와 같은 집 안 팎에서의 배우자의 일과 행동에 대해 좋아하는 점을 지적하고 칭찬하라.

- 가족을 부양하고 돕기 위해 열심히 노력한 것
- 집안을 청소하고 가꾸기 위해 신경을 쓴 것
- 자녀양육에서 아버지나 어머니로서 민감하게 잘한 것
- 성품의 따뜻함, 애정, 배려
- 잠자리에서 자기에게 잘해준 것
- 친척을 잘 대한 것

어떤 심리학자는 부부들에게 서로 하루에 한 가지의 칭찬을 하도록 지시했다. 그리고 이러한 것이 부부들에게 매우 긍정적 효과를 내고 있음을 시사했다. 이러한 활동을 '칭찬게임' 이라고 일컬으면서, 이것 이 재미도 있고 결혼생활에 대한 만족도 높인다고 주장한다.

부부들이 행할 수 있는 그 밖의 활동들은 부부들 자신의 직접적 보 고에서도 얻을 수 있다. 그것들은 다음과 같다.

- 부부가 함께 운동, 요가, 마사지를 하는 것
- 스키, 수영, 등산
- 영화 관람, 음악회나 연주회 관람
- 함께 맛있는 음식이나 과자 만들기
- 음식을 서로 먹여주기
- 함께 정원일을 하기, 집을 꾸미기, 꽃을 심고 감상하기
- 성활동 이것은 부부들이 제시하는 마지막 주제였음

부부가 행할 수 있는 좀 더 참신한 활동들을 알아내기 위해, 함께 '머리 짜내기brain storming'를 하는 것도 좋다. 이 장의 끝 부분의 활동에 제시된 바와 같이, 머리 짜내기의 방법은 본인이나 배우자가 우스꽝스럽다고 여길 수 있는 활동들까지 제안하고 노트에 기록하는 것이다. 이 방법을 사용해서 스스로 재미있는 활동카드, 즉 재미카드fun card를 만들어서 사용할 수 있다. 부부 두 사람이 머리를 짜내서 최대로 30~40개의 활동들을 노트에 기입한 다음에, 나중의 사용을 위해 트럼프 크기의 카드를 한 벌 준비하고, 활동들을 기입한다. 일단 한 벌의 카드가 준비되었으면, 그 다음에 할 일은 함께 시간을 내서 하고 싶은 활동을 선택하는 것이다.

둘이서 함께 선택하는 것이 활동에 대한 관심과 열의를 더 높여줄 수 있으므로, 휴일이나 여유 있는 시간에 둘이서 함께 재미카드를 꺼내 선택을 행하라. 우선적으로, 각자가 교대로 한 벌의 카드에서 석

장의 카드를 고른다. 그 다음에 상대방이 선택한 석 장의 카드 중에서 각자가 한 장의 카드를 고른다. 선택된 두 가지의 활동을 모두 행하기로 한다. 행하려는 열의에 따라 부부가 선택한 여섯 가지의 활동을 모두 행할 수 있게끔 스케줄을 정할 수도 있다예 : 산책하기, 일몰을 구경하기, 외식하기, 영화 보기, 성관계를 갖기, 함께 샤워하기 등

재미카드 만들기

당신의 파트너와 둘이서 앞으로 재미있게 지낼 수 있는 활동들에 관한 목록을 만들어보라.

1. 둘이서 머리를 맞대고, 두 사람이 함께 할 재미있는 활동에 관한 아이디어를 짜내기 위해 시간을 낸다. 한 번에 모든 아이디어를 내기가 어려울 수 있으므로, 이런 기회를 다시 갖는 것도 좋다.

2. 세 장의 백지와 볼펜을 준비하라.

3. 각자가 '둘이서 행할 수 있는 재미있고 즐거운 활동'을 될 수 있는 한 많이 창의적으로 제시한다. 이러한 머리 짜내기에 있어서 창의성이 중요하다. 현실성이나 경제성과 같은 차원들은 무시하라. 둘이서 제시한 아이디어들을 백지에 일련번호를 매기면서 기록한다. 30~40개 정도의 활동이면 충분할 수 있다. 부부에 따라 100개 이상의 활동도 목록으로 만들 수 있다.

4. 이제 당신들이 만든 목록 속에 있는 재미있는 활동들을 카드(트럼프 크기면 좋다) 위에 기록하라. 당신들이 어떤 활동을 할 것인가를 정할 때에 이 카드들을 사용하라. 사용방법은 이미 본문에 제시되어 있다. 특히, 배우자가 선택한 것이 실행되게끔 최선을 다하라.

제6장

부부의
성생활

성활동은 성행위 자체에 한정되기보다 결혼생활과 부부관계 전체에 연관되어 있는 것으로 보아야만 된다. 따라서 부부관계가 원만하고 행복할 때에 성활동도 원만하고 행복해지기 쉽다.

결혼생활의 여러 측면 중에서 부부의 성생활은 하나의 기본적 측면으로서, 부부관계의 질에 관한 하나의 대표적 신호이며, 역으로 부부관계의 질에 영향을 준다. 즉, 행복하고 만족스러운 부부관계가 원만하고 즐거운 성활동을 일으키고 촉진시키며, 만족스럽고 즐거운 성활동 또한 부부관계의 행복과 만족에 영향을 준다.

결혼생활에서 당면하게 되는 성문제는 소수의 사람들이 갖는 병적이거나 역기능적 상태라기보다 매우 보편적 문제이다. 거의 모든 사람들이 크거나 작거나, 일시적이거나 장기적인 성문제를 갖고 있다. 한 조사에 의하면, 절반에 가까운 43%의 여성들과 1/3에 가까운 31%의 남성들이 성문제를 보고한다. 성활동은 신체적·정신적 요인들에 의해 영향을 받으며, 많은 성문제들이 이러한 요인들에 영향을 받는다.

기본적으로 성문제는 주로 성활동에 관련된 생리학적·심리학적 요인들에 대한 이해 부족의 결과라고 할 수 있으며, 이하에서 우리는 결혼생활의 성적 측면을 향상시키기 위한 몇 가지 핵심사항을 검토할 것이다.

성의 개념과 경험을 확장시키기

결혼생활에서 성활동은 부부가 서로 만나고, 부부관계를 이룩하고, 자식을 낳아 기르고, 결혼생활을 유지시키는 과정의 중요한 바탕이 된다. 그러므로 성활동은 성행위 자체에 한정되기보다 결혼생활과 부부관계 전체에 연관되어 있는 것으로 보아야만 된다. 따라서 부부관계가 원만하고 행복할 때에 성활동도 원만하고 행복해지기 쉽다. 부부관계가 다정한 사람들은 서로 따뜻하고 정확한 대화가 오가며, 신체적 관계나 접촉이 다정하고 따뜻하며, 부부의 성활동의 질에 직접 영향을 준다. 기본적으로 성활동이 부부관계의 전체 분위기와 연결되어 있으며, 부부관계의 전체 분위기가 성활동의 무대가 되어준다는 점을 유념해야 할 것이다. 이런 점에서, 원만하고 만족스러운 부부의 성활동을 위해 우선적으로 '다정하고 만족스러운 부부관계'를 이룩해야만 된다.

감각에 초점 두기

많은 사람들이 성활동에 관심을 잃거나, 성활동의 결과에 대해 불만을 갖고 있다. 성활동을 마치 식사처럼 할 수 없이 가져야만 된다고 여기고 마지못해서 기계적으로 끝마치는 경우가 많으며, 이것은 성활동에 대한 불만족과 흥미 감소나 권태감을 일으킨다. 더 나아가서 부부관계에 대한 열정과 관심을 상실하게끔 만들어서 마침내 부부관계에 대해 불만족을 갖게 만든다.

성기관만의 자극은 한정된 감각을 일으키며, 이러한 한정된 감각은 성활동의 즐거운 경험을 제한하고, 성적 불만족을 일으키기 쉽다. 부부의 성활동을 직접적인 성기관의 감각에만 한정시키지 말고, 신체 전체 기관의 감각으로 확장시키라고 성치료가들은 권장하고 있다. 즉, 성활동이 단지 성기관의 자극에 한정되기보다 몸 전체의 감각기관의 자극으로 확장될 때에 더욱 만족스러운 느낌을 갖기가 쉽다는 것이다.

이러한 점을 고려해서 특수한 방법이 제안되고 있으며, 이를 '감각에 초점 두기sensate focus' 훈련이라고 일컫는다. 이러한 방법의 훈련은 단순한 성기관의 자극에 의한 성적 흥분의 제한을 신체의 전체 기관에 대한 자극으로 확장시키는 원리에 속해 있다. 이 원리는 성기관의 흥분보다 몸 전체의 감각기관의 흥분, 즉 감각성이나 관능성sensuality을 확장시킴으로써 성경험의 폭을 확장시키려는 것이다.

감각에 초점 두기 훈련에서 시초의 몇 회에서는 성교에 초점을 두는 성활동은 금지된다뒤에는 허용된다. 이것은 성교에만 초점을 두는 성활동이 성적 감각을 매우 제한시키기 쉽고, 성활동이 불만족스럽게 되기 쉽기 때문이다. 이 방법의 요점을 정리하면, 다음과 같다.

- 부부 중에서 감각자극을 제공하는 '제공자'와 '받는 자'를 결정한다. 제공자와 받는 자의 역할은 날에 따라 교대하거나 하루 중에 교대할 수 있다.
- 부부가 편안한 분위기를 유지하고, 기분 나쁘거나 긴장되는 일을 서로 삼간다. 또한 방해되는 일들을 미리 제거한다예 : 아이가 옆에 있는 것.
- 부부가 모두 옷을 벗는다.
- 마사지에 필요한 윤활제예 : 베이비오일를 준비한다.
- 신체의 아래쪽에서 위쪽으로 마사지하고 애무한다. 그 순서는 다음

과 같다 : 종아리 – 허벅지 – 궁둥이 – 배 – 가슴 – 팔 – 손 – 어깨 –
목 – 얼굴

- 초기 몇 회의 연습에서는 성기와 유방에 대한 자극이 금지되고, 후
기의 연습들에서 비로소 허용된다.
- 제공자가 행하는 마사지와 애무의 과정에서, 받는 자는 자신이 가
장 기분 좋은 것을 말이나 몸짓으로 전해준다.
- 제공자와 받는 자의 역할을 교대한다. 역할을 교대하지 않고서 다
음날에 교대할 수도 있다.

성적 감각의 인식 훈련과 오르가슴 훈련

남성들보다 여성들에서 더 많은 성문제예 : 성적 불만족, 오르가슴이 없음가
보고되고 있으므로, 여성들에 대한 성훈련과 교육의 방법들이 개발
되어 왔다. 첫 번째 방법은 여성들의 성적 감각과 반응의 이해를 위한
'성적 탐색 훈련'이고, 두 번째 방법은 '여성의 오르가슴'을 위한 부
부 공동 훈련이다.

│ 아내의 성적 탐색 훈련 │

여성들은 성활동에 대해 정숙하도록 가르침을 받아왔기 때문에, 성
에 대한 걱정, 불안, 공포, 수치감 등의 부정적 태도가 많다.

또한 실제로 여성들은 자신의 성적 쾌감을 일으키는 신체부위와 자
극방법을 남성들보다 덜 이해하고 있다. 연구들은 혼전에 자위행위
를 많이 했던 여성들이 결혼 후에도 성적 오르가슴을 더 많이 경험한

다는 것을 나타낸다. 이것은 여성 자신의 성경험과 이해가 결혼 후의 성만족과 오르가슴 또는 절정 성반응에 직접 관련되어 있다는 것을 시사한다.

여성의 성경험과 이해를 증진시키기 위해, 성적 탐색 훈련이 권장된다. 이 훈련은 여성의 성경험에 대한 두려움을 감소시키고 자신감을 증가시키며, 성적 쾌감을 이해하는 데 목표가 있다. 여성들이 자신의 신체적 매력을 낮게 평가하고 자신의 신체를 만지는 것에 대해 불편함이나 당혹감을 느낄 수 있으므로, 이것을 없애는 훈련이 필요할 수 있다. 이 훈련에서, 여성은 다음과 같은 방법으로 자기 자신의 신체와 감각을 탐색한다.

- 옷을 모두 벗고서, 비누, 화장용 오일 등을 준비한다.
- 두 손을 씻으면서 자신의 근육과 뼈를 바라본다.
- 유방을 만지고, 젖꼭지를 문지르고, 젖꼭지가 발기하는 것을 보고, 그 감각을 경험한다.
- 성기의 바깥부분을 가볍게 벌리고 닦으면서, 성기와 항문 부위의 느낌에 주의한다.
- 목욕 후에 침대나 의자 위에서 손거울을 준비하고 성기를 바라보면서, 성기의 여러 부분들대음순, 소음순, 음핵, 질을 손가락으로 만지고 자극한다.
- 윤활제를 사용해서 성기와 유방의 느낌을 계속 알아보면서, 허벅다리와 배를 마사지한다.

- 원하는 대로 스스로 성기관을 자극하면서 오르가슴을 경험한다. 이러한 오르가슴에 수반되는 경험들은 다양할 수 있으며 약한 흥분상태에서 강한 흥분상태, 자신의 근육, 호흡 등에 유의한다. 첫 오르가슴 후에 계속 흥분이 남아 있으면 계속적인 자극으로 두 번째 오르가슴도 일으킬 수 있다. 이러한 기초 훈련이 부부의 만족스러운 성활동의 기초가 된다는 점에 유의하라.

| 아내의 오르가슴을 위한 훈련 |

오르가슴을 거의 또는 전혀 갖지 못하는 여성을 위한 두 번째 훈련은 앞에서 설명된 감각에 초점 두기 훈련과 여성의 성적 탐색 훈련과 비슷하다. 일반적으로, 감각에 초점 두기 훈련 후에 오르가슴을 위한 성기 조작에 대한 부부 공동 훈련이 실시된다. 이 훈련은 1차 단계와 2차 단계로 구분되며, '1차 단계'의 요령은 다음과 같다.

- 남편은 등받이에 등을 대고 앉고, 부인은 남편의 가슴에 등을 대고서 남편의 두 다리 사이에 앉는다. 부인의 다리를 남편의 두 다리 위에 걸치고서, 머리는 남편의 어깨 위에 둔다.
- 남편은 부인을 부드럽게 포옹한 자세에서, 손에 윤활제를 바른다.
- 남편은 가벼운 주무르기와 만지기를 하는데, 부인은 자신의 손으로 남편의 손을 잡고서 안내한다. 이것은 부인이 남편에게 감각자극의 방법을 가르쳐주면서 쾌감을 즐기는 것이다.
- 유방, 배, 허벅다리, 음순의 순으로 계속 만지고 주무른다. 많은 시

139

도 후에 부인이 오르가슴을 경험할 수 있다.

'2차 단계'의 훈련은 일단 부인이 오르가슴을 경험한 후에 실시되며, '여성 상위'의 성교자세부인이 남편의 위에서 앞쪽으로 기울여 앉는 자세를 취하면서 탐색적 골반운동을 실시한다. 이 훈련 후에 측면 성교자세남성이 여성의 뒤에 눕는 자세로 이동해서 훈련한다.

결론적으로, 결혼생활에서의 성활동은 성기관의 자극에 한정되는 것이 아니라, 몸 전체의 감각기관의 자극으로 확장되는 것, 즉 감각성 자체의 경험에 초점을 두는 것이 바람직하다. 또한 이러한 신체감각 기관의 자극에 의한 쾌감과 즐거움에 대해 원만한 부부관계와 다정한 분위기가 기본적 바탕이 된다는 점을 유념해야만 한다.

갈등과 불안을 제거시키기

부부의 성활동은 부부관계의 일부분으로서, 육체적 친밀성과 쾌감에 초점을 두는 활동이다. 이러한 육체적 활동과 그에 수반되는 흥분상태는 자연이 제공해 준 하나의 잠재능력이며, 모든 사람이 만족스러운 성경험을 가질 수 있다. 그러나 우리의 친밀한 육체적 활동은 여러 부정적 정서들에 의해 방해받을 수 있다. 이러한 부정적 정서들은 성활동 자체에 관련된 불안, 부부관계의 갈등, 그에 따른 긴장들이다.

성활동에 대한 불안 제거

성활동은 부부가 성활동으로부터 즐거움과 쾌감을 추구하는 것이므로, 즐거움과 쾌감의 경험과 반대되는 걱정, 불안, 두려움 등은 성활동의 경험을 무감각과 불쾌감으로 만들 수 있다.

자신의 성활동 자체에 과잉적으로 주의를 기울이는 것이 궁극적으로 성활동을 부정적으로 만들 수 있다. 예컨대, '나는 지금 제대로 행동하고 있는가', '나의 발기상태는 부적절하지 않은가'와 같은 자신의 행동과 반응에 대한 과잉주의나, '나의 파트너는 이것에 대해 즐거워하고 있는가'와 같은 상대방에 대한 걱정과 불안은 당신과 당신의 파트너의 자연스러운 성활동을 방해한다. 당신은 배우로서 오로지 자기의 역할에 충실해야만 되는 상황에서 '관람자'의 역할까지 맡고 있는 셈이다. 이렇게 되면, 당신은 배우로서의 역할에 몰입할 수가 없고, 그에 따라 자연히 당신의 파트너도 활동에 몰입되지 않게 되고 애정행위에 대해 불만을 느끼게 된다. 다시 말하면, 애정행위 자체에 몰입되어야 될 상황에서 다른 걱정들에 주의를 빼앗기고 있는 셈이다.

이런 일이 지속되면, 파트너는 당신의 필사적 노력에 의해 이전보다 더 즐거움을 느낄 수 있지만, 당신 자신은 너무 많은 주의를 빼앗겨서 행위 자체에 대해 무감각하거나 긴장을 느끼게 된다. 이러한 무감각과 긴장은 자연히 상대방에게 전달되어서 성활동을 애정의 교환이라기보다 마치 기계적인 '일'로서 느끼게 된다.

이러한 불안을 감소시키는 한 가지 좋은 방법은 상대방에게 바라는 점과 불만족을 솔직하게 이야기하고, 서로의 애정행위를 위해 여유 있는 시간과 안락한 상황을 마련하고, 비교적 긴장을 덜 주는 터치하기(만지기)와 마사지하기의 활동을 증가시키는 것이다. 다시 말하면, 불안의 근원이 되는 직접적 성활동을 줄이면서, 보다 더 자연스러운 성활동을 증가시키는 것이 바람직스럽다.

부부관계의 갈등 해소

당신의 부부관계에서 육체적 관계는 정신적 관계의 표출에 불과할 수 있다. 즉, 당신의 부부관계의 핵심 부분은 정신적·정서적 관계이며, 육체적 관계는 지엽적이고 말단적인 것일 수 있다. 따라서 부부관계에서 발생된 갈등과 갈등의 잘못된 처리는 부부의 모든 생활영역에서 긴장을 조성하고, 그 결과로 침실에서의 육체관계까지 긴장상태로 만들고 망치게 할 수 있다. 서로 말다툼하고 화나 있을 때에는 서로 포옹하고 애무하고 성활동을 행할 마음이 나지 않게 된다.

생활상의 여러 갈등들에: 금전, 가사일, 권력, 자녀, 습관 등이 부부관계를 해치고, 성활동의 영역도 방해한다. 이러한 갈등은 성활동 밖에서만 일어나는 것이 아니라, 성활동 안에서도 일어나기 쉽다. 대개 성활동의 영역에서 남편들이 아내들보다 개시자나 주도자가 되는 일이 흔하다. 남편들은 개시활동을 성공시키기 위해 서두르는 경향이 있고, 더 흥분된 상태에 있기 쉽다. 반면에, 아내들은 개시에 대해 반응하는 처지에 있으므로 자연히 남편보다 덜 준비되고 덜 흥분된 상태에 있게 된다. 이런 상태에서 남편들은 자기 아내가 성적·관능적 관심이 없다고 해석하기 쉽고, 아내들은 자기 남편이 자기와의 인간적 관계나 애정보다 성행위에만 관심이 있다고 해석하기 쉽다. 이렇게 되면, 남편과 아내가 모두 즐거운 애정을 나누려는 욕망이 좌절된 상태에 있게 된다. 이런 좌절상태 속에서 부부가 성활동을 갖게 되면, 성활동의 즐거움은 반감되기 쉽고, 성활동 후에 오히려 관계가 더 나빠지거나 소원해지기 쉽다. 부정적인 '관계상의 갈등' 이 애정활동에 '나쁜 독이 된다' 는 점을 깊이 유념해야만 된다. 성활동 전에 부부갈등을 해결해서 긍정적 분위기가 되도록 최선을 다하라.

성적 의사소통을 향상시키기

원만하고 만족스러운 성활동을 위해 부부관계의 일반적 상태가 또한 원만하고 만족스러워야만 된다는 것을 거듭 강조했다. 성활동을 포함해서 부부관계의 일반적 상태를 결정짓는 핵심 요소는 의사소통이다. 따라서 부부의 성활동을 보호하고 향상시키기 위해서 관계 전체뿐만 아니라, 성활동상에서의 의사소통의 향상이 필수적이다.

　성활동에 대한 배우자의 소망과 느낌을 추측하거나 예단하지 말고 직접 물어보라. 우리가 다른 사람들을 이해하기 위해 우리는 타인들을 자기 자신에 비추어 추측하거나, 겉으로 드러난 행동을 관찰하기 쉽다. 때로는 이러한 추측이나 관찰은 타인의 심리에 대해 많은 것을 알려주고 정확할 수도 있다. 그러나 욕망이나 느낌과 같은 주관적인 것들은 추측이나 관찰보다 직접 질문에 의해 가장 많이 알아낼 수 있다.

또한 성활동에서 자기 자신이 원하는 것과 즐거워하는 것을 직접 알려주어라. 훌륭한 성활동을 갖는 부부들은 대개 자신이 원하고 즐거워하는 것을 잘 알려주며, 상대방을 즐겁게 만들려는 순수한 욕망을 갖고 있다. 한마디로 말해서, 그러한 부부들은 팀워크가 잘되어 있다. 팀워크가 잘되어 있는 부부는 척하면 알아들을 정도로 의사소통이 잘된다. 그들은 자신이 원하는 것을 바로 전달하고, 상대방이 원하는 것을 직접 묻는다. 그들은 결코 추측하거나 상대방의 속마음을 주관적으로 읽으려고 하지 않는다.

부부의 성활동이 부부 모두의 즐거움과 쾌감을 추구하기 위한 것이라면, 부부는 성활동의 측면에서 원하는 것, 좋은 것과 싫은 것, 느낌 등을 서로 솔직하게 전달하고 이해해야만 된다. 그리고 서로 원하는 것과 선호하는 것에 차이가 있거나 모순될 경우에, 대화를 통해 힘들이지 않고 타협하고 협동할 수 있어야만 된다.

성에 관한 기본 지식을 얻기

인간의 성반응에 관한 생리학적 지식이 많이 축적되어 왔으며, 부부들은 자신의 성활동을 위해 이러한 지식을 알 필요가 있다.

인간의 생리학적 성반응의 특징에 대해 가장 영향력 있는 이론은 4

단계 이론이다. 이 이론은 인간의 완전한 성반응들이 다음의 네 개의 단계를 거친다고 주장한다.

- 흥분단계_성반응의 첫 단계로서, 적절한 성적 자극에 의해 남녀의 성기관이 흥분되는 단계이다. 남성의 성기가 발기되고 여성의 질에서 액체가 분비된다. 일반적으로, 남녀의 성기의 흥분 특징들은 성기관예 : 음경과 질의 혈관충혈에 기인된다.

- 고원단계_성흥분이 높아진 상태로 유지되는 단계이다. 이 단계는 남녀에게서 오르가슴절정 성반응이 준비되는 상태이다. 남성은 음경의 직경이 증가되고, 고환이 부풀며 신체의 앞쪽과 위쪽으로 올라간다. 고환의 충분한 상승은 남성의 오르가슴, 즉 사정이 곧 일어난다는 신호가 된다. 여성은 질 입구가 혈관충혈로 부풀고 자궁은 위쪽으로 올라간다. 고원단계에서는 남녀의 근육궁둥이와 넓적다리이 긴장되고 심장박동이 증가된다.

- 오르가슴단계_고원단계의 후기까지 '적절한 성적 자극이 지속되면' 성적 긴장이 갑자기 방출되는 것, 즉 오르가슴이 일어나며 몇 초 동안 지속된다. 율동적인 근육수축들과 신속한 이완이 일어난다. 여성은 자궁, 질 입구 및 항문근육의 율동적 수축이 일어나며 수축의 범위는 3~15회이다. 여성의 경우, 약한 오르가슴은 3~5회의 수축이 있으며, 강한 오르가슴은 10~15회의 수축이 있다. 남성은 성기관들의 수축에 의해 정자가 요도관으로 방출되고, 그 다음에 음경에서 정자가 분출된다. 남성의 경우, 시초의 3~4회의 수

축 후에, 수축들 간의 간격이 길어지고 수축이 약해진다. 일반적으로 남성은 1회의 오르가슴을 갖지만, 여성은 계속적 성자극에 의해 '1회 이상'의 오르가슴을 가질 수 있다.

● 소산단계_이 단계는 성적 흥분이 사라지는 단계이다. 남녀에서 성기관들은 흥분 이전의 상태로 회복된다. 이 단계에서 남성은 더 이상 사정이 불가능하다.

이러한 각 단계의 성흥분의 특징들은 개인과 상황에 따라 차이가 있다. 이러한 이론에 의하면, '모든' 남녀가 적절한 성적 자극이 있을 경우에 오르가슴을 경험할 수 있다. 특히, 여성들의 경우 성적 오르가슴을 경험하지 못하는 것은 단지 성적 자극의 부적절성에 기인된다.

이러한 이론에 비추어 볼 때, 흥분단계들을 고려하지 않고서 성활동을 조급하게 서둘러서 행하는 것은 바람직스럽지 못하다.

성에 대한 잘못된 인식을 버릴 것

우리는 성에 대해 공개적으로 가르치지 않고, 공개적으로 논의하지 않는 일반적 문화풍토 속에서 살고 있다. 모든 사람들이 성활동의 덕택으로 태어났으면서도, 성활동은 더러움, 불경한 것, 못된 것, 점잖지 못한 것 등으로 표현되고 있다. 예컨대, 많은 상스러운 욕들이 성적인 것이며, 성기관에 비유되고 있다. X 같은 놈, X할 놈또는 년 등은 모두 성기관이나 성행위를 나쁜 뜻으로 사용하는 대표적 예들이다. 모든 남녀가 성에 관심이 있고 적절한 남녀관계에서 성활동을 하는 것을 갈구하고 있음에도 불구하고, 이렇게 나쁜 뜻으로 사용되는 것은 성활동이 사회적 · 도덕적으로 중요하고 문제가 되기 쉬우니 청소년들과 성인들이 조심하고 규범을 지키라는 취지일지도 모른다.

여하튼 간에, 우리 사회의 성에 대한 교육이나 논의의 부족은 많은 사람들에게 성문제에 관해서 사실과는 다른 잘못된 생각이나 믿음을 갖게끔 만든다. 이러한 잘못된 생각들이 부부의 성생활을 방해할 수 있으므로 이것들을 알고 고칠 필요가 있으며, 앞에서 제시된 성반응의 특징들에 관한 설명도 이런 목적을 위한 것이다. 이하에서 앞에서 논의되지 않았지만, 사람들이 보편적으로 갖기 쉬운 성에 대한 '잘못된 생각들'이나 미신들을 지적하고 그에 반대되는 사실을 제시한다.

● 성관계에서 남성의 음경이 가장 중요하며 남성의 음경이 클수록 부부의 성적 즐거움이 더 크다_음경의 크기는 부부의 성만족과 거의 또는 전혀 관계가 없다.

● 부부의 성생활에서 성교가 중요하고 애무와 포옹은 별로 중요치 않다_성교는 성생활의 일부분에 불과하다. 앞에서 이미 논의된 성의 개념과 경험의 확장이라는 주제는 부부의 성생활의 질이 부부관계의 일반적 상태, 신체적 애무와 마사지 등에 의해 향상될 수 있다는 것을 지적했다. 따라서 성교 없는 애무도 성적 만족을 주며, 부부의 애무행위가 단지 성교의 예비행위에 불과하다고 간주될 수는 없다.

● 대부분의 부부들이 성교에서 동시에 오르가슴을 갖는다_결혼한 어떤 여성들은 성교 동안에 오르가슴을 전혀 갖지 않거나 드물게 갖

는다. 성교 때마다 매번 오르가슴을 갖는 여성이라도 부부가 동시에 오르가슴에 이르지는 못할 것이다.

- 남성은 강하고 거칠게 여성을 대해야만 하며, 다정다감하거나 약한 모습을 보여서는 안 된다_남성의 강하고 거친 태도는 부부관계의 일방적ㆍ지배적 측면을 나타내는데, 이것은 관계 만족을 해칠 뿐만 아니라, 성활동 자체에 대한 여성의 혐오와 기피를 일으킬 수 있다.

- 부부의 성활동은 자연이 준 본능적 능력으로서 배우거나 계획을 세울 필요가 전혀 없다_부부의 성활동은 기본적으로 생리적ㆍ심리적 요인들의 영향을 받으므로, 이러한 요인들을 배우고 이해하는 것이 매우 중요하다. 또한 부부의 성활동은 무계획적이기보다 계획적일 때에 더 흥분되고 즐거울 수 있다.

- 남성은 자기가 아는 대로 성활동을 행하면 되고, 아내에게 선호하거나 쾌감을 주는 성활동이 어떤 것인지 물어볼 필요가 없다_앞에서 제시된 감각에 초점 두기 훈련과 여성의 오르가슴 갖기 훈련은 모두 부부가 여성의 성적 즐거움과 쾌감의 성질을 인식하고 이해하는 데에 초점이 있다. 이런 점에서, 아내에게 성경험의 즐거움과 쾌감의 세부사항을 질문하는 것은 매우 바람직스러운 것이다. 실제로 동성애 파트너들이 이성의 부부들보다 성만족이 더 높다는 것이 보고되고 있다. 이러한 사실은 동성애 파트너들이 동성이므로, 상대방에 대한 성경험의 즐거움과 쾌감을 더 잘 이해하고 있는 것에 기인하는 것으로 보인다.

- 정숙한 여성들은 성생활은 하지만, 성을 즐기지는 않는다_부부들에

대한 조사연구는 모든 아내가 자기 남편과 성관계를 가질 때에 성적 즐거움과 흥분을 느낀 적이 있으며, 대다수가 거의 항상, 또는 대개 성적 흥분과 즐거움을 느꼈다고 보고하고 있다.

● 중년기나 노년기가 되면, 부부들은 성적 관심이 거의 또는 전혀 없게 된다_성활동의 빈도가 일반적으로 연령 증가에 따라 감소될지라도, 대부분의 부부들이 6, 70대까지 성적으로 활동적이며, 많은 부부들이 8, 90대에도 활동적이다.

● 발기를 유지하지 못하거나 일으키지 못하는 것은 정력 부족의 신호이다_남성의 발기가 노화나 알코올 섭취와 같은 생물학적 원인, 부부관계의 상태, 상황요인 등과 같은 심리적 원인에 의해 영향받을 수 있으므로, 발기의 곤란이나 불완전이 반드시 정력 부족의 신호는 아니다.

● 부부가 성관계 동안에 자기의 배우자 이외의 어떤 즐거운 성적 상대나 상황을 공상하는 것은 심리적으로 정상상태가 아니다_사람들이 성관계를 갖는 동안에 성적 즐거움을 높이기 위해 보편적으로 성적 공상을 갖는다는 것이 보고되고 있다. 또한 권위 있는 성치료가들도 성경험의 즐거움과 유쾌성을 높이기 위해, 성적 공상을 행할 것을 적극적으로 권하고 있다.

성문제와 장애를 이해하고 해결하기

비록 심각한 성문제를 보고하는 부부들이 많지는 않을지라도, 거의 모든 부부가 자기들이 원하는 최상의 성적 즐거움을 항상 갖지는 못한다. 성문제들의 범위는 심각한 수준에서 경미한 수준까지의 범위를 가질 수 있으며, 경미한 수준의 성문제들은 매우 일상적으로 발생될 수 있다. 예컨대, 어떤 남편들은 자기가 원하는 시기에 적절한 발기상태를 갖지 못하거나, 원하는 것보다 더 이른 시기에 사정할 수 있으며, 어떤 부인들은 성관계의 즐거움을 거의 느끼지 못하거나 심지어 고통을 느낄 수도 있다.

성문제나 장애가 있을 경우에, 부부는 부부관계에 대한 다소의 불만족 상태에 빠지거나, 나아가서 성활동을 기피하고 혐오하게 될 수 있다. 이런 경우에 부부는 서로 원하는 것, 느끼는 것, 생각되는 것 등을 원활하게 대화해야 된다. 원활한 대화는 부부관계와 성활동의 필수품이다. 더욱이 부부가 성적 측면에서 문제와 장애가 있을 때는 원활한 대화가 더욱 필요한 시기이다.

성문제나 장애가 발생될 때에 부부가 성에 대해 대화하는 것이 많은 도움이 될지라도, 완전한 해결책은 되지 못할 수 있다. 이런 경우에는 성에 관련된 책을 읽거나 전문가와 상의하는 것이 좋을 것이다. 여기에서 성에 대한 독서와 전문가 상담의 필요성을 다소 줄여줄 수 있을 만한 성에 관한 몇 가지 문제와 장애에 대한 기초적 사실을 제시한다.

부부간의 성욕망의 차이

부부의 성문제 중에서 가장 흔한 것이 부부 중 한쪽이 성에 관심이 없다는 것이다. 조사연구는 남성들보다 여성들이 다섯 배 이상 낮은 성욕망을 보고한다는 것을 발견했다.

　부부 양쪽이 성욕망이 낮은 것보다 어느 한쪽이 낮은 것이 더 큰 문제가 될 수 있다. 이러한 성욕망의 차이가 부부관계의 하나의 중요한 갈등원이 되기 때문이다. 낮은 성욕망의 이유로는 우울증, 약물치료의 부작용, 과도한 알코올 사용, 만성적인 병, 권태, 호르몬 문제, 스트레스, 수면문제 및 피로가 있다. 질병이나 호르몬 이상을 알아보기 위해 신체검사가 도움이 될 수 있다. 만일 상대방이 낮은 성욕망을 가졌다면, 압력을 주거나 화를 내지 말고 인내를 갖도록 하라. 만일 신체적 문제가 원인이 아니라면 '감각에 초점두기 연습'과 같은 유쾌한 터칭을 시도해 보라. 자격 있는 성치료 전문가나 전문서적을 찾는 것도 하나의 현명한 해결책이 될 것이다.

조기사정(조루증)

때때로 남성이 성활동의 이른 시기, 예를 들면 성기의 삽입 직전이나 직후에 사정해서 부부가 당혹스러움을 느끼고 만족스러운 성경험을 갖지 못하게 된다. 이러한 심한 조기사정은 아닐지라도, 많은 남성들이 부부의 만족스러운 성경험을 갖기 이전의 짧은 기간 내에 사정할 수 있다. 남성들은 사정 후에 성욕망이 급격하게 감소되기 때문에, 대개 더 이상의 성활동이 지속되지 못한다. 마치 부부가 멋진 노래를 합창하려고 하는데, 남편이 서툴게 빨리 노래를 끝마친 꼴이 되는 것이다. 이렇게 되면 부부의 성적 합창은 더 이상 진행될 수 없게 된다.

조기사정의 경우에, 부인이 남편을 "정력이 없다"고 비난하거나 불평하는 것은 남편의 긴장과 불안을 가중시켜서 장차 조기사정이 더 일어나기 쉽게끔 만든다. 마치 합창 중에 실수한 남편에 대해 비난과 불평이 도움이 되지 않는 것과 같다. 오히려 조기사정은 성흥분이 매우 높은 것을 의미하므로, 기본적 자세의 면에서는 칭찬해야만 될 일이다.

조기사정의 첫 번째 원인은 대개 부부의 성활동이 여러 요인으로 인해서 중지되거나 억제되어 있을 경우에 일어나기 쉽다. 마치 술을 처음으로 마신 사람들이 술의 양을 조절하지 못하거나, 내성이나 습관이 부족해서 빨리 술에 취하는 것과 같다. 이러한 경험 부족의 경우에 남성은 성적 실행에 대해 심한 스트레스나 압력을 느끼게 되어서 생리적 과정을 거의 통제할 수 없게 될 수 있다.

두 번째의 원인은, 부부가 성활동에 대해 불안을 느끼는 것이다. 예컨대, 부부의 성활동 중에 아이들이 잠을 깨거나 부인이 피곤하니 빨리 끝내자고 서두를 경우에, 남편은 성활동에 대한 불안과 긴장을 심하게 느낄 수 있고, 따라서 삽입 이전이나 직후에 사정해 버릴 수 있다.

조기사정을 교정하는 효과적 치료법들이 개발되어 왔다. 그 기본 원리는 성활동 중에 사정하기 직전에 미리 남성의 성기에 대한 자극을 감소시키는 것이다. 남성이 자주 너무 빨리 사정할 때에 다음과 같은 방법을 사용해 보라.

| 긴장 및 불안의 감소 방법 |

부부가 일상생활의 바쁜 일과, 원거리 근무, 통근 등으로 성활동이 드물 경우에 부부는 쉽게 높은 흥분상태에 이르거나 서둘러서 성활동을 하게 된다. 이런 상태에서 성기가 발기되지 않거나 성교를 하기에 불충분하게 발기하게 되고 성급한 마음자세와 불완전한 발기가 합쳐져서, 남성의 성기가 삽입되기 직전이나 직후 짧은 시간 안에 사정이 이루어지기 쉽다.

이럴 경우에 부부는 성교 자체보다 터칭이나 애무에 초점을 두는 성활동을 행하는 것이 좋다. 성교가 부부의 성활동의 전부가 아니라는 점을 계속 염두에 두는 것이 좋다.

특히, 남성이 성급한 마음자세를 갖고 긴장상태에 있게 되면 발기가 곤란하거나 불충분한 발기 상태가 되기 쉽다. 이렇게 되면 성기가 충분히 발기되지 않은 상태에서도 조기사정이 이루어질 수도 있다. 이러한 남성의 긴장과 성적 흥분 부족에 기인된 발기곤란을 방지하기 위해, 아내는 남편의 음경을 두 손가락을 사용해서 음경 중간부분을 가볍게 율동적으로 잡았다가 놓았다 하면서 발기를 자연스럽게 유도한다. 그런 다음에, 다소 불완전한 발기상태에서라도 삽입을 용이하게 하기 위해 남편의 음경을 손을 사용해서 자신의 질 속에 삽입하도록 도와준다.

| 자극중지 방법 |

● 일상적 성교 시_이것은 남편이 너무 일찍 오르가슴에 이르기 전에, 성교행위를 일시적으로 중지함으로써 조기사정을 방지하는 것이다. 남편은 음경의 감각에 주의를 기울이면서, 사정이 닥쳐올 때까지 기다리지 말고 미리 성교행위를 중지해서 흥분을 가라앉힌다. 1~2분 중지한 후에 다시 성교를 행하고 이를 3~4회 반복한다.

● 특별훈련 시_조기사정이 특별히 문제가 되는 남성들을 위해 자극중단법의 특별훈련이 실시될 수 있다. 아내와 함께 실시하는 것이 가장 효과적이지만 혼자 실시할 수도 있다. 아내또는 남성 자신가 남성의 자위행위처럼 남편의 음경을 자극한다. 남편은 아내에게 사정이 임박하기 전에 미리 신호를 보내서 성기 자극을 중지시킨다. 1~2분 중지한 후에 다시 성기 자극을 실시하고, 3~4회 정도 실시한다. 일주일에 최소한 3회 실시하는 것이 효과적이다.

| 자극감소 방법 |

심리적 · 생리적 자극을 줄이기 위해 몇 가지 방법이 사용될 수 있다.

● 콘돔과 크림의 사용_남성의 성기감각을 줄이기 위해 콘돔을 사용할 수 있다. 마취 크림을 사용해서 음경의 끝부분을 국부적으로 마취시킬 수도 있다.

● 궁둥이 근육의 이용_성기 흥분을 일으키는 음경의 신경신호를 차단시키기 위해 궁둥이 근육을 긴장시킨다.

- 다른 것들에 대해 생각하기_지나친 성적 흥분을 줄이기 위해 성활 동 이외의 일들예 : 여행, 영화을 생각한다.

| **성기관의 직접조작 방법** |

- 고환 하강법_남성이 오르가슴에 이를 정도로 흥분되면, 고환이 음 경 쪽으로 상승한다. 두 고환을 음낭의 아래쪽으로 서서히 쓸어내 린다. 음낭을 과격하게 쓸어내리거나 비틀지 않도록 주의하라.
- 음경 꽉 쥐기 방법_엄지, 검지 및 중지의 세 손가락을 사용해서 남 편 자신이나 부인이 음경의 귀두 바로 밑부분을 꽉 쥔다. 4초 정도 꽉 쥔 후에, 1분 정도 쉬고서 성교를 다시 시작한다. 꽉 쥐게 되면 성 기의 발기가 어느 정도 감소되는데, 너무 발기가 감소되기 전에 시 작하는 것이 좋다. 또한 음경의 귀두부분 대신에 성교상태에서 남 성이 자신의 음경의 맨 밑부분을 4초 정도 꽉 쥔 후에 놓는 방법도 권고되고 있다.

| **음핵 애무 방법** |

성교의 전희, 즉 성교 전의 애무기간 동안에 남편이 부인의 음핵을 자 극해서 부인을 오르가슴에 이르게끔 만들고, 삽입은 부인의 오르가 슴 전, 중 또는 후에 실시한다. 음핵은 남성의 귀두처럼 매우 민감한 부분이므로 손으로 직접 자극하기보다 가볍게 두드리거나 윤활액을 사용해서 두 손가락으로, 가볍게 잡고 흔드는 식이 좋다.

발기장애(또는 발기불능)

이것은 남성이 성교에 필요한 발기를 이룩하지 못하거나 유지시키지 못하는 것이다. '대부분' 의 남성들이 때때로 이러한 경험을 가질 수 있다. 발기장애는 다양한 형태를 취할 수 있다. 남성의 음경이 질에 삽입하기에 너무 늘어져 있는 것과 정상적으로 발기되었다가 질에 삽입하는 순간에 발기가 사라지는 것이 대표적 예들이다.

생리학적으로 발기는 음경의 위쪽과 아래쪽에 있는 스펀지 같은 해면체들에 혈액이 채워짐으로써 이루어지는 것이다. 성적 자극에 의해 음경이 커지고 딱딱해지면, 스펀지 조직들이 정맥들의 출구를 누르고 이것이 혈액을 음경에서 빠져나가지 못하게끔 만든다. 충분한 혈액이 음경으로부터 배출되지 않을 때에 비로소 발기가 유지되게 된다. 따라서 생리학적으로 발기장애는 음경의 해면체 조직들에 혈액이 충분하게 채워지지 않은 상태이다.

대부분의 발기장애는 성기능장애가 아니라, 다음과 같은 일시적인 신체적 · 심리적 상태에 기인된 것이다.

- 신체적 스트레스_감기, 피로, 과식, 과음
- 긴장_신경 쓰이는 가정일과 직장일
- 프라이버시사생활의 부족_자녀를 비롯한 식구들의 침입
- 신혼_부부간의 성적 상호작용 경험의 부족

만일 남성이 발기문제를 적절하게 해결하지 못하고 이것에 대해 크

게 당황하게 되면, 자신의 앞으로의 성적 실행능력을 걱정하게 된다. 성적 실행능력에 대한 두려움들"발기능력을 잃게 되지 않을까?", "아내를 성적으로 만족시키지 못하게 되지는 않을까?"은 성흥분과 반대되는 정서상태여서 성흥분을 크게 떨어뜨리고, 마침내 성흥분의 부족으로 발기가 상실되게 된다. 또한 실행능력에 대한 두려움이 강하고 지속적일수록, 실제의 발기를 유지시키기가 더욱 곤란해진다.

장기적으로 성생활의 '실행 두려움'은 성생활에 대한 회피, 자기존중감의 상실 및 두려움을 감소시키려는 시도를 일으켜서, 성이 재미없는 '일'로 되어버린다. 또한 실행 두려움은 부부의 어느 쪽에 대해 성활동 동안에 자기들의 행동과 그 결과를 관찰하고 평가하는, 즉 관람하는 역할을 취하게끔 만든다. 이러한 '관람자 역할'은 수행 중인 성활동에 대해 주의분산을 일으켜서 성활동에 몰입할 수 없게 만든다. 그 다음에는 성흥분이 더욱 감소되어서 마침내 발기상실이 일어난다.

발기장애뿐만 아니라, 성적 즐거움이 없거나 여성의 경우 오르가슴이 없는 것과 같은 성기능장애들이 '실행에 대한 두려움'과 '관람자 역할'에 의해 생긴다고 주장하는 전문가들이 있다. 이들은 여러 장애들에 대한 이러한 부정적 요인들을 감소시키기 위해서, 앞에서 제시된 '감각에 초점 두기 훈련'을 권장한다.

발기장애의 남성은 혈압이나 맥박이 증감되는 것이 '의지'에 따라되지 않는 것처럼, 발기상태가 자신의 의지대로 될 수 없다는 것을 이해하는 것이 중요하다. 발기를 가지려고 일부러 노력하지 말고, 실행의 두려움을 없애고 자신의 자연스러운 성적 반사들을 위한 바탕을 만드는 것이 중요하다. 이러한 바탕을 만드는 하나의 좋은 방법이 '감각에 초점두기' 훈련이다. 비록 성활동 중에 발기가 상실되더라도, 발기가 자연스럽게 오고 간다는 점을 명확하게 인식하는 것이 중요하다.

발기장애를 가진 남성들은 발기가 곧 사라질 것이라는 두려움에서 발기가 되자마자 급하게 성적 실행을 서두른다. 이러한 서두름은 성적 실행의 정신적 압력을 추가시키게 되고, 그 결과로 발기가 더욱 신속하게 사라질 수 있다. 발기 후에 성교가 시도될 때에 아내 자신이 남편의 음경을 삽입한다. 이것은 남편이 삽입할 시기를 결정하는 정신적 압력을 감소시키고, 질을 찾는 데 대한 부담이나 주의분산을 감소시켜 준다.

질경련과 무오르가슴

여성들의 성기능장애로서 질경련과 무無오르가슴이 흔히 논의되고 있다. 질경련은 질의 바깥쪽 1/3 주위의 근육들이 불수의적으로 경련을 일으켜서 남성의 성기 삽입이 불가능한 장애이다. 100명 중 2~3명의 여성이 이것에 해당될 것으로 추정되고 있다. 질경련의 치료는 여성에게 질의 반사적 경련의 성질을 설명해 주고, 여성은 자신의 장애를 거울을 사용해서 관찰한다. 그 다음에 여성에게 질 주위의 근육들을 이완시키는 방법을 가르쳐주는데, 가장 효과적 방법은 질 근육을 긴장시키고 나서 이완하도록 하는 것이다. 그 다음에, 성기 모양의 여러 굵기의 플라스틱 확장기들을 사용해 여성 스스로 삽입을 연습하도록 한다.

여성의 성기능장애들 중에서 가장 많이 문제되는 것이 무오르가슴이다. 이것은 여성이 오르가슴에 도달하기가 곤란한 것이다. 무오르가슴은 여러 종류가 있어서 전혀 오르가슴을 갖지 못한 여성들로부터 한때는 가졌지만 더 이상 없거나, 특수한 경우들_{자위행위나 특별한 성활동}에서 드물게 가진 여성들이 있다. 이들은 또한 성활동에 대해 즐거움을 가지지 못하고 의무적으로 성활동을 갖거나, 이와 반대로 성적 즐거움과 만족을 갖는 범위에 있다.

조사들에 의하면, 약 10%의 전체 여성들이 전혀 오르가슴을 갖지 못했고, 6~7%의 결혼한 여성들이 오르가슴을 전혀 갖지 못했다. 성교 동안의 오르가슴에 대한 조사들은 60~70%의 여성들이 항상 또는 대부분 오르가슴을 가졌다_{그러나 이러한 통계치들은 미국의 자료에서 얻은 것이고, 우리 한국의 여성들에 대한 통계치는 잘 알려져 있지 않다.}

일반적으로, 여성들은 성교 동안보다 자위행위 동안에 오르가슴에 이르기가 더 쉽다. 자위행위 동안에 여성은 가장 많이 흥분을 일으키는 부위에 성적 자극을 집중시킬 수 있으며, 자극의 부위, 빠르기 및 강도를 마음대로 조절할 수 있어서 오르가슴에 이르기가 쉽다_{서양에서 여성들은 성기에 특별한 강한 자극을 주기 위해 전기 진동기를 사용한다.} 대개 여성들의 자위행위는 음핵에 대한 어떤 형태의 자극_{문지르거나, 잡고 흔들거나, 두드리는 것}을 포함하는 반면에, 보통의 성교에서 여성의 음핵은 단지 남성의 성교행위에 의해 음핵 덮개의 마찰에 의해 주로 간접적으로만

159

자극된다.

여성들의 성적 감각이 가장 예민한 부위는 음핵이며, 남성들의 가장 예민한 부위는 귀두이다. 따라서 단순한 성기접촉에 의한 성교행위는 남성의 가장 예민한 감각기관을 직접 자극시키지만, 여성의 가장 예민한 감각기관은 간접적으로만 자극된다. 따라서 보통의 성교행위는 남성들의 성기의 귀두 부위가 자극되고 여성들의 질 부위가 자극되게 되는 형태이며, 여성들의 질 내부는 감각이 둔한 기관이므로 여성의 오르가슴을 일으키기에 충분한 행위가 못 된다. 이런 문제를 해결하기 위해 성교 중에 남성의 손에 의한 여성의 음핵 자극이나, 앞에서 제시된 '감각에 초점 두기' 의 실시가 권고되고 있다.

남성들의 발기장애나 조기사정과 같이, 오르가슴을 갖지 못하는 여성들은 성적 실행의 두려움을 갖고 관람자 역할을 행하며, 나아가서 이것들이 전체의 성반응을 위축시켜서 더욱 오르가슴을 갖지 못하게 된다. 그 결과로 이들은 낮은 자기존중감, 우울감 및 무용감을 가질 수 있다.

무오르가슴을 개선하거나 치료하는 방법은 장애의 정도전혀 오르가슴을 갖지 못하는 것과 자위행위와 같은 방법으로 오르가슴을 가질 수 있는 것와 원인에 따라 차이가 있다. 자신의 신체가 성적으로 볼품없다고 여기는 여성들은 자신의 신체를 더 긍정적 시각에서 보도록 노력하고, 성활동에 대해 기분 나쁜 생각을 가진 여성들은 그러한 생각을 중단시키는 '사고중지 기법' 을 배울 수 있다. 성흥분의 고원단계를 넘어서지 못하는 여성들은 자신의 성적 흥분을 높이기 위해 '성적 공상' 을 행하는 것도 도움이 될 수 있다.

무오르가슴을 치료하는 데에 쓰이는 공통적 기법은 다음과 같은 것들을 포함한다.

- 여성이 자신의 성흥분의 과정과 방법을 알 수 있게끔, 편안하고 이완된 상황에서 자신의 성기를 탐색하고 자극해 보도록 한다.
- 성적 실행의 두려움을 없애고, 자신의 성적 실행을 관람하는 것을 금지시킨다. 성적 실행이 하나의 생명체로서 매우 자연스러운 것이라는 점을 인식하도록 한다. 또한 자신의 성적 실행을 제삼자적으로 관찰하고 평가하는 것에 : "나는 흥분되지 않고 있다" "나는 서투르게 하고 있다" 대신에 성활동에 몰입하도록 한다.
- 남편과의 성적 의사소통을 촉진시키도록 한다. 남편이 부인의 성흥분을 일으키는 방법을 모르기 쉬우므로, 부인이 특정의 순간에 자신이 좋아하는 터치나 자극방법을 남편이 알게끔 알려준다.
- 부인이 자신의 흥분 잠재능력을 제한시키거나 오르가슴을 갖는 것을 막는 심리적 제약들을 해방시킨다. 부인이 남편과의 성활동에서 최대로 흥분되는 것이 자연스럽고 당연한 일이라는 것을 인식하도록 한다. 또한 오르가슴 상태에서 일어나는 두려움들"의식을 잃지나 않을까?" "오줌을 배설하지는 않을까?" 을 없애도록 고무받는다.

대부분의 경우들에서 이러한 방법들의 사용은 여성들이 자위행위나 남편의 자극에 의해 오르가슴에 도달하는 것이 매우 간단하다는

그림 6-1 다리 이루기 기법

것을 보여준다. 본격적으로 성교 동안에 오르가슴을 갖는 것으로 훈련을 이동시키기 위해서 특별한 성교자세, 즉 '다리 이루기 기법 bridging technique' 이 사용되는데그림 6-1 참조, 여기에서 적극적인 성교 동안에 남성이 손으로 여성의 음핵을 자극한다. 이러한 방법은 오랫동안 오르가슴장애의 치료에서 사용되어 왔으며, 80%의 성공률을 보이고 있다.

감각에 초점 두기 훈련

이하에서는 성문제의 전문가들Master, Johnson이 성문제들을 해결하고 성생활을 향상시키기 위해 개발한 특별한 방법을 소개한다.

우리는 일반적으로 성활동을 주로 성기관들유방, 질, 음경을 사용한 하나의 성행위라고 생각한다. 그러나 이들은 성행위에 초점을 두는 것이 성활동의 범위를 부당하게 좁은 범위로 한정시킨다고 주장한다. 이들은 감각적 몰입이 성만족을 증가시킨다고 전제하면서, 감각들 중에서도 촉각적 감각과 이것에 대한 의사소통이 완전한 성활동을 위한 기본 요소가 된다고 주장한다. 이러한 가정을 기초로 해서 '감각에 초점 두기' sensate focus, 또는 관능에 초점 두기라는 연습방법이 고안되었다.

그들은 성활동의 감각적 측면이 주로 촉각적또는 터칭 감각으로 구성되어 있으며, 이것은 주로 성활동 동안의 피부접촉에서 온다고 보았다. 그리고 이 기법은 많은 성기능 장애의 기본적 원인인 성행위 실행의 두려움을 감소시켜 주고, 상습적인 이전의 습관적 패턴에서 벗어나서 부부들이 육체관계의 새로운 측면을 재발견하게 해주는 성과를 갖고 있다.

이 연습의 시간은 성교를 위한 시간이 아니다. 이 연습이 완료되기 전에 행하는 성교는 옛날식의 습관화된 패턴을 실시하는 것이므로, 이 연습 동안에는 성교를 실시하는 것이 적절치 않다. 오로지 감각적 탐색에 초점을 두는 것이 좋다. 부부가 '완전히 동의하지 않는다면', 이 연습 동안이나 직후에 가급적 성교행위를 하지 마라.

이 연습은 주로 성에 관련된 터치하기와 터치받기로 이루어져 있다. 이런 가운데에서 신체감각들상에서 일어나는 것들파트너의 피부가 매끄럽다, 따뜻하다, 촉촉하다 등을 인식하는 데에 초점을 둔다. 터칭의 감각적 측면을 인식하는 데에 최대로 초점을 두면서 어떤 식으로 자신이 성적으로 반응하는가발기하기, 성적 흥분하기 등에 대해 신경을 쓰지 마라.

준비사항

- 이 훈련에 우선성을 두어라. 모든 일이 완료되고 피곤하게 될 때까지 훈련을 미루지 마라.
- 부부 모두 느긋하고 편안한 느낌을 가질 때에 이 훈련을 제안하라.
- 집안의 프라이버시사생활를 보장하라. 아이들을 비롯한 식구들과 다른 사람들이 방해하지 않도록 하라.
- 주의분산이 되지 않도록 하라. 사람들을 만날 약속, 전화소리 등의 방해를 받지 않도록 하라.
- 성활동을 너무 심각한 일로 여기지 마라. 파트너를 행복하게 만들어야만 된다거나, 주로 남성의 쾌감을 위한 것이라고 생각하지 마라.
- 파트너가 불쾌하지 않게끔 청결에 신경을 써라. 그렇다고 해서 지나치게 청결에 신경쓰지는 마라 훈련의 목적 달성을 방해하지 않을 정도면 된다. 담배냄새, 나쁜 몸냄새 등 파트너의 신경을 거스르는 것들을 제거하라.
- 성활동이 젊고 매력 있는 사람만이 갖는 것이라는 생각을 버려라.
- 성활동 동안에는 너무 생각하거나 걱정하지 말고 몰입하라.
- 파트너에 대해 화나거나, 화나는 것을 감추고 있는 동안에는 성활동을 갖지 마라.
- 최소한 30~40분간의 시간을 확보하라.

이 훈련을 완전히 실시하기 위한 다음과 같은 5단계의 연습이 있다.

1단계 연습 : 비성기 터칭 연습

이 연습은 성기와 유방을 제외한 신체부위들의 촉각적 감각을 향상시키는 데에 목적이 있다.

- 두 사람 중 누가 터치하기의 시기를 결정할 것인지를 정하라. 남편과 아내가 상의해서 정하거나, 동전을 던져서 앞면이나 뒷면이 나오는 것에 따라 정할 수 있다. 그 다음에는 선택권을 교대하거나, 매번 동전을 던져서 결정할 수 있다.

- 이 연습은 A부분과 B부분이 있다. A부분에서 터칭을 제안하는 자가 터칭 제공자가 되고, 그에 응하는 자가 터칭받는 자가 된다.

- 시작하기 위해 옷을 완전히 벗는다. 그리고 터칭에 지장이 되는 귀고리, 반지, 시계 등을 모두 벗는다. 미리 목욕이나 샤워를 해서 몸에 땀이 났거나 더럽지 않도록 한다. 그러나 청결에 너무 신경을 쓸 필요는 없다. 향수나 로션을 많이 사용하지 마라.

- A부분의 연습에서 터칭받는 자가 편하게 눕는다. 터칭받는 자는 터치받고 있는 감각들을 체험하면서, 터치에 대해 말하거나, 논평하거나, 자신의 느낌에 대해 말하지 마라.

- 터칭 제공자는 성기관들을 제외한 파트너의 모든 신체부위를 터치하면서, 자신이 어떤 느낌을 갖는가에 초점을 둔다. 터치를 시작할 때 어색할 수 있으므로특히 여성들 몸의 한 지점목 또는 다리에서 위나 아래쪽으로 이동하거나 일정한 순서 없이 터칭할 수 있다. 파트너의 신체부위들을 터칭하면서, 여러 느낌들피부의 결, 온도, 윤곽선에

165

초점을 두어 탐색한다. 터칭은 파트너를 흥분시키거나 기분 좋게 만들거나 마사지를 제공하려는 것이 아니라, 당신의 손가락에서 느껴지는 모든 신체감각을 체험하고 인식하려는 것이다. 파트너의 얼굴의 여러 윤곽선들과 각도들, 두 입술, 귀와 볼 사이의 살결의 차이, 정수리와 목덜미의 머리칼들의 부드러움, 넓적다리의 피부의 매끄러움과 손바닥의 거친 부위 등의 모든 감각들과 그 차이를 인식하려고 노력하라. 터칭의 이동속도는 자유롭게 하라. 또한 파트너에게 엎드리라고 요구해서 몸의 뒷부분을 터치하라.

- 터칭받는 자는 터칭받는 감각들을 평가하거나예 : "나는 그것이 좋다." 분석하려예 : "왜 그것을 하는가?" 하지 않고서, 감각들의 체험과 인식에 몰입한다. 터치받는 자는 터치가 불쾌하거나 너무 약하거나 강한 것을 즉각 알려줌으로써, 터칭하는 자가 파트너의 편안함에 대해 걱정하지 않고서 터칭의 느낌들에 초점을 두게끔 해준다.

- 터칭이 자연스럽게 느껴지고 효과가 있기 위해서는 15분 이상 지속될 필요가 있다. 그러나 둘 중 한 사람이 지루하거나 피곤할 경우에는 중지한다.

- 이 연습의 B부분에서 부부의 역할이 바뀐다. 연습의 A부분과 B부분 사이에 휴식을 갖지 않는다. 유방과 성기관을 제외한 신체의 모든 부분을 터치한다. 머리에서 발끝까지 터치하고 느끼면서, 상대방이 좋아하거나 재미있게 느낄 것을 고려하지 않고서 터치한다.

- 특히 남성들은 신체부위들의 살결이나 온도의 촉감들을 인식하는 데에 덜 습관화되어 있으므로, 이런 과정에 잘 적응해야 된다. 이를

위해 다음을 행하라.

- 파트너의 피부의 결들을 인식해 보라. 등, 손, 종아리, 목, 볼의
  피부결_{부드러움, 매끄러움}의 차이들을 인식해 보라.

- 터칭의 강도와 속도를 변화시켜 보라. 얼굴이나 다리의 가벼운
  긴 터치와 원형적 터치, 강한 터치와 가벼운 터치, 빠르고 강한
  동작을 끊는 식의 터치와 길고 부드러운 터치 사이의 촉감들의
  차이를 느끼고 인식해 보라.

- 손가락만을 사용한 터치와 전체 손을 사용한 터치, 그리고 한 손
  과 두 손의 터치의 촉감들의 차이를 느끼고 인식해 보라.

● B부분의 연습의 요점을 요약하면, 다음과 같다.

- 이 연습은 성반응을 일으키는 것이 아니므로, 매우 흥분되더라도
  성행위로 이동하지 마라.

- A부분에서처럼 최소 15분을 실시하고, 지치거나 흥미를 잃을 때
  까지 너무 오래 터치하지 마라.

- 이것은 기분 좋도록 마사지하는 것에 목적이 있는 것이 아니라,
  다양한 감각경험을 얻고 인식하는 것이다.

● 이 연습의 전체 횟수는 지정된 것이 없다. 부부들이 원하는 만큼 실
  시하고 다음 단계로 이동할 수 있다.

2단계 연습 : 성기 터칭 연습

● 부부가 언제 이 연습을 가질 것인지를 결정할 사람을 지정한다. 결
  정권을 교대하거나 동전을 던져서 지정할 수 있다.

- 이 연습의 A부분에서 남성이 여성의 신체를 터칭한다. 유방과 성기의 터치에 대한 금지는 없어지지만, 성교는 자제해야 된다.

- 먼저 앞 단계에서처럼 일반적 터칭을 실시한다. 유방과 성기에 초점을 두지 않게끔 터칭받는 자가 엎드린다. 성활동의 충동이 강하게 생기더라도 자제하면서, 감각에 초점 두기 연습임을 잊지 않는다. 앞 단계에서처럼 파트너의 신체부위들의 촉각을 감상하라등의 곡선, 궁둥이의 윤곽선, 척추의 위와 아래의 모양, 팔, 머리와 머리털의 촉각들을 인식하고 그 차이를 느껴 보라. 이러한 느낌들을 편안하게 느낀 후에 다음의 신체자세를 취한다.

- 남성이 V자로 다리를 벌리고서 등받이에 기대어 앉는다. 여성은 남성의 가슴에 등을 대고 앉고, 머리를 남성의 한쪽 어깨에 둔다. 남성은 팔을 아래로 뻗어서 파트너의 신체의 대부분을 만질 수 있게 된다그림 6-2 참조.

- 남성이 여성의 신체를 탐색하는 동안에, 여성은 남성이 터치하고 있는 손 위에 자신의 손을 올려놓는다그림 6-3 참조. 이것은 남성이 터치하고 여러 감각을 체험하는 동안에, 여성이 자신이 좋아하는 것과 싫어하는 것들에 대한 미묘한 비언어적 정보를 남성에게 제공하려는 것이다. 이런 가운데에서, 남성은 여성의 신호들을 고려하면서 계속 터치를 진행한다.

- 터칭하는 남성의 손 위에 '손 얹기 기법'을 통해 여성은 자신이 '좋아할 것 같은' 강한 터치, 가볍고 부드러운 터치, 터치의 계속과 이동에 관한 정보를 남성의 손 위에 얹은 자신의 손의 동작을 통해 민

그림 6-2 감각에 초점 두기 연습에서의 남성의 터칭 자세
이 자세는 편의에 따라 여러 가지로 변형될 수 있다.

그림 6-3 손 얹기 기법

감하게 전해주고, 남성은 자신의 욕구와 느낌과 여성의 정보를 종
합해서 터치를 실시한다.

- 남성은 여성의 성기에 대해 집중적으로 터치하지 않는 것이 좋다.
성기와 그 주위를 잠깐 터치한 후에 잠시약 3초 이상 신체의 다른 부
위들을 터치하고, 다시 성기와 그 주위의 부위음순, 음핵 및 회유부를
터치하고, 또다시 신체의 전체 부위를 터치하는 식으로 부부 모두
의 감각체험을 확장시킨다.

- 터치하는 과정에서 부부는 남성이 여성을 안고 있는 것 이외의 여
러 신체자세를 취할 수 있으며, 특히 성기 부위를 터치할 때에 여성
은 자신의 즐겁고 유쾌한 신호를 손을 통해 보내야만 된다.

- 터치 도중에 키스를 삼간다. 키스는 감각체험에 초점을 두기보다
옛날식의 성행위 중심의 정신적 부담을 줄 수 있기 때문이다.

- 여성이 터치에 의해 오르가슴에 이를 정도로 높게 흥분되면, 여성
의 손 얹기에 의한 남성의 터치 또는 남성의 손 얹기에 의한 여성 자
신의 터치에 의해 오르가슴이 일어나도록 만든다. 특히, 여성 자신
에 의해 성기 부위들을 터치하는 도중에 남성은 여성의 손 위에 자
신의 손을 얹은 상태에서, 여성의 운동들과 터치들을 함께 체험한
다. 터치하기가 피곤하거나, 지루하거나, 일처럼 여겨지면 둘 중의
누구나 '휴식'이나 '중지'를 말할 수 있다. 또한 두 사람 중의 누구
나 '교대하고 싶다'는 의사를 전할 수 있다. 특별한 시간제약이 없
다는 것도 유의해야 된다.

- 이 연습의 B부분에서 여성이 남성의 신체를 터칭한다. A부분에서

처럼 여성은 남성의 성기 부위 이외의 신체들을 터치하면서 시작하고, 파트너를 흥분되게 만드는 것이 아니라 신체 터칭에서 오는 감각들을 스스로 탐색하고 체험하는 데에 초점을 둔다. 즉, 신체 표면의 윤곽선, 살결, 온도의 특징들과 차이들을 인식하는 데에 초점을 둔다.

● 여성이 편안한 느낌을 갖고 감각경험에 몰입되게 되면, 부부는 새로운 신체자세를 취한다. 이 자세에서 남성은 무릎을 굽히고 드러눕고, 여성은 남성의 궁둥이 쪽으로 다가가서 약간 무릎을 세워서 자연스럽게 앉는다. 이때에 남성의 두 다리는 여성의 허리 쪽으로 대고 걸친다. 이런 자세에서 여성은 남성의 몸의 대부분에 쉽게 도달할 수 있다그림 6-4 참조.

● 여성이 남성의 신체를 터치하고 있는 동안에, 남성이 여성의 손 위에 자신의 손을 얹는다.

● 여성은 남성의 성기 부위와 신체의 다른 부분을 모두 터치하고, 성기 부위에 집중적으로 머물지 않는다. 남성의 발기 여부에 관계없이 음경을 터치하고 가볍게 두드리고, 음낭을 터치하고 느끼고, 음낭을 가볍게 쥐어보고, 음낭과 항문 사이의 피부를 터칭할 수 있다. 이 터칭이 남성을 흥분시키려는 것이 아니라, 여성이 남성의 신체를 인식하고자 하는 것이라는 점을 유의하라.

● 여성이 이러한 터칭을 계속하는 동안에, 남성은 여성의 손 위에 얹은 자신의 손을 통해 자신이 좋아하는 터칭의 강도, 머무름과 이동에 대한 미묘한 정보를 제공해 준다.

그림 6-4 감각에 초점 두기 연습에서의 한 자세

● 여성의 터칭이 계속되면서 남성이 성적으로 흥분될 수 있다. 이때에
여성은 남성의 음경에 대해 초점을 둘 필요가 없지만, 남성이 원할
경우에 남성이 얹은 손의 신호에 따라 음경에 대한 자극을 계속할 수
있다. 이와 반대로, 남성의 손 위에 여성의 손을 얹은 상태에서 남성
의 운동을 따르면서 남성 자신이 음경을 자극할 수 있고, 사정할 수
도 있다. 터칭이 피곤하거나, 지루하거나, 일로 여겨질 때에는 휴식
이나 중지를 말할 수 있다.

3단계 연습 : 로션을 추가시킨 연습

2단계의 연습에 터칭의 유쾌함, 즉 매끄러움과 부드러움을 추가시키
기 위해 로션이나 기름을 사용한 감각에 초점을 두는 연습을 행해 본다.
이 연습은 반드시 행할 필요는 없고, 당신들이 원할 경우에 실시하라.

- 터칭 감각을 좋게끔 만들 수 있는 로션이나 기름을 준비한다. 피부에 자극을 주는 알코올이 함유된 면도용 로션은 사용하지 않는다. 베이비_{유아용}오일이나 선탠용 로션도 좋다.

- 로션의 차가운 느낌을 없애기 위해, 로션을 몸에 직접 떨어뜨리지 않는다. 뜨거운 물 속에 로션 그릇을 놓거나, 당신의 손바닥 위에 로션을 떨어뜨리고서 잠시 비비는 것이 좋다.

- 로션의 사용방법은 여러 가지가 있다.
  - 로션이 없이 터칭을 시작하고, 그 후에 터칭의 차이를 알아보기 위해 로션을 추가시키는 것
  - 한 손에는 로션을 사용하고, 다른 손에는 로션이 없이 터칭을 실시해서 감각들을 비교해 보는 것
  - 터칭의 시작부터 끝까지 로션을 사용하는 것
  - 이 연습의 목적이 감각의 체험과 인식에 있으므로, 마사지에 초점을 두지 마라.

4단계 연습 : 상호 터칭 연습

앞 단계에서, 부부는 차례를 정해서 터칭을 행하거나 받는 경험을 구분해서 얻게 되었다. 여기에서 터칭하기와 터칭받기의 행위에서 오는 두 가지 경험을 함께 체험하고 인식하게 된다.

- 이 훈련은 감각적 체험을 확장시키는 것이므로 이전에 실시했던 성행동 패턴들, 즉 키스와 성교를 삼가라.

- 만일 감각적이기보다 너무 성적으로 된다면 터칭받는 것에만 초점을 둘 수 있다. 또한 터칭감각에 주로 초점을 두기 위해 성적 공상은 행하지 않는다.
- 상호 터칭의 한 방법으로서 입과 입술, 혀를 사용한 성기 자극을 추가시켜 보라. 이것은 입을 사용한 성행위보다 파트너의 신체를 입을 사용해서 감각적으로 체험하려는 것이다.
- 입을 사용한 터칭 이외에, 터칭을 행하는 장소를 바꾸어 본다. 침실보다 샤워실이나 욕실에서 따뜻한 물과 비누거품또는 목욕용 겔의 미끄러운 느낌들을 체험해 보라.

5단계 연습 : 감각적 성교 연습

일반적인 성교행위는 부부가 찌르기와 밀기의 기계적 행위에 의해 오르가슴에 이르는 것이다. 여기에서는 감각체험을 중심으로 하는 성행위를 연습하게 된다.

- 성기를 제외시킨 신체 터칭에서 시작한다. 당신의 파트너가 흥분되는 여부에 신경을 쓰지 말고 편안하게 터칭을 체험하고 인식한다.
- 성기관들의 탐색 쪽으로 터칭의 범위를 점차 확장시킨다. 손 얹기 기법으로 당신이 좋아하는 것을 알려주되, 파트너의 모든 행위를 지시하려고 들지는 마라.
- 부부가 모두 편안해질 때, 남성이 드러눕고 여성이 남성의 성기부위 위에 걸터앉는 자세를 취한다그림 6-5 참조. 손가락에 의한 터칭

에 더해서 아래와 같이 성기에 의한 터칭을 실시한다.

─여성이 음경을 잡고서 자신 쪽으로 움직이면서 음핵과 질 입구에 문지르고, 질 입구 주위에 두면서 손으로 음경을 조작한다.

─남성은 음경을 통해 오는 감각들에 초점을 두면서 여성의 머리털을 가볍게 두드리거나, 유방을 만지거나, 손가락으로 척추의 위와 아래쪽으로 이동하거나, 여성의 볼의 곡선을 가볍게 이동하면서 만지거나, 그 밖에 즐겁고 재미있는 부위를 적극적으로 터칭한다.

─여성이 발기된 음경을 남성의 머리 쪽으로 45° 방향으로 잡고서 천천히 다가가서 음경의 귀두부분을 자신의 질에 밀착시킨다.

─이때에 밀기를 행하려는 충동을 억제하고서, 음경을 질 입구 안팎으로 천천히 가볍게 문지르면서 부부가 이런 접촉에서 오는 감

그림 6-5 감각에 초점 두기 연습에서 걸터앉기 자세

각을 체험한다.

● 몇 분 후에 여성이 음경 쪽으로 약간 더 이동해서 음경이 질의 중간 쯤에 위치하게 만든다. 여기에서도 세게 미는 행위를 행하기보다 가만히 정지해서 성기관들의 접촉감과 따뜻함의 감각을 체험한다. 이 자세를 몇 초 동안 유지하고 나서 여성은 두 다리를 함께 꽉 조이거나, 질 주위의 근육을 조이면서 부부가 이러한 동작들에서 오는 감각들의 성질을 체험한다.

● 이전의 익숙한 성교패턴, 즉 밀기패턴으로 이동하지 않는다. 질에서 음경을 천천히 꺼내고, 20~30초 동안 여성의 외부 성기 주위에서 조작하면서 감각중심적 성교경험을 계속 갖는다.

● 위의 동작들 중에서 즐겁고 유쾌한 것들을 반복한다.

● 그 다음에 더 빠르거나 깊은 밀기패턴으로 이동한다. 더 빠르고 얕은 밀기패턴이 매우 즐거울 수 있다. 이는 여성들의 질 내의 신경종말들이 깊은 안쪽보다 바깥쪽 부위에 더 많이 있기 때문이다. 당신의 성활동의 초점을 감각체험에 두면서, 이 방법을 즐겨보라. 통상적 성교보다 이러한 감각적 성교를 부부의 동의에 의해 실시할 수 있다. 여기에서의 요점은 성활동의 느낌 차원을 회복시키는 것이다.

제7장 |

부부간
의사소통

부부관계에서 의사소통이 중요하다는 전제하에, '그
렇다면 부부들의 의사소통상에 어떤 구체적 문제들
이 있으며, 이 문제들을 해결하기 위한 방법은 무엇인
가?' 라는 의문이 맨 먼저 제기되게 된다. 의사소통의
본질, 문제 및 그 해결방법을 자세하게 검토해 보자.

결혼생활의 문제로 전문상담가에게 상담을 의뢰하는 부부들 중에서 '의사소통'의 문제를 제기하는 부부들의 숫자가 가장 많으며, 이 분야의 전문상담가들 역시 부부관계에 가장 큰 손상을 주는 문제는 바로 의사소통 문제라고 인정하고 있다.

부부의 의사소통 문제가 해결되기 가장 곤란한 이유는 도대체 어디에 있는 것인가? 그것은 바로 부부관계의 핵심적 본질을 이루는 것이 의사소통이고, 부부관계의 모든 좋은 것들과 나쁜 것들, 문제들과 갈등 및 부부의 과업들이 부부의 의사소통을 통해 표출되고 처리되기 때문이다.

한마디로 말해서, 부부관계에서 의사소통이 없다면 부부관계가 없다고 단언할 정도로 의사소통은 부부관계또는 모든 인간관계의 본질을 이루고 있다. 부부관계에서 의사소통의 측면이 이와 같이 중요하다는 것을 전제할 때, '의사소통상에 어떤 구체적 문제들이 있으며, 이 문제들을 해결하기 위한 방법은 무엇인가?' 라는 의문이 맨 먼저 제기되게 된다. 의사소통의 본질, 문제 및 그 해결방법을 자세하게 검토해 보자.

의사소통의 기본 요소들

부부간의 의사소통을 이해하기 위해 많은 이론이 제안되어 왔다. 여기에서 우리는 의사소통 일반에 대해 관심이 있기보다 부부간의 의사소통의 정확성과 원활성에 더 많은 관심을 두고 있기 때문에 의사소통에 관한 일반적인 설명을 필요로 하지 않는다. 따라서 부부간의 의사소통의 정확성과 원활성에 관련 있는 측면들에 초점을 둔다.

기본적으로 의사소통이란 말하는 자가 자신의 의사나 의도를 언어적 · 비언어적 행동을 통해 표현하고, 듣는 자가 말하는 자의 의사나 의도를 이해하는 과정이다. 이러한 정의에 따르면, 의사소통이나 대화의 정확성과 원활성에 관련된 요소들은 다음과 같다.

- 말하는 자와 듣는 자의 개인적 특징 : 주의상태, 감정, 사고
- 언어적 행동과 비언어적 행동 : 의사표현의 언어적 행동예 : "당신은 음식을 잘해"라는 말과 비언어적 행동예 : 제스처나 몸짓, 억양
- 환경 : 의사소통이 일어나는 상황의 특징소음, 분위기, 좌석배치 등

예컨대, 남편이 아내에게 "당신은 음식을 잘해"라는 의사를 전달하고자 하고, 아내가 이 의사를 이해하는 과정을 생각해 보자. 말하는 자로서 남편은 이러한 의사를 전달할 때에 여러 가지 심리적 상태를 갖고 있다. 예컨대, 이러한 의사를 전달하는 데에 모든 주의를 기울이고 있거나 다른 일들예 : TV 연속극에 주의가 분산되어 있을 수 있다. 또한 남편은 그날 낮의 업무처리에서 경험한 스트레스로 인해 기분이 나쁜 상태이거나, 다른 일들에 대한 생각에 몰두하고 있을 수 있다. 듣는 자인 아내도 마찬가지로 여러 가지 개인적 특징들을 갖고서, 상대방의 의사를 전달받고 이해하게 된다. 이와 같은 개인적 특징들이

의사를 전달하고 이해하는 데에 큰 영향을 줄 수 있다.

의사가 전달되는 수단들인 언어적 행동과 비언어적 행동의 특징들이 의사의 전달과 이해에 핵심적으로 관련되어 있다. 언어적 행동의 측면에서, 자기 아내의 음식 솜씨가 좋다는 남편의 말도 여러 가지로 표현될 수 있다. 앞에서와 같이 "당신은 음식을 잘해"라고 표현할 수도 있지만, "당신의 음식 솜씨는 최고야!", "당신은 생각했던 것보다 음식을 잘해", "당신의 음식 솜씨는 그런대로 괜찮아", "당신이 만든 음식은 입맛이 당겨" 등과 같은 여러 가지 언어로 표현할 수 있다.

또한 위와 같이 언어의 형태로만 전해질 수 있는 것은 아니다. 언어 형태 이외에도, 여러 가지 비언어적 행동들로 표현될 수 있다. 일반적으로 비언어적 행동들은 신체적 운동들과 음성적 특징들을 포함한다. 아내의 음식 솜씨가 좋다는 의사의 표현은 언어적 형태로 표현될 수 있는 동시에, 여러 비언어적 형태로 표현된다. 남편이 보이는 안면 표정들예 : 미소, 제스처예 : 엄지손가락을 세워서 손을 흔드는 것나 몸짓, 자기 아내에 대한 신체접촉예 : 끌어안음과 같은 행동으로 표현될 수 있다.

또한 비언어적 행동에는 음성의 높고 낮음과 말소리의 속도와 같은 다양한 음성패턴이 사용될 수 있다. 언어형태예 : "당신은 음식을 잘해"의 표현에 동반되는 이와 같은 음성특징들을 '부언어'라고 한다. "당신은 음식을 잘해"라는 말을 남편이 침울하고 낮은 목소리로 하는 것과 즐겁고 높은 목소리로 하는 것은 아내에 대해 크게 다른 의미로 받아들여지게 된다. 결론적으로, 의사전달은 언어적 행동과 비언어적 행동으로 전달되고, 이것을 모두 잘해야만 정확하고 원활한 대화가 진행될 수 있다.

마지막으로, 대화의 환경이 대화의 과정과 결과에 큰 영향을 준다. 의사가 여러 가지 언어적 · 비언어적 행동으로 전달될 때에, 이 전달을 방해하거나 촉진시키는 여러 환경요인들이 작용된다. 소음, 좌석 배치, 대화자 간의 거리 등과 같은 환경요인들이 의사의 전달과 이해에 큰 영향을 준다. "당신은 음식을 잘해"라고 남편이 말할 때에 아이들이 시끄럽게 떠들고 있거나, 부부가 다른 방향으로 앉아 있거나, 먼 거리에 있을 경우에는 남편의 의사가 제대로 전달될 수 없고, 아내는 남편의 의사를 정확하게 이해할 수 없게 된다.

부부간의 대화에 영향을 주는 세 가지 요인들을 제시했으므로, 다음 절에서는 이 세 가지 요인들을 고려해서 부부대화가 정확하고 원활하게 이루어지는 방법들을 자세하게 검토할 것이다.

의사소통을 위해 할 일

대화의 기회를 자주 갖기

부부 사이에 대화가 정확하고 원활하게 진행되기 위해서 우선적으로 필요한 것은 대화 기회를 자주, 그리고 많이 갖는 것이다. 부부대화는 서로에 대한 정보를 얻는 기회가 되며, 상호 이해를 촉진시켜 준다. 그리고 부부의 상호 이해는 배우자와의 갈등이나 문제를 줄여주는 기초가 되어, 부부가 서로 싸우지 않고서 생활할 수 있게 해준다.

이 분야의 전문가는 부부들이 매일 15분 정도의 대화시간을 가질 것을 권한다. 여러 사정으로 인해서 부부가 매일 지정된 시간에 대화를 갖기가 곤란할 경우에는 2일에 한 번, 15분 이상의 대화를 갖는 것이 좋다.

일상생활 속에서 대화를 가질 기회를 자연스럽게 증가시키는 가장 좋은 방법은 부부가 정기적이거나 비정기적인 공동 활동을 갖는 것이다. 따지고 보면 대화도 공동 활동들 중의 하나이다. 부부가 공동 활동을 행하는 것은 기본적으로 대화를 포함하며, 공동 활동 중에 부부는 자기들의 생각들과 느낌들을 자연스럽게 잘 전달할 수 있게 된다.

부부관계에 관한 필자의 조사자료에서 매우 중요한 하나의 발견이 있었다. 그것은 부부관계의 만족과 유지 의사에 관련된 여러 요인들 원가족, 개인특성, 사회적 지원 및 상호작용 중에서 가장 높은 상관을 보인 것이 부부가 결혼 전에 행했던 긍정적 공동 활동들예 : 외출, 외식 등의 나들이, 산책, 개인적 생각과 재미있는 일을 이야기하는 것, 함께 웃는 것, 조용하게 상의하는 것이라는 것이다. 결혼 후의 이러한 긍정적 공동 활동들은 그 자체로 대화를 내포하며 즐거움을 줄 뿐만 아니라, 서로에게 자기들이 유사하다는 것을 인식하게 만들고 세상일들에 대한 공통적 이해의 기반을 갖게 해줌으로써 서로의 호감을 증진시키고 갈등을 감소시켜 준다.

많은 부부들이 결혼 전에 많은 차이를 가진 상태로 만나서 상대방을 배우자로 선택한다. 결혼 초에는 그러한 차이들이 서로의 애정에 가려져 잘 보이지 않고, 설사 보인다고 하더라도 대수롭지 않게 여긴다. 그러나 매일 서로 가까이에서 상대하면서 부부의 차이가 무시할 성질의 것이 아니라는 것을 절감하고, 차이들을 없애거나 경감시키기 위해 갖은 노력을 다하고, 말다툼하며, 비평하고 비난한다. 이러한 차이들을 잘 극복하는 부부들은 만족하고 평생 지속되는 결혼생활을 영위하지만, 차이들을 극복하지 못하고 조정하지 못하는 부부들은 불만족스러운 결혼생활을 계속하고, 이혼을 생각하다 마침내 이혼한다.

부부간의 많은 차이들예 : 사회적, 성격적, 태도적, 지적, 성적, 문화적 차이들이 부부관계의 갈등의 주된 근원이 됨을 인식하고 이를 해결하기 위해 대화를 포함한 부부의 정기적인 공동 활동들을 계획하고 실행에 옮겨라. 부부 행복의 지름길이 공동 활동의 다과에 있음을 잊지 마라.

부부대화의 환경을 정리하기

부부간 대화는 물리적 상황 속에서 이루어지는 것이므로, 부부가 대화를 정확하고 다정하게 수행할 수 있게끔 환경을 정리하고 선택하는 것이 매우 중요하다. 부부간 대화를 잘 진행시킬 수 있는 몇 가지 유의사항을 제시한다.

| 기온, 조명 및 소음 수준을 적절하게 조정하기 |

결혼 전에 데이트했던 장소의 환경조건을 돌이켜 생각해 보라. 아마 조용한 식당, 공원의 벤치, 커피숍과 같은 편안한 장소에서 데이트를 했을 것이다. 아마 시끄러운 공사장, 시끄러운 교차로, 아는 사람들이 많이 있는 곳 등에서 사랑을 속삭이지는 않았을 것이다. 결혼 후에도 부부의 원활한 대화는 마찬가지 조건을 요한다. 편안하고 안락한 온도, 조명, 소음 수준이 되게끔 대화의 환경을 선택하고 조성하라. 아이들이 잠든 후 거실의 소파나 식탁, 또는 공원 산책길이나 벤치, 한적한 도로 옆의 자동차 좌석, 심지어 시골의 모텔이나 호텔의 방 등 이 당신들의 대화를 위한 훌륭한 장소가 될 것이다. 아이들이 시끄럽게 노는 곳, 아침이나 저녁식사 준비 중의 바쁜 시간을 피하라.

│ 거리와 좌석배치를 조정하기 │

대화가 손쉽게 이루어지게끔 대화 시의 물리적 거리를 최대로 좁혀라. 결혼 전에 데이트했을 때 당신들은 서로 매우 근접해서, 심지어 서로 끌어안은 상태에서 이야기를 나누었을 것이다. 이것은 결혼 후에도 마찬가지로 필요하다. 최대한 가까이 앉아라. 마주 앉아도 좋고 나란히 앉아도 좋다. 이렇게 가까이 앉아 대화하면 힘이 덜 드는 낮은 목소리로 대화할 수 있다. 가까이 앉는 것은 대화를 손쉽게 행하는 조건이 될 뿐만 아니라, 부부간의 애정을 증가시키는 좋은 방법이 된다. 타인에 대한 호감이나 애정은 두 사람이 갖는 거리가 가까울수록, 자주 보고 자주 목소리를 들을 수록 높아진다는 것이 심리학의 한 원리이다. 왜 이런 손쉬운 원리를 사용하지 않는가? 최대한 가까이, 그리고 서로 신체적 접촉에 : 서로 팔짱을 끼거나, 손을 잡거나, 어깨동무를 하거나, 어깨에 머리를 기대거나 이 최대로 되게끔 신체자세를 가져라.

실제로 부부관계가 행복하지 못한 부부들을 관찰해 보면 서로 마주

서거나 앉을 때에 먼 곳을 택하고, 긴장된 자세를 갖고 있고, 눈 마주침을 피하는 경향이 있다는 것을 알 수 있다. 부부가 행복해지려면 가까이 다가서거나 앉고, 편안한 자세를 갖고 상대방의 두 눈을 다정하게 똑바로 바라보라.

| 방해가 없는 대화시간을 정하기 |

부부간 의사소통의 한 문제로, 부부들이 조용하게 대화할 시간이 부족하다는 것이 지적되고 있다. 부부는 대개 서로 매우 바쁜 생활을 영위한다. 아내는 식사준비, 청소, 세탁, 공과금 납부, 아이들 치다꺼리 등으로 하루 종일 바쁘게 지내고, 맞벌이 주부의 경우는 가정일뿐만 아니라 힘든 직장일로 말 그대로 눈코 뜰 여유가 없을 지경이다.

남편들도 또한 이와 비슷한 생활을 하고 있다. 부부가 모두 바쁘게 살다보니 매일 고정된 역할을 행하는 기계처럼 살아가고, 둘 사이에 대화나 교감을 위한 시간은 부족하다. 마치 '한 지붕 밑에서 서로 다른 인생을 사는 것처럼' 부부는 서로 소원해지기 쉽다. 이런 문제를 현명하게 해결하기 위해 하루 중의 대화시간을 정하라. 식구들과 아이들이 방해하지 않는 조용한 시간예 : 밤 10시을 정해서 최소한 15분간 대화하기로 서로 약속하라. 그리고 그날에 일어났던 일들, 서로의 관심사들, 앞으로 닥쳐올 일들에 대해 조용히 이야기를 나누어라.

| 스트레스가 적은 시기를 택하기 |

부부가 의사소통 시에 경험하는 기분과 정서가 의사소통의 내용, 방

법 및 결과에 영향을 줄 수 있다는 것이 이미 앞에서 언급되었다. 그런데 이러한 기분과 정서상태에 큰 영향을 주는 것이 부부의 스트레스이다. 본래 스트레스란 개인의 신체적 · 심리적 안녕이 위협당하는 상태이므로 스트레스는 부부의 의사소통에도 큰 영향을 준다.

개인이 경험하는 스트레스가 클수록 부부간의 대화가 부정적으로 되기 쉽다. 이것은 스트레스를 경험한 개인이 생리적으로 흥분상태에 있는 동시에, 심리적으로 불안, 분노나 공격, 우울 등의 부정적 정서상태와 아울러 융통성 없거나 사려성이 부족한 인지상태에 있기 때문이다. 부부 중의 한 사람이나 양측이 경험하는 스트레스는 그들의 대화에 나쁜 영향을 줄 수 있다. 예컨대, 남편이 직장에서 담당한 일에 문제가 생겨서 상사로부터 질책을 당하고 집에 돌아왔을 경우에, 평상시에는 대수롭게 여기지 않았던 '잠꾸러기'라는 말을 아내로부터 듣고 심하게 화를 낼 수 있다. 따라서 부부관계에 관한 문제를 논의할 경우에 부부가 경험하는 스트레스가 부정적 영향을 줄 수 있으므로, 부부는 서로 피곤하거나 심적으로 불편한 상태에서는 자신들의 심각한 문제를 제기해서는 안 된다. 부부가 스트레스를 경험하고 있을 때에는 다른 대화들보다 우선적으로 스트레스 자체를 줄이기 위한 대화를 행해야 될 것이다. 부부는 상대방이 스트레스를 받게 된 사건의 전후 사정을 주의 깊게 들어주고, 상대방이 느꼈거나 당면했던 정서들과 기분들예 : 좌절감, 분노감 등과 생각들예 : 퇴직하고 싶다는 생각에 대해 공감해 주고 위로해 주는 일을 행할 수 있다.

집중하여 적극적으로 듣기

부부간 대화의 과정은 부부가 행하는 하나의 정보처리 과정이라고 볼수 있다. 정보처리 과정에서 가장 기본이 되는 것은 정보를 정확하고 신속하게 입력시키는 것이다. 부부대화에서 부부가 서로 전달하는 정보의 입력은 상대방의 말에 주의를 기울이고, 적극적으로 듣는 것으로 이루어진다.

우리 인간은 눈이나 귀로 들어오는 많은 정보 가운데에서 주의를 기울인 정보를 주로 처리한다. 비록 무의식적 정보처리나 인식이 있더라도, 이것은 개인의 심리과정이나 정보처리 과정에 미미한 영향을 준다. 예컨대, 남편이 출근을 위해 급히 서두르면서 "오늘 아침에 매우 중요한 손님을 만나기로 했는데, 늦겠어"라고 말하면서 대문을 막 나가려고 하는데, 아내가 오늘 "아이 생일날이니 일찍 들어와요"라고 외친다. 남편은 급히 달려가면서 "알았어"라고 대답한다. 그날 남편은 매우 바쁜 날을 보냈고 동료직원들과 함께 회식을 갖게 되었다. 남편을 기다리던 아내는 남편이 저녁 늦게까지 귀가하지 않자 남편에게 전화를 걸어서 "왜 집에 안 와요? 식구들과 저녁식사하기로 한 거 잊었어요?"라고 묻는다. 그제서야 남편은 아침에 아내가 한 말이 생각났다. 그러나 회식을 중단할 수 없어서 가족의 저녁식사에 참석할 수 없었다.

이런 예에서 아내와 남편에 관련된 어떤 요인이 이런 곤경을 초래한 것인가? 그것은 바로 '아이 생일'에 관련된 남편의 '주의 부족'이다. 즉, 남편은 바쁜 일과 때문에 아내가 한 말에 주의를 기울이지 못했던 것이다.

부부가 서로 정확하게 의사를 전달하기 위해서는 일차적으로 말하는 이의 말에 주의를 기울여야만 된다. 그래야만 부부는 서로 대화의 주제에 맞는 사고의 흐름을 갖게 되고 원활한 대화의 진행이 가능해진다. 부부가 서로 상대방의 말에 주의를 기울이기 위해 구조화된 상황을 만드는 것이 중요하다. 앞에서 지적한 바와 같이, 대화를 위해 편안하고 조용한 시간과 장소를 확보하는 것이 대화에 대한 주의집중에 큰 도움이 된다.

부부가 편안하고 조용하게 대화에 집중할 수 있는 시간과 장소를 정하라. 대화의 시간은 당신들이 자유롭게 대화 주제에 집중할 수 있는 시간으로 정한다. 예컨대, 출근이나 외출을 서두를 때나, 잠자기 직전의 늦은 시간을 피하라. 아마 저녁식사와 설거지를 마치고 나서, 아이들이 잠든 후에 식탁이나 거실의 소파에서 대화를 실시하는 것이 가장 좋을 것이다. 대화에 집중하기 위해 TV를 끈다. 그리고 침대에서 대화하면, 대화가 길어질 경우에 수면을 취하기가 곤란하기 때문에 가급적 침대에서 대화하는 것을 피한다.

행복하지 못한 부부들은 자신이 상대방의 말에 귀를 기울이고 있다거나 상대방의 생각과 느낌을 자신이 이해하고 있다는 것을 전달하지 못한다. 이와 같이 상대방의 말에 귀를 기울이고 상대방의 생각과 느낌을 이해하고 있다는 정보를 제공하는 것을 타당성 인정validating, 즉 상대방의 사고, 정서 및 행동을 인식하고 존중해 주는 것이라고 한다.

상대방이 나의 말에 귀를 기울이고 이해하고 있다는 느낌은 관계의 문제를 토의할 때에 특히 중요하다. 이것은 대화를 서로 이해하면서 원활하게 진행하게끔 만들어주고, 상대방의 생각과 고충을 정확하게 파악하는 데에 큰 도움을 준다. 상대방의 말에 적극적으로 귀를 기울이고 있고, 이해하고 있다는 것을 전달해 주는 특수한 두 가지 방법은 다시 말하기paraphrasing와 비언어 행동들을 사용하는 것이다.

다시 말하기 방법

다시 말하기는 상대방이 말한 것을 당신 자신의 방식으로 다시 표현하는 것을 의미한다. 이것은 당신이 주관적으로 들은 것을 당신의 배우자에게 다시 되돌려줌으로써, 배우자의 말에 대한 당신의 이해 정도를 알려준다.

다음의 다시 말하기가 없는 대화와 다시 말하기가 있는 대화를 비교해 보라.

● 다시 말하기가 없는 대화

남편 : "우리는 우리의 관계를 위해 거의 노력하지 않은 것 같아."

아내 : "그러면, 앞으로도 계속 이런 상태로 살게 되겠네?"

남편 : "그럴 수밖에 없지."

● 다시 말하기가 있는 대화

남편 : "우리는 우리의 관계를 위해 거의 노력하지 않은 것 같아."

아내 : "당신은 우리가 우리의 관계를 위해 거의 노력하지 않았다고

느끼고 있구나_{다시 말하기가 있음}. 그러면 앞으로 어떻게 하고 싶은데요?"

남편 : "앞으로 어떻게 하고 싶으냐고? 음……_{다시 말하기가 있음}. 나는 우리의 관계를 위해 뭔가 새로운 방법을 찾아야 된다고 생각해."

아내 : "맞아. 이제까지와는 다른 새로운 방법을 찾아야 된다는 말에 찬성이에요_{다시 말하기가 있음}. 나도 뭔가 새로운 방법을 찾았으면 좋겠어."

비언어 행동의 적절한 사용

상대방의 생각과 느낌을 있는 그대로 인식하고 인정해 주는 또 다른 방법은 대화 중에 비언어 행동을 적절하게 사용하는 것이다. 다음과 같은 말소리 이외의 행동들이 배우자의 생각과 느낌에 대한 당신의 주의와 이해를 전달해 줄 것이다. 그리고 이것을 적절하게 행하지 않는 부부들이 결혼생활에 대해 불만을 갖고 이혼하기 쉽다는 점을 유념하라.

- 배우자와 눈 마주침을 자주 유지하는 것
- 머리를 끄덕이는 것
- 신체자세를 편안하게 유지하는 것
- "어, 그래", "음음" 등과 같은 상대방의 말에 대한 주의와 이해를 나타내는 음성들

대화의 기술

우리 인간은 감정의 동물이다. 그리고 이 감정은 생각·행동과 밀접하게 관련되어 있다. 따라서 부부간의 대화에서도 배우자를 좋아하고 사랑하는 감정이 있어야만 우호적인 생각과 행동이 나타나고, 그래야만 대화가 친절하고 우호적으로 진행될 수 있다.

부부는 긍정적 감정상태와 부정적 감정상태가 대화에 미치는 여러 영향을 고려해 늘 긍정적 감정상태를 갖고서 대화를 진행하도록 애써야 된다.

부부대화에 미치는 강한 긍정적 감정상태와 부정적 감정상태의 영향들을 살펴보자.

강한 긍정적 정서의 영향은 다음과 같다.

- 대화에 대한 적극적 참여_서로 가까이 있고, 자신의 속마음을 드러내고, 상대방의 발언을 유발시킨다.
- 긍정적 생각의 전달_자신과 상대방에 대한 긍정적 생각이 주로 제시된다.
- 긍정적 감정의 전달_함께 있고 대화하는 것 자체에 대해 긍정적 감정이 제시된다.
- 긍정적 행동의 표현_웃음과 유머와 같은, 자신과 상대방을 즐겁게 만드는 행동이 수행된다.

강한 부정적 정서의 영향은 다음과 같다.

- 대화에 대한 소극적 참여 또는 회피_함께 가까이 있는 것을 피하고, 속마음을 감추고, 침묵을 지키거나 하던 말을 중단하다.
- 부정적 생각의 전달_자신과 상대방에 대한 부정적 생각이 주로 제시된다.
- 부정적 감정의 전달_함께 있고 대화하는 것 자체에 대해 부정적 감정이 제시된다.
- 부정적 행동의 표현_신체적 거리를 유지하는 것이나, 마주 바라보는 것이나 손을 잡는 것과 같은 신체적 접촉을 회피한다.

결론적으로, 부부의 긍정적이거나 부정적 감정은 대화의 원활한 진행에 영향을 줄 수 있는 대화에 대한 일반적 동기와 아울러 대화 중의 자기와 상대방에 대한 생각, 감정 및 행동에 큰 영향을 준다. 강한 긍정적 감정은 부부의 원활한 대화를 촉진시키는 반면에, 강한 부정적 감정은 부부의 원활한 대화를 방해한다. 따라서 부부의 원활한 의사소통을 위해서 부부는 대화를 시작하기 전과 대화하는 중에 긍정적 감정을 갖도록 노력해야 되며, 그 방법은 다음과 같다.

대화에서 긍정적 감정이 갖는 좋은 결과들을 실제로 얻기 위해, 자기 배우자와의 관계를 새롭게 검토할 필요가 있다. 많은 부부들이 배우자와의 관계에 대해 불평한다. 예컨대, "당신은 식구들을 생각해 주지 않아요", "당신은 내 생일을 까먹었어요", "당신은 늦잠꾸러기

예요", "당신은 지저분해요", "당신은 이기주의자예요" 등등 배우자와의 관계에서 좋지 못한 측면들이나 단점들을 지적하고 주장한다. 이것들은 상대방에게 날카로운 화살이 되어 심장에 박히게 되고 심한 고통을 준다.

이와 같은 배우자와의 관계에 대한 부정적인 말, 불평, 비난들은 배우자와의 관계에 대한 공정하고 객관적인 평가를 나타내지는 않는다. 이것들은 여러 장점들이나 훌륭한 점들을 배제시키고 남은 사소한 것들일 수 있다.

예컨대, 어떤 아내가 남편에게 하는 "당신은 식구들을 생각해 주지 않아요"라는 불평을 불평의 대상인 남편 쪽에서 한번 보자. 이 남편은 매일 새벽부터 밤늦게까지 직장에서 일하고, 집안살림에 부담이 가지 않게끔 자기 용돈을 최대한 아껴 쓰고, 휴일에는 아이들을 데리고 놀아주는 등 다른 남편들 못지않게 해왔다. 그런데도 불구하고, 아내는 남편이 식구들을 생각해 주지 않는다고 불평한다. 물론 이런 불평은 그 자체만으로는 사실일 수 있다. 하지만 전체적으로 본다면, 이것은 많은 긍정적인 것들 중의 작은 일부분일 뿐이다.

이렇게 사람들이 상대방의 긍정적인 면보다 부정적인 면을 더 중요시하고 관심을 두는 현상을 심리학에서는 '부정성 편향'이라고 한다. 아마 이런 현상은 진화적으로 긍정적인 면보다 부정적인 면이 개체의 생존과 적응에 더 문제가 되고, 더 많은 주의를 요하게 된 것과 연관이 있을 것이다.

이와 같이 상대방의 긍정적인 면보다 부정적인 면에 초점을 두는 현상은 부부관계와 같은 가까운 관계에서 말다툼, 싸움 및 이혼이나 헤어짐과 같은 큰 문제를 일으킨다. 이러한 현상은 인간적인 것이기는 하지만, 속 좁고 편협한 것이다. 그렇다고 해서 필자는 모든 사람이 부부관계에서 인격자가 되고 도인이 되라고 요구할 의사는 없다. 단지 이러한 편협된 인간 성향을 이해하되 누그러뜨리고 개선시켜 보자는 것이다. 이제 몇 가지 방법을 검토해 보자.

긍정적인 말을 먼저 하고 나서 문제제기 하기

배우자에 대해 불만을 갖고 있을 때에 부부는 함께 있는 많은 시간을 말다툼하고, 비난하고, 변명하는 일로 보낸다. 이러한 불쾌한 일이 자주 반복되면, 부부는 어느 사이에 원수가 되어서 서로를 싫어하고 회피하게 된다. 이와는 달리, 행복하고 원만한 결혼생활을 하는 부부들은 부정적인 언행보다 긍정적인 언행을 더 많이 행한다.

이러한 부부간의 언행을 확인하기 위해, 부부들의 대화장면을 비디오로 찍어서 부부가 서로 상대하는 행동들을 알아내는 방법이 사용되기도 한다.

부정적 언행보다 긍정적 언행을 많이 할 수 있는 손쉬운 방법 중의 하나는 부정적인 언행을 행하게 될 경우에는 반드시 긍정적 언행을 먼저 하는 것이다. 간단히 말하면, 먼저 칭찬한 다음에 비평을 하는 방법이다. 이렇게 하는 것은 부정적 언행의 나쁜 영향을 줄여줌으로써 관계가 악화되거나 의사소통이 막히는 것을 상쇄시켜 준다.

다음의 예를 읽으면서 긍정적 언행을 부정적 언행보다 먼저 행하는 것의 장점을 생각해 보라.

- 부정적인 말만 있는 것_"이웃집 ○○이네 아빠는 방청소를 해주는데, 당신은 방청소를 해줄 수 없나요?"
- 긍정적인 말 먼저, 부정적 말 나중에_"당신이 지난 주말에 방청소를 말끔히 해준 것이 기분 좋았어요. 그 일을 가급적 자주 해주면 좋겠어요."
- 부정적인 말만 있는 것_"당신은 내가 의견을 낼 때마다 내 의견에 반대하는군요."
- 긍정적인 말 먼저, 부정적 말 나중에_"나는 당신과 함께 대화하는 것이 기분 좋아요. 내 의견 중에서 웬만한 것은 동의해 주세요."

이렇게 긍정적인 말에 의해 부정적인 말의 나쁜 영향을 중화시키는 것은 상대방의 말에 대해 긍정적 수용자세를 갖게끔 만들어서 의사소통의 의도를 달성하기가 더욱 용이한 동시에, 대화에 대한 분노감과 회피경향을 감소시켜서 앞으로의 관계와 대화까지도 더 긍정적으로 만들어준다.

불평의 범위를 한정하기

부부간에 불가피하게 발생되는 불평과 비평은 어떻게 하느냐에 따라 부정적 의미와 영향을 증감시킬 수 있다. 당신이 배우자에게 행하는 일반적이고 총체적 비평은 배우자에 대한 인격적 거부이고 비난에 속한다. 이것은 부부관계의 만족과 유지에 핵심적 근본을 이루는 배우자에 대한 긍정적 감정과 신뢰감에 큰 타격을 준다.

예컨대, 다음과 같은 일반적이며 총체적인 불평이나 비평을 당신 자신이 배우자로부터 들었다고 가정하자. 당신은 어떤 감정이 생길 것인가? 상대방에 대한 반감과 적대감이 들어 공격하고 싶은 충동이 생길 것이다.

> "나는 당신이 싫어요. 당신은 나를 전혀 생각해 주지 않아요."
> "나는 당신과 당신에 관련된 모든 것, 당신의 식구들이 싫어요. 당신은 항상 모든 일을 나에게 맡겨요."
> "당신은 무능해. 병신이고, 자식교육의 기본도 모르는 인간이야."

위와 같은 총체적이고 전반적인 인격적 비난이나 거부의 말들을 일단 입 밖으로 내놓게 되면, 부부관계의 긍정적 분위기를 유지시키기가 극히 곤란하다. 이런 말을 듣고도 기분이 안정되고 편안한 사람은 거의 없을 것이기 때문이다. 인간적 존중이나 애정을 송두리째 짓밟는 이런 말은 열 번의 고마운 말로도 보상하기가 곤란할 것이다.

따라서 이런 말들은 그것이 갖는 부정적이고 파괴적인 성질을 최대로 줄이기 위해서 수정되고 순화될 필요가 있다. 이와 같은 말이 불가피하게 입에서 나오게 될 때에는 한 번의 수정과 여과장치를 갖는 것이 좋다. 그것은 바로 불평의 범위를 구체적인 것으로 한정시키는 것이다. 이와 같은 불평을 '구체적' 또는 '특수한' 불평이라고 한다. 예컨대, 다음과 같은 불평을 앞의 것들과 비교해 보라. 훨씬 더 부정적 영향이 적고 좀 더 부드러운 기분이 들 것이다.

> "당신은 당신이 좋아하는 골프채를 빚을 지면서 샀어요. 그러면서 나에게는 꽃이나 잡지조차도 사줄 생각을 하지 않아요."
>
> "당신은 내가 집안일로 바쁘게 하루를 지내는데, 방바닥에 있는 옷가지를 치워주지 않아요."
>
> "아이가 내 허락 없이 지갑에서 돈을 꺼내서 군것질을 하는데 당신은 아이에게 아무런 충고를 하지 않아요."
>
> "당신은 내가 출근할 때, 기분 나쁜 불평을 해요."

위와 같은 구체적이고 사실적인 불평은 상대방에게 자신의 고충을 전달해 주고 시정할 방법을 지적해 줌으로써, 부정적 감정을 감소시켜 주는 동시에 문제해결의 구체적 실마리를 제공해 준다. 그럼으로써 앞으로의 문제를 해결할 수 있게끔 기초를 다져준다.

문제를 해결하는 방향으로 진행하기

'벼랑 끝 전술'은 국가 간의 분쟁 시에 당사국들이 자기 측의 목적 달성을 위해 '내 요구를 들어주지 않으면 함께 죽자는 식'으로 완고하고 일방적으로 요구하는 것을 의미한다. 이것은 상호 협상이 아니라 상대방을 이기고 자신의 의도만을 관철시키려는 데에 초점을 두는 것이다. 이것은 이미 관계가 심하게 악화되고 단절된 상태에서 사용하는 것이지, 지속적인 관계에서 사용하는 것은 아니다. 그럼에도 불구하고, 많은 부부들이 상대방을 이기고 지배하려는 식의 언행을 사용하고 있다.

문제를 해결하는 방향으로 대화를 진행하기 위해 다음의 몇 가지 행동을 억제해야 한다.

│상대방보다 나의 불평이 더 중요하고 많다는 식의 주장│

사람들은 상대방의 부정적 행동이나 불평에 대해 '눈에는 눈, 이에는 이' 식으로 되갚아주려는 보복적 성향을 강하게 갖고 있다. 그 한 가지 현상은 상대방의 불평에 뒤이어 자신의 불평을 제시하는 것으로서, 결국에는 '상호 불평'의 형태를 취하게 된다.

> 남편 : "나는 오늘 재수 없는 손님 때문에 시비를 벌였어."
> 아내 : "아이들을 돌보면서 집안청소하기 힘들었어요. 이웃집 남편은 일찍 귀가해서 마당청소를 하던데요."
> 남편 : "봉급은 적게 받는 데다가 밤늦게까지 일하는 것을 언제까지 계속해야 될지 모르겠어."
> 아내 : "하루 종일 집안일로 꼼짝을 할 수가 없어요."

이런 상황에서 부부 중의 한쪽이나 양쪽이 상대방의 고충을 인정해주면서 "그래, 하루 종일 많은 일에 시달리니까 힘들거야"라고 말한다면 하루의 피로가 싹 가시고 상대방이 자기를 이해해 주고 지원해 준다는 느낌을 갖게 될 것이다. 이것을 '타당성 인정validation' 이라고 하는데, 이 타당성 인정은 서로 상대방의 고충, 감정, 인격 자체를 진심으로 이해해 주고 인정해 주는 것을 뜻한다.

'상호 불평' 의 교환에서 더 나아가면, 심한 '상호 비평' 의 교환으로 진행하기 쉽다. 남편이 아내에게 "당신은 집안청소도 하지 않고 하루 종일 뭐했어?" 라고 비평하는 것에 대해, 아내도 지지 않고 "당신은 차고도 치우지 않는 게으름뱅이예요" 라고 응수한다. 이러한 상호 불평은 부엌의 싱크대에 모든 설거지할 그릇을 집어넣는 것처럼 '설거지식' 의 불평형태를 취한다. 대화는 문제해결보다는 상호 불평과 그에 따른 상호 분개감으로 끝나고, 마침내 부부는 대화를 중지하고 침묵의 기분 나쁜 시간을 보내게 된다.

이런 경우에, 가장 바람직한 해결방법은 한 번에 한 개의 문제에만 초점을 두고 불평을 처리하는 것이다. 예컨대, 남편은 "당신의 불평도 중요해. 그러나 우선 내 불평부터 얘기하고 나서 당신의 불평을 얘기합시다" 라고 제안함으로써 부부의 불평거리들을 하나하나 차례대로 토의하도록 할 수 있다. 아내도 또한 마찬가지로 제안할 수 있다. 이렇게 되면, '내 불평이 네 불평보다 더 중요하고 많다' 는 식의 비건설적 대화는 중지되게 될 것이다.

| 극단적인 위협 |

극단적 위협은 배우자에 대한 위협수준을 갑자기 높임으로써 배우자를 굴복시키려는 시도이다. "사과해. 그러지 않으면 나는 당신과의 대화를 중단할거야", "당신이 그렇게 나온다면 나는 집을 나가버릴거야"와 같이 극단적 위협은 배우자를 궁지에 몰면서 항복할 것을 강요하는 최후 통첩이다. 이렇게 되면, 위협당한 배우자는 항복하는 것이나 저항하는 것, 두 가지 중의 하나를 선택하도록 강요당하게 된다. 대개 최후 통첩을 따르지 않는 것의 결과가 매우 겁나는 것이기 때문에 배우자는 굴복하거나 후퇴한다.

이런 결과는 위협하는 측의 목표는 달성되지만 부작용이 너무 크다. 항복자는 마음 속으로는 항복한 것이 아니므로, 다음 기회를 노리면서 분개감이 팽배해 있게 된다. 이런 부정적 감정상태는 차후에 긍정적으로 상대하기 어렵게 만들고, 작은 일에 또다시 맞대응하는 결과를 초래한다.

이와 같은 극단적 위협과 그 부정적 결과를 막는 길은 위협 대신에 진정한 '요청'을 행하는 것이다. 이것은 당장 받아들여지지 않더라도, 차후의 대화에서 다시 논의되고 받아들여질 가능성을 열어놓는 것이다. 상대방에 대한 진정한 요청은 부부관계의 기초인 긍정적 감정상태도 손상시키지 않는다.

| 지나간 일을 계속해서 들춰내기 |

아마 인간의 가장 큰 심적 고통과 상심의 근원은 '과거'의 심적 타격, 학대, 실패, 잘못에 대한 후회와 죄의식일 것이다. 과거의 부정적이거나 고통스러운 기억이 없다면, 인간은 좀

더 편안해질 수 있을 것이다. 그런데 부부관계와 같이 가장 가까운 관계에서 과거의 기억은 잊혀지기 어렵다. 즐거운 기억이나 고통스러운 기억이 모두 남아서 부부관계는 미운 정과 고운 정이 함께 든 복잡하고 끈끈한 관계가 된다.

여기에서 문제는, 사람들이 즐겁고 유쾌한 기억보다 괴롭고 불쾌한 기억을 더 오래, 그리고 더 생생하게 기억한다는 사실이다. 과거의 불행과 고통을 더 자주 곰곰이 생각하는 것은 사람들을 더 불행하고 괴롭게 만든다.

이 시점에서 당신이 결단을 내릴 한 가지 사항이 있다. 즉, 당신은 과거의 불행과 고통을 계속 반추하면서 살아갈 것인지, 아니면 과거를 훌훌 털어버리고서 편안한 마음으로 살아갈 것인지를 선택해야 된다. 이러한 결정은 실행하기가 매우 어려운 것이다. 만일 당신이 이러한 선택을 연기시킨다면 당신의 불행과 고통은 계속될 것이다. 그러나 당신이 선택을 결행한다면 과거의 불행과 고통은 비록 잔불처럼 계속 연기를 피우겠지만, 마음의 평온과 기력을 회복시키는 데 큰 도움이 될 것이다.

현재 당신은 당신의 부부관계와 배우자에 대해 어떤 고통스러운 기억을 갖고 있는가? 그것은 잊어버리기 어려울 정도로 심한 것인가? 스스로 생각해 보라. 그리고 한 단계 더 나아가서, 당신의 현재와 미래의 관계를 위해 의도적으로 잊어버릴 수 있는지를 고려하고, 잊는 쪽으로 결단을 내려라. 그리고 현재와 미래의 행복을 위한 구체적 방법을 생각하라. 당신이 '처리할 수 있는 것'은 과거가 아니라 현재와 미래뿐이라는 사실을 유념하라. 그리고 끝으로, 부부가 함께 그렇게 하기로 합의하라.

대화가 파괴적으로 되는 것을 막기

흥분되지 않고 편안한 상태에서 오순도순 대화할 수 있는 것이 대화의 긍정적 성과를 위해 필수적이다. 언성을 높이지 않고 차분하게 친구와 이야기하는 것처럼 대화하는 부부들은 대개 원만한 결혼생활을 해나간다. 그러나 아무리 친한 사이라도 잘못된 대화습관 때문에 관계가 불편해지는 경우가 있다. 부부관계에서도 마찬가지다. 무심결에 하는 몇몇 가지 잘못된 말투나 습관 때문에 상대방의 감정을 다치게 할 수 있고, 그로 인해 본질과 관계없는 불필요한 감정대립이 생길 수 있다. 잘못된 대화습관 중 다음과 같은 몇 가지만 고쳐도 훨씬 편안한 대화를 이끌어 나갈 수 있다.

│ 부정적인 '덧붙이는 말' │

대화과정에서 불필요한 부정적인 말을 덧붙이기 쉽다. 이것은 나쁜 부부관계에서 상습적으로 일어나기 쉽다. 나쁜 부부관계에 기인된 부정적 감정이 평상시의 대화과정에서 자기도 모르게 표출되는 것이다.

"당신은 으레 꾸물대."
"잔소리하지 마. 지금 나가고 있는데!"
"당신은 자기만을 생각해. 그러니까 아이들 생일도 기억 못 하지!"

이렇게 상대방을 은근히 기분 상하고 화나게끔 만드는 말을 덧붙인다. 이러한 부정적인 덧붙이는 말 없이 말을 해보라. 그 느낌은 상대방의 입장에서 어떻게 달라지게 되는가? 당신의 부정적인 덧붙이는 말에 주의를 기울이고, 이것을 삭제시킨 말을 행하도록 노력하라. 그리고 당신의 배우자의 말에도 이런 말이 있는지를 알아보라. 그리고 만일 있다면, 배우자에게 그런 말을 쓰지 않도록 점잖게 요청하라.

│비꼬거나 빈정대는 말│

사람들은 화났거나 기분 나쁠 때에 상대방에 대해 간접적으로 부정적 감정을 표출한다. 대개 말이나 제스처를 통해 부정적 감정을 전달한다. 예컨대, "청소를 깨끗이 해요"라는 배우자의 말을 그대로 흉내 내거나, 두 눈을 동그랗게 뜨거나, 일부러 재채기를 해서 배우자에 대한 불쾌한 심기를 드러내고 은근히 도발한다. 이것은 배우자에 대한 일종의 '반감'의 표시이고 간접적 공격의 형태이기 때문에, 문제해결에 거의 도움이 되지 않는다.

│상대방을 비하하는 말│

많은 부부들이 배우자에 대한 욕설의 형태로 나쁜 명칭을 붙이고 있다. '멍청이', '바보', '병신', '무능자', '폭군'이라고 배우자를 부르는 것은 배우자를 비하시키고 천대하는 최악의 말들이다. 이런 말을 들어서 기분 좋은 사람은 어린아이를 비롯해서 노인까지 아무도 없다. 이것은 듣는 이의 자존감을 비참하게 떨어뜨리고 최악의 반감과 역공격을 일으키기 쉽다. 이것을 자주 쓰는 부부들은 거의 100% 이혼하거나 이혼상태에 있게 된다.

│ 성품이나 능력에 대한 불평 │

배우자에 대한 불평은 결혼생활에서 불가피한 것이다. 배우자에 대해 100%로 만족하는 사람은 없을 것이기 때문이다. 그러나 불평을 듣는 것은 우리가 당하는 일들 중에서 가장 괴로운 일에 속한다. 이는 불평 자체가 자기에게 무엇인가 문제가 있다는 것을 의미하고, 나아가서 자기 자신에 관련된 어떤 힘든 교정이나 변화가 요구되기 때문이다. 그런데 특수한 행동에 대한 불평은 비교적 문제가 적고, 고치거나 변화시키기도 좀 더 쉽다. 그러나 성품 자체는 너무 폭넓은 행동을 포함하고, 배우자의 요구에 따라 손쉽게 고치거나 변화시키기가 곤란하다. 더욱이 성품은 개인의 특징을 나타내므로 인격의 한 부분을 이루고 있다. 따라서 성품에 대한 비평이나 비난은 자신에 대한 인간적 거부로 여겨지기 쉽다.

"당신은 '이기적' 이기 때문에 집안일을 전혀 하지 않아요."
"당신은 '게으름뱅이' 이기 때문에 아침에 늦잠을 자는 거야."
"당신은 '무능자' 이기 때문에 직장에서 쫓겨난 거야."

이것들이 쉽게 고쳐지거나 향상될 수 있는 것이 아니므로, 이러한 성품이나 능력에 대한 불평은 듣는 사람 입장에서는 자신에 대한 인격적 비난으로 여겨지게 된다. 따라서 잘해보겠다는 의지가 생기기는 커녕 그 말에 대한 반발감을 불러일으킨다. 이렇게 되면 그 피해는 듣는 사람뿐만 아니라, 결국 말하는 사람에게까지 파괴적 영향을 주게 된다.

불평을 하게 될 경우에는 특수한 행동에 초점을 두어라.

"집안일, 특히 저녁 때 청소를 해줘요."
"아침 7시에 일어나도록 해요."
"일자리를 좀 찾아봐요."

위와 같은 특수한 행동에 관한 불평은 비록 이것을 듣는 것이 결코 즐거운 일이 아니더라도, 구체적이고 실행가능하기 때문에 불평을 받아들일 수 있는 가능성을 높여준다.

│ 문제가 상대방에게 있다는 단정을 전제로 하는 말 │
당신이 제기하는 문제를 배우자가 인정하게 하고 문제해결을 위한 적극적 자세를 갖게끔 만드는 한 가지 훌륭한 방법이 있다. 그것은 문제의 소재가 상대방에게 있지 않고, 자기 자신에게 있다는 것을 강조하는 것이다.

부부들이 부부관계의 문제를 제기하거나 불평을 할 때, 상대방을 탓하는 말을 하기 쉽다. 이러한 말은 주로 '당신' 중심의 말로 시작된다. '당신' 중심의 말은 문제의 원인이 자기에게는 없고 배우자에게 전적으로 있다는 것을 뜻하며, 자기 자신은 책임이 없고 상대방이 책임이 있다는 것을 주장하는 것이다. 이것은 배우자에 대한 비평과 비난의 형태이고, 배우자는 좌절과 분노의 부정적 감정상태에 빠지게 된다. 이렇게 되면, 배우자는 문제해결에 대한 자신의 책임과 역할을 거부하게 되고 문제의 협력적 해결은 불가능해진다.

문제에 대해 배우자가 자신의 책임과 역할을 적극적으로 수용하게끔 만드는 것은 '나' 중심의 말을 사용하는 것이다. 이것은 문제의 소재가 나에게 있다는 것을 강조함으로써, 배우자의 책임을 직접적으로 비난하지 않으면서 배우자의 도움을 요청하는 것이다. 당신 중심의 말과 나 중심의 말에 관한 다음의 예를 읽고서, 각각의 느낌이 어떠한지를 알아보라.

- '당신' 중심의 말

  "당신이 술 마시고 밤늦게 귀가해서 나를 신경질나게 만들어요."

  "당신이 전혀 집안일을 하지 않아서 집안이 지저분해요."

  "당신은 애정 표현이 서툴러요."

  "당신이 자녀교육에 거의 신경을 쓰지 않아서 아이들이 말을 듣지 않아요."

- '나' 중심의 말

  "나는 당신이 술을 마시고 밤늦게 귀가할 때 신경질이 나요."

  "나는 당신이 집안일을 거들어주지 않아서 집안이 지저분한 것이 싫어요."

"나는 당신이 애정 표현을 더 자주 하기를 바라요."

"나는 당신이 자녀교육에 신경을 써서 아이들이 부모 말을 잘 듣게 해주기를 바라요."

요컨대, '당신' 중심의 말보다 '나' 중심의 말은 문제의 원인을 직접 상대방에게 전가시키는 것 대신에, 문제로 인한 자신의 심리적 상태에 관한 정보를 객관적으로 제공하는 것이다. 이것은 상대방으로 하여금 문제를 인정하고 스스로 말과 행동을 바꾸게 만들 수 있다. 이 방법은 상대방에 대한 비난과 공격을 피하면서, 자신의 소망과 기대를 구체적으로 전달해서 문제를 해결 가능하게 만들어준다.

서로의 기분과 감정상태를 민감하게 파악하기

다음의 기분과 감정상태에서, 당신과 당신의 배우자는 어떤 행동 특징들을 보이는가? 자세히 관찰하고 정리하여 적어보라. 1번에서 5번까지는 당신 자신에 관한 것이고, 6번에서 10번까지는 당신의 배우자에 관한 것이다.

① 당신이 불안하거나 두려울 때 :

② 당신이 화나거나 분노를 느낄 때 :

③ 당신이 기분 나쁠 때 :

④ 당신이 슬플 때 :

⑤ 당신이 행복하고 기분이 좋을 때 :

⑥ 당신의 배우자가 불안하거나 두려울 때 :

⑦ 당신의 배우자가 화나거나 분노를 느낄 때 :

⑧ 당신의 배우자가 기분 나쁠 때 :

⑨ 당신의 배우자가 슬플 때 :

⑩ 당신의 배우자가 행복하고 기분이 좋을 때 :

제8장

갈등을 해결하는 방법

문제에 당면했을 때, 부부는 이기고 정복해야 될 대상이 상대방이 아니라, 바로 부부 공동의 문제라는 것을 머리에 새기고 함께 노력해야만 된다. 문제의 해결에 있어서 부부는 한 팀으로서 모두가 승리자가 되어야 하며, 어느 한쪽이 패배자가 되어서는 안 된다.

앞 장에서 부부간의 정확하고 원활한 의사소통에 관련된 여러 측면을 검토했다. 이러한 검토는 부부의 원활한 의사소통을 위해 필요한 요소들과 아울러 이 요소들을 고려한 효과적 의사소통 방법을 '일반적으로' 이해하기 위한 것이었다.

이제 좀 더 깊게 들어가서, 부부 각자와 아울러 부부관계에 크게 영향을 주는 문제를 해결하는 데 의사소통의 방법이 어떻게 적용될 수 있는지를 살펴보자.

부부가 대화를 통해 원만하게 문제를 해결하고 생산적인 관계를 계속 유지시키는 데 있어서 기본적으로 유념해야만 될 두 가지 사항이 있다. 첫째로, 이 세상의 모든 부부가 크거나 작거나 간에 '문제를 갖고 있다'는 사실을 잊지 말아야 된다. 중요한 것은 문제의 유무가 아니라, 그것을 얼마나 현명하게 해결하는가이다.

연구들에 의하면, 결혼 전의 커플들이 부딪치는 주요 문제는 애정과 질투, 그리고 각각의 가족에 관련된 문제라고 한다. 그리고 신혼 때에는 의사소통과 성의 문제가 중요해지고, 의사소통 문제가 부부간 문제의 중요한 근원으로 계속 남아 있다. 그 후로는 점차 금전이나 가계관리의 문제가 심각한 문제로 대두되게 된다. 그리고 부부들이 이러한 문제들을 어느 정도로 잘 해결하는가에 있어서 큰 차이가 있으며, 이러한 능력은 훈련과 노력을 통해 향상될 수 있다.

두 번째로 유념할 사항은 부부가 서로 적대시해서는 문제해결에 도달할 수 없다는 것이다. 부부가 서로 존중하면서 한 팀으로서 협동해서 문제를 해결하는 것이 부부관계에 가장 좋다. 문제의 원인이나 책임을 서로에게 떠넘기려고 하고, 기분 상하고 화를 내거나, 비난하고 욕을 하거나, 마침내 서로 대화를 거부하는 등의 비협동적 행동은 가장 비생산적이고 관계에 해를 끼친다. 문제에 당면했을 때, 부부는 이기고 정복해야 될 대상이 상대방이 아니라 바로 부부 공동의 문제라는 것을 머리에 새기고 함께 노력해야만 된다. 문제의 해결에 있어서 부부는 한 팀으로서 모두가 승리자가 되어야 하며, 어느 한쪽이 패배자가 되어서는 안 된다.

문제의 해결에 관한 이러한 두 가지 기본사항을 유념하면서, 이제 부부간 문제의 본질과 해결방법을 자세하게 다뤄보자.

문제의 본질

부부문제는 기본적으로 상대방과 관계 자체에 대해 느끼는 불만족에서 주로 기인된다. 이 불만족은 상대방의 개인적 성격과 능력에 대한 불만족, 관계상태에 대한 불만족 및 여러 생활문제들에 대한 의견 불일치로 구성될 수 있다. 그리고 이것들은 근본적으로 부부간의 장기적인 욕구 및 목표의 좌절이나 부조화와 관련되어 있을 수 있다.

이와 같은 부부의 장기적 욕구 및 목표의 좌절과 갈등은 다음과 같은 세 가지 영역에서 발생되기 쉽다.

- 독립성 욕구와 연결성 욕구 사이의 갈등
- 자기공개 욕구와 프라이버시 욕구 사이의 갈등
- 예측성 욕구와 신기성 욕구 사이의 갈등

첫 번째 영역의 갈등이나 부조화는 부부가 배우자와의 관계에서 제약 없이 독립적으로 행동하고 선택하려는 욕구와 연결감, 유대감 및 관계지속감을 가지려는 욕구 사이의 갈등이나 부조화를 일컫는다. 예컨대, 결혼생활을 하고 있는 어떤 남편은 아내의 간섭이나 허락 없이 독립적으로 어떤 결정돈의 사용, 여행 등을 행하고 싶어할 수 있다. 이와 반대로, 그의 아내는 자기 남편과의 동반자 관계와 일체감을 느끼려는 연결성 욕구를 강하게 갖고 있어서 부부가 공동으로 어떤 결정을 행하고 싶어할 수 있다.

두 번째 영역의 갈등이나 부조화는 부부관계에서 부부 각자가 자기에 관련된 모든 것을 알리고 털어놓으려는 욕구가 있는 반면에, 자기만이 알고 있고 상대방에게 알리고 싶지 않은 욕구가 있을 경우에 발생된다.

세 번째 영역은 한편으로 부부가 상대방에 대해 잘 알고, 상대방을 예측할 수 있게 되는 것에 대한 욕구가 있는 반면에, 다른 한편으로 상대방을 너무 잘 알고 있는 것에서 오는 권태감이나 지루함에서 벗어나려는 욕구가 있는 경우에 발생된다.

이와 같은 관계상의 장기적 욕구 및 목표의 갈등과 부조화가 부부관계의 근본적인 문제가 될 수 있다. 그러나 이러한 근본적 욕구의 갈등은 일상적인 결혼생활 과정에서 부딪치는 다양한 갈등들이나 문제들을 구체적으로 지적해 주지는 못한다. 이런 문제점을 해결하기 위해, 전문가들은 부부들이 여러 생활영역들에서 '상황적으로' 경험하는 문제들을 분석해 왔다. 결혼생활의 여러 생활영역이란, 경제활동과 돈의 관리, 의사소통, 친인척, 성생활, 여가, 종교 등의 다양한 문제영역들을 포함한다.

문제영역별로 문제의 정도나 심각성을 평가했더라도, 이것이 일상생활에서 실제로 당면하는 문제나 갈등 자체는 아니다. 즉, 이것은 부부문제를 일반화시켜서 평가한 것일 뿐이다.

실제로, 일상생활에서 부부가 당면하는 문제는 이것보다 훨씬 더 구체적인 것이다. 부부문제는 일상생활에서 대개 구체적인 '사건'의 형태로 제기된다. 예컨대, 부부의 돈의 사용 문제는 남편이 아내와 상의 없이 비싼 골프채를 샀거나, 아내가 남편과 상의 없이 비싼 옷을 샀을 경우에 제기되게 된다. 이러한 사건에서 부부들은 어떤 상황 속에서의 배우자의 행동에 대해 불만족하거나 불일치된 상태에 있게 된다. 이러한 구체적 사건은 부부가 실제로 해결하게 될 주제를 설정해 준다. 그리고 이러한 구체적 사건들은 부부가 장기적으로 함께 생활하는 과정에서 계속 발생하게 되며, 어떤 부부들에서는 다른 부부들에서보다 더 많이 발생된다. 이제 이러한 사건에 대한 문제해결의 과정을 구체적으로 살펴보자.

갈등해결 6단계

부부문제의 해결은 대개 간단하지 않다. 만일 문제가 간단하다면, 부부가 문제해결에 거의 노력을 기울일 필요가 없이 해결되어서 부부의 결혼생활이 평온하고 순탄하게 진행되게 될 것이다. 여기에서 취급되는 문제들은 대개 해결하기가 곤란한 것들이다. 전문가들은 부부문제의 해결이 다음과 같은 단계적 과정을 필요로 한다는 데 대해 대체로 일치한다.

- 1단계 : 문제를 토의할 시기와 규칙을 정하기
- 2단계 : 문제를 정의하기
- 3단계 : 해결할 수 있는 문제인가를 판단하기
- 4단계 : 해결책을 제시하고 평가하기
- 5단계 : 계약서 작성하기
- 6단계 : 해결책의 효과를 평가하기

1단계 : 문제를 토의할 시기와 규칙을 정하기

부부들은 금전, 가사일, 자녀, 사교활동 등의 문제들로 계속해서 갈등과 의견 불일치에 당면한다. 따라서 부부문제나 불일치가 발생되는 것을 마치 우리가 매일 잠을 자야 되는 것처럼 당연하고 자연스러운 것으로 받아들여야 하며, 문제를 어떻게 해결하는가에 초점을 두어야 된다. 이러한 문제를 해결하기 위한 첫 번째 단계로서, 부부들은 우선적으로 문제를 토의할 시기와 상황을 문제해결에 도움이 되는 방향으로 선택하고 조정해야 한다.

│시기와 분위기 점검│

부부문제의 토의를 시작하기 위해, 먼저 문제토의의 시기와 분위기가 적절한지를 검토해야만 된다. 문제의 주 당사자가 부부이므로, 부모나 자녀와 같은 타인들이 주위에 있는 경우에는 타인들이 토의에 관여하게 되기 때문에 토의가 방해되기 쉽다. 따라서 토의는 가급적 부부 단둘이 있을 때에 실시되어야 된다. 또한 충분한 토의가 이루어질 수 있게끔, 바쁜 시간출근, 식사, 수면시간 등을 피한다. 또한 서로의 효과적 대화를 위해 조용한 장소를 택한다.

토의의 물리적 상황 이외에도 부부의 심리적 상황, 즉 심리적 분위기가 중요하다. 토의 분위기의 측면에서, 부부의 강한 정서상태 특히, 부정적 정서상태가 중요하다. 두 사람 중 어느 한쪽이나 양쪽이 강한 부정적 기분화난 것을 갖고 있다면, 상대방의 의도를 오해하고 문제에 대해 비이성적으로 되기 쉽고, 문제해결에 대한 합의에 도달하는 데 더 많은 곤란을 겪는다. 따라서 부부가 강한 부정적 정서상태에 있을 때에는 문제토의를 개시하지 않는 것이 좋다.

문제토의의 분위기를 점검하기 위해 다음의 두 가지를 확인하라.

● 당신과 당신의 배우자가 어떤 부정적인 감정적 신호들을 갖고 있는지를 확인하라.

● 또한 이와 반대로, 당신과 당신의 파트너가 문제해결을 촉진시킬 수 있는 어떤 긍정적인 감정적 신호들을 갖고 있는지를 확인하라.

만일 강한 부정적 정서의 신호들을 갖고 있다면, 문제해결의 시도를 연기하거나 포기하는 것이 좋다. 정서적으로 꽤 평온하고 안정되어 있고 이성적인 상태에 있다고 느낄 때, 비로소 문제에 대한 토의나 발언을 시작하라. 그렇지 못할 경우에는 우선적으로 편안한 휴식시간을 갖거나, 서로의 감정상태에 관해 적극적으로 이야기하고 듣는 것과 같은 토의 분위기 향상을 위한 활동에 전념하는 것이 좋다.

부정적 정서상태뿐만 아니라, 부정적 사고도 문제토의와 해결을 방해할 수 있다. 배우자에 대해, 또 서로의 관계에 대해 생각하고 있는 다음의 '부정적 사고들'이 문제토의를 방해할 수 있다.

● 배우자를 협력자나 동지로 생각하지 않고 방해자나 적으로 생각하는 것
● 서로의 관계가 긍정적이기보다 부정적 특징을 갖고 있다고 생각하는 것
● 관계가 변화되지 않거나 악화될 것이라고 생각하는 것
● 배우자가 선의적이기보다 악의적으로 생각하고 행동한다고 믿는 것
● 배우자가 자신과의 관계에 대해 관심이 없다고 생각하는 것

만일 위의 특징들을 많이 갖고 있다면, 부부문제의 토의는 적극적

으로 진행되지 않거나 역 생산적 방향으로 나가기 쉽다. 이럴 경우에는 위와 반대되는 사고 특징들을 마음 속으로 다짐하거나 결심하는 시간을 먼저 갖도록 하라.

| 서로에 대한 이해와 존중의 느낌 |

부부문제를 토의하기 위한 배경 조건들로서 다소의 긍정적 감정과 사고의 상태들을 확인할 수 있을 경우에, 비로소 문제를 제시한다. 예컨대, 아내는 가사일이 바쁜데도 불구하고 남편이 청소를 해주지 않는다고 문제를 제시할 수 있다. 이런 경우에, 대개 불평이나 비난 형태의 문제제시는 토의를 시초부터 방해하는 행동이기 때문에 최대로 자제하고, 불쾌한 감정을 일으키지 않게끔 수정하거나 완화시켜야만 된다. 우리 속담에 "쥐를 잡으려다가 독을 깬다"라는 말이 있는데, 이것이 바로 여기에 해당된다. 문제를 해결하려다 잘못되어서 부부관계를 깨지 않도록 조심해야만 된다.

문제에 관한 불평의 제기가 배우자에게 부정적 감정과 저항을 일으키지 않게끔 만들기 위해, 이 분야의 전문가들은 불평을 구체적으로 제시하는 방법의 하나로서 'XYZ 진술방법'을 권고하고 있다. XYZ 진술방법은 배우자에 대해 XYZ 요소가 포함되어 있는 말을 사용하는 것으로서, 제7장에서 제시된 '불평을 구체적이고 특수하게 행하기'를 공식화한 것이다.

여기에서, XYZ는 각각 다음과 같은 용어의 약자이다.

X상황＋Y행동＋Z느낌

위의 요소들이 종합된 진술의 예를 들면, 다음과 같다.

- "당신이 퇴근 후에 집에 와서 X, 방바닥에 옷을 아무렇게나 던져 놓을 때 Y, 나는 화가 나요 Z."
- "당신이 시장에 함께 가서 물건을 살 때 X, 이것 저것을 흥정하면서 시간을 마냥 보낼 경우에 Y, 나는 매우 지루함을 느껴요 Z."
- "지난번의 부부모임에서 X, 당신이 김씨 부인에게 지나치게 많이 이야기할 때 Y, 나는 당신이 주책없는 사람이라는 느낌이 들었어요 Z."
- "어젯밤의 잠자리에서 X, 당신이 내가 가까이 가는 것을 밀쳤을 때 Y, 나는 인간적으로 거부당한 느낌이 들었어요 Z."

위의 예와 같은 XYZ 방식에서는 상황 X과 행동 Y이 구체적이고 특수하게 제시되기 때문에, 문제의 소재를 분명하게 지적해서 문제해결 방법을 찾아내기가 더 용이해지게끔 만든다. 이와 반대로, 일상적 불평은 매우 일반적이고 애매한 진술의 형태를 취하기 쉽다. 예컨대, "당신은 지저분한 인간이야", "당신은 굼벵이 같아", "당신은 사려성이 없어", "당신은 쌀쌀맞아"와 같은 일반적 불평은 고치거나 변화시키게 될 상황과 행동을 특별하게 지적하지 않는다. 이와 동시에, 이러한 불평이나 비난은 상대방에 대한 인격적이거나 성품적 공격을 의미하기 쉽기 때문에, 듣는 이로 하여금 그에 대해 방어하고 부정하려는 동기를 일으켜서 문제의 토의와 해결을 방해한다.

XYZ 진술방식의 마지막 부분 Z은 말하는 이의 문제에 대한 개인적 느낌을 제시하기 때문에, 상대방을 공격하지 않고도 자신의 심정을 직설적으로 제시함으로써 상대방에게 자신이 느끼는 문제의 중요성에 대한 인식이나 호소력을 증가시켜 준다.

이와 같은 XYZ 방식의 진술이 모든 일상적 대화에서 사용될 필요는 없지만, 진정으로 문제의식을 느끼는 주제들을 제시하는 데는 매우 효과적이며 온건한 방법이 될 수 있다.

| 토의 전에 대화의 규칙을 정하기 |

제시된 문제에 대해 부부가 문제의 중요성과 원인에 대해 모두 동의할 수 있다면 이런 경우에는 심한 말다툼이 없이 토의가 진행될 수 있다. 그러나 대부분은 문제의 중요성과 원인에 대해 부부의 의견이 다를 수 있으며, 이런 문제들은 부부에게 큰 의견 불일치나 갈등상태를 일으킨다.

생각과 태도가 완전히 동일한 부부는 없기 때문에, 부부간의 어떤 문제의 중요성과 원인에 대해서도 부부는 의견 차이를 갖게 되기 쉽다. 이러한 의견 차이는 문제해결을 시초부터 방해하기 때문에 이것을 해결하지 않으면 장기적 갈등상태에 빠지게 된다. 부부들이 일상적으로 말다툼을 벌이는 금전, 집안청소, 청결, 성생활, 자녀교육과 훈육방식, 친인척관계시부모 관계 등의 주제들에 대한 부부의 상이한 입장과 태도는 기본적으로 부정적 감정불쾌감, 좌절감을 일으킨다. 이러한 갈등상태가 오래 지속되면 배우자에 대한 분노, 경멸, 적대감을 크게 느끼게 되고, 이것은 부부의 애정과 관계 유지에 심각한 타격을 줄 수 있다.

　부부간의 의견 차이와 갈등은 관계를 위해 건설적으로 관리되고 통제되어야만 된다. 이를 위해, 전문가들은 몇 가지 원리나 원칙을 제시하고 있는데 이를 부부의 갈등관리를 위한 '규칙들' 이라고 이름 붙이고 있다. 이러한 규칙들은 부부를 갈등상태의 위험으로부터 보호해주고, 부부가 한 팀으로서 함께 노력할 수 있도록 도와준다. 문제토의의 규칙들은 토의 전에 정하거나 확인하는 것이 좋다. 이것들은 운동선수들이 경기 전에 '선수선서' 를 하는 것과 같은 것으로서, 문제토의의 원활한 진행을 촉진시켜 준다.

　예를 들어 다음과 같은 규칙들을 정할 수 있다. 대화 중에 갈등이 확대되게 되면 '타임아웃' 이나 '잠깐' 이라고 외치면서 대화를 중지하고, 미리 약속했던 시간이 지난 다음에 다시 대화를 재개한다. 이 규칙은 휴식과 중지를 통해 갈등의 부정적 확대, 즉 과도한 부정적 감정과 흥분을 방지하기 위해, 토의나 대화를 일시적으로 중단시키는 데에 그 목적이 있다. '타임아웃' 이나 '잠깐' 을 외치는 것은 토의 자체를 끝내자는 것이 아니라, 잠시 쉬었다가 다시 하자는 제안이며 약속이다. 따라서 이러한 말을 외치고 나서 곧바로 방을 나가버리는 행동은 문제해결과 부부관계에 매우 파괴적인 것이 되기 쉬우므로 사전에 상대방의 동의를 반드시 구해야만 된다.

　한 시간이나 하루 뒤에, 흥분을 가라앉힌 다음에 다시 대화를 갖기로 약속하고서 문제토의를 일시적으로 중지한다. 이러한 방법은 부정적 감정이 지나쳐서 서로 고함치고 관계를 끝내자고 위협하는 패턴을 가진 부부들의 파국적 대화를 막는 좋은 방법이 될 수 있다.

부부가 토의하게 되는 문제는 대개 갈등이나 의견 불일치가 큰 주제인 경우가 많은데, 이런 주제는 부부가 서로 자기주장을 내세우고 배우자의 주장을 굴복시키려는 강한 동기를 일으키기 쉽다. 이렇게 되면 부부는 큰 목소리로 언쟁을 벌이게 되고, 자기주장을 관철시키는 데 급급해서 서로의 주장을 차분하게 들어주지 못한다. 심한 경우에는 "나는 나대로 할 테야", "당신 마음대로 해!", "끝장내"와 같은 말을 외치면서, 자리를 박차고 대화 장소에서 떠나버린다.

이렇게 되는 것을 막기 위해 '타임아웃'이나 '잠깐'을 외치는 것 이외에, 보다 더 건설적인 방법을 추가적으로 활용할 수 있다. 이것은 적극적 대화의 한 기법인 '발언자-청취자 기법'이다. 이 기법은 '발언권'을 가진 쪽_{발언권을 가진 것의 표시로서 TV의 리모트 컨트롤이나, 컵, 책 등을 사용할 수 있다}만이 발언을 하고, 청취자는 발언자의 말을 요약하면서 들어주는 것이다. 부부가 이러한 발언자와 청취자의 역할을 교대하면서, 대화를 차분하게 진행시킨다.

부부는 언제나 문제를 제기할 수 있지만, 만일 청취자의 역할을 맡은 쪽이 대화를 원치 않으면, 대화는 연기될 수 있다. 이때에 청취자 역할을 맡은 사람은 차후의 대화시간을 결정하는 책임을 진다. 이것은 부부가 문제토의의 시기가 적절치 못하다고 여길 경우에 곤란한 대화를 갖지 않게끔 보장해 준다. 대부분의 부부들이 가장 나쁜 시간에 그들의 가장 중요한 부부문제를 제시하곤 한다. 예컨대, 바쁜 저녁식사 시간, 잠잘 시간, 아이들의 등교시간, 퇴근 후 현관에 들어서자마자, 그리고 부부 중 한 사람이 중요한 일이나 바쁜 일에 몰두하고 있을 시간에, 즉 부부가 스트레스를 가장 많이 받고 있는 시간에 문제를 제시한다. 이런 경우에 배우자의 주장을 주의해서 들을 수 없을 뿐만 아니라, 스트레스에 기인된 흥분과 좌절로 인해서 배우자의 주장에 대해 비평이나 비난편잔 주기으로 반응하기 쉽고, 배우자에 대한 존중의 자세를 잃기 쉽다.

문제제기를 받은 측은 부부 모두가 서로 깊이 있게 문제를 토의할 준비가 되어 있는 시간에 다시 그 문제를 토의할 책임을 진다. 이것은 문제제기 후 하루나 이틀 이내로 정하는 것이 좋다. 이런 대화를 위해 부부는 자기들이 충분하고 안전하게 토의할 수 있는 시간을 미리 정한다.

2단계 : 문제를 정의하기

앞에서 제시된 부부문제에 대한 토의의 시기와 규칙을 결정하는 것이 잘 이루어지면, 자연히 문제해결을 위한 정서적 토대가 다져진다. 그 다음에 본격적인 문제토의가 실시되게 되고, 문제에 대한 명확한 정의가 이루어진다.

문제해결의 첫 번째 관문은 부부가 공동 노력을 기울이기 위해 문제의 주제를 명확하게 결정하고 정의하는 것이다. 문제토의 과정에서 문제의 많은 측면을 이야기하고 알게 되었을 것이다. 기본적으로,

부부문제는 복잡성의 측면에서 차이가 있다. 어떤 문제들은 간단하지만여름휴가를 어디로 갈 것인가?, 어떤 문제는 복잡하다가정의 금전관리의 여러 측면들, 즉 과도한 신용카드 사용, 연간 가계비 지출, 저축 등.

복잡한 문제는 한꺼번에 간단하게 해결되기가 어려우므로, 이것을 특수한 세부 문제들로 분석해서 하나하나를 취급하는 것이 현명하다.

이 밖에도 분명하고 훌륭한 문제정의를 위해서는 다음과 같은 몇 가지 기준이 필요하다.

● 문제에 대한 합의_문제의 종류와 중요성 자체에 대한 일치가 필요하다. 예컨대, 남편이 퇴근 후에 방바닥에 옷과 양말을 벗어놓는 것이 '문제가 된다'는 것에 대해 두 사람의 의견이 일치하는 것이 필요하다. 문제에 대한 한쪽의 시각만이 제시되는 것은 좋지 않다.

● 문제에 대한 각자의 역할_부부 각자가 비난당하거나 경멸당하지 않고서, 문제해결에 함께 책임을 지는 것이 필요하다. 서로의 역할 수행을 비난하거나 어느 한쪽에만 전적인 책임을 지우는 것은 좋지 않다.

● 간단명료한 문제제기_애매하거나 총괄적인 문제제기 "당신은 우리의 관계에 무관심해요", "우리의 성생활은 형편없어요" 보다 곤란이나 불만족을 일으키는 구체적 행동의 예나 특수한 일을 제시한다아내의 비싼 옷 구입, 남편이 집안청소를 하지 않는 것.

● 문제에 대한 각자의 기분과 정서_앞에서 제시된 XYZ 방식의 문제 진술과 같이 특수한 상황에서의 배우자의 행동에 대한 '나 중심의'

부정적 기분이나 정서를 기술하며, 그러한 기분과 정서의 원인이 전적으로 배우자에게 있다는 식의 표현을 금지한다"당신은 청소도 해주지 않는 이기주의자예요".

● 문제에 관련된 상대방의 부정적 측면과 긍정적 측면의 균형_문제의 제시나 표현은 대개 불평, 비난, 경멸 등의 부정적 정서의 표현을 포함하기 쉽다. 이러한 부정적 정서표현은 듣는 이에게 자연적인 방어의 동기를 일으키고, 나아가서 상대방에게 역시 부정적 정서를 표현하게끔 만들기 때문에, 그 부작용을 최대한 감소시켜야만 된다. 그 방법의 하나가 문제에 관련된 배우자의 긍정적 측면을 언급한 후에 부정적 측면을 언급하는 것이다"당신은 화장실 청소는 잘해주는데, 내가 저녁준비에 바쁠 때에는 방 청소도 해주었으면 좋겠어요".

예를 들면, 어떤 부부가 집안청소 문제로 자주 말다툼한다고 하자. 아내는 남편이 별로 할 일도 없는데, 빈둥거리면서 집안청소를 전혀 돕지 않기 때문에 화가 나 있다. 아내는 이 문제로 남편에게 자주 바가지를 긁고 남편은 이에 대해 자주 화를 낸다. 이들 부부는 이 문제를 다음과 같이 정의한다. "남편이 설거지는 가끔 해주지만, 집안청소를 전혀 하지 않는다. 이에 대해 아내는 화가 나서 잔소리를 자주 하고, 남편도 역시 아내의 잔소리로 자주 화가 난다."

요약하면, 구체적이고 합의되고 각 배우자의 감정이 표현되고 문제에 대한 역할이 구분될 수 있는 문제는 문제정의가 훌륭한 것인 반면에, 애매하고 일반적이고 한쪽 시각만 반영되고 부정적인 불평과 불만만이 제시되고 배우자를 비난하고 책임을 지우는 문제제시는 문제의 정의가 나쁜 것이다.

3단계 : 해결할 수 있는 문제인가를 판단하기

잘 해결하지 못하는 문제들로 인해 부부들은 심리적 거리감을 갖고 긍정적 감정이 메말라버린 채로 냉전상태로 지내기도 하고 다른 한편으로는 장기적으로 자주 말다툼하고 비난하는 열전상태로 지내게 된다.

기본적으로 부부들이 결혼생활 동안에 말다툼하는 문제들의 약 70%는 미해결된 채로 계속 지속되는 동일한 문제들이며, 약 30%만이 부부의 공동 노력에 의해 해결될 수 있는 문제들이라는 연구결과가 있다. 이러한 결과에 의하면, 부부들은 약 30%의 문제를 해결하려고 노력하고, 대부분의 문제, 즉 70%의 문제에 대해서는 문제상황을 유지하면서 적응하는 것이 현명하다.

장기적으로 지속되고, 해결될 수 없거나 해결되기 곤란한 문제들은 대개 상황부모의 죽음과 개인요인강한 습관, 동기, 흥미, 성격들과 관련되어 있다. 어떤 상황은 부부가 아무리 노력해도 해결될 수가 없다. 예컨대, 부모의 죽음에 당면해서 아내의 슬픔과 우울이 너무 클 경우에, 이 상황은 부부가 아무리 노력해도 되돌릴 수 없는 것이다.

개인요인들 중에서 습관, 동기, 흥미, 성격과 같은 개인의 인간적 성품이나 정체의 일부분을 이루고 있는 것들은 장기적으로 형성된 것들이고, 쉽사리 변화되기 어려운 것이므로 해결되기 곤란하다. 예컨대, 특정 종교에 심취한 사람, 사업 성공에 몰입되어 있는 사람, 꼼꼼하고 깔끔한 사람은 그러한 특징이 그 사람의 인간됨, 자기관 및 인생관의 핵심이 되기 때문에 그러한 특징을 바꾸기가 매우 곤란하다. 따라서 그러한 특징을 바꾸려고 들 경우에 배우자는 심히 저항하고, 자기의 고집을 세우게 된다. 또한 인격적 비난과 공격으로 받아들이고 상대방을 경멸하며 그 결과, 부부싸움이 몇 년이나 몇십 년 동안 지속되게 된다.

이런 점에서 어떤 부부문제는 마치 노인들이 한두 개의 병을 갖고 인생의 말년을 살아가야만 되는 것처럼, 부부가 숙명처럼 문제에 적응하면서 살아가야만 된다. 여기에 부부문제 해결의 한계가 있는 것이다.

결혼을 한다는 것은 배우자의 장점뿐만 아니라, 단점까지도 스스로 선택한 것이라고 주장하는 전문가가 있다. 만일 자신이 선택한 해결 불가능하고 변화 불가능한 배우자의 단점에 대해 인내하지 못한다면, 그 결혼은 결국 파국과 이혼을 불가피하게 맞이해야만 된다.

그러면 배우자가 갖고 있는 장기적이고 평생 동안 지속되는 고질적 문제가 아무리 비난하고 하소연하더라도 해결되거나 변화될 수 없을 경우에, 부부들은 두 가지 결정 중의 하나를 택해야만 된다. 그것은 참지 못하고 이혼하거나, 아니면 참고 견디면서, 즉 문제에 적응하면서 계속 함께 살아가는 것이다. 많은 부부들이 자기 배우자에 관련된 문제에 잘 대처하고, 그 문제가 부부관계에 심각한 해를 주지 않게끔 잘 적응하면서 즐겁고 행복하게 평생 동안 잘 살아가고 있다 이것을 어그러면 부부가 해결하기 매우 곤란한 장기적인 문제들은 어떤 특징을 갖고 있는가? 그것은 배우자들이 오랫동안 수없이 말다툼해 오면서도 해결되지 않은 문제들로서, 이 분야의 전문가는 다음의 특징들을 제시하고 있다.

- 아무리 지적하고 주장해도 해결되거나 변화되는 것이 거의 또는 전혀 없다.
- 문제에 대한 배우자의 입장이 완고하고 양보가 없다.
- 이 문제에 대한 대화는 쉽게 좌절감과 거부, 비난, 심지어 정 떨어짐을 일으킨다.
- 이 문제로 인해 부부의 부정적 감정의 골이 계속 깊어진다.

해결될 수 없는 많은 문제들에 비해서, 해결될 수 있는 문제들은 부부의 공동 노력에 의해 그 해답이 찾아질 수 있는 것이다. 그러나 해결될 수 있는 문제들이라고 해서 부부가 머리를 맞대고 잠깐 동안 대화함으로써 간단하게 해결되는 경우는 드물다. 대개 문제의 제시와 토의는 부부들의 개인적 욕구, 의견 및 태도의 불일치를 노출시키고, 부부 각자의 반감, 거부, 애정손실 등의 부작용을 수반하기 쉽다. 이런 부작용을 최소화시키면서 생산적인 해결을 낳는 과정으로서 일반적인 유의사항들이 이미 앞 장에서 제시되었다. 특히, 부부문제의 해결 과정에서 유의할 몇 가지 사항은 다음과 같다.

- 문제제시는 거친 말보다 부드러운 말로 시작하라.
- 배우자에 대해 비난하지 말고, 간단하게 불평을 제시한다.
- 긍정적인 말부터 시작한다.
- '당신' 대신에, '나'로 시작하는 말을 한다.
- 발생되고 있는 일을 사실적으로 기술하고, 부정적 비난을 피한다.
- 요구사항을 분명하게 말한다.
- 예의를 지킨다 "해주세요", "고마워요".
- 고마운 점을 말한다.
- 불평과 불만을 쌓아두지 않는다.
- 당신 자신의 괴로운 정서 기분 상함, 실망, 두려움를 전달한다.
- 당신이 배우자의 기분을 상하게 하는 말을 했을 경우에, 배우자의 나쁜 기분을 누그러뜨리는 말, 즉 잘못된 말을 정정하는 말을 하라.
- 문제상황에서의 자신의 느낌을 말하라 기분 상함, 겁이 남, 비평 당함, 모욕감.
- "미안해요, 고마워요", "동의해요", "타협해요", "잠깐만요" 등을 말하라.
- 말다툼이 심해진 상태에서 비난, 경멸, 방어, 토의 거부를 하지 마라.
- 배우자에게 최대로 관대하도록 노력하고, 고집 세우기를 중지하고 타협하라.
- 문제토의에서 생기는 부정적 정서를 진정시키기 위해 적극적으로 휴식시간을 가져라.

4단계 : 해결책을 제시하고 평가하기

해결해야 될 문제에 대한 명확한 정의가 이루어졌다면, 이제 이 문제를 해결할 방법을 찾을 차례이다.

부부 각자는 문제의 해결에 가장 좋은 방법을 제시한다. 필기도구를 준비하고 각자가 내놓은 아이디어를 차례로 기입한다. 이것을 보다 더 과학적으로 행하는 것은 '머리 짜내기'라는 방법을 이용하는 것이다. 머리 짜내기 기법은 미국 항공우주국NASA에서 발전시킨 것으로서 여러 전문가들이 아이디어를 제시하고 검토하는 방법으로 개발된 것이며, 오늘날 경영 분야에서도 흔히 사용되는 것이다. 이 기법에는 몇 가지 규칙이 있다.

- 창의적으로 머릿속에 떠오르는 어떤 아이디어라도 자유롭게 제시한다. 제시된 여러 아이디어들을 종합하는 것도 좋다. 부부 중의 한 사람이 이 아이디어들을 기록한다.
- 될 수 있는 한, 재미있고 유머 있게 아이디어를 제시한다.
- 머리 짜내기 과정 동안에는 언어적으로나, 비언어적으로표정이나 제스처로 제시되는 아이디어를 평가하거나 비평하지 않는다.
- 서로 좋은 아이디어를 내놓게끔 고무시키거나 격려한다.

예를 들면, 집안청소 문제에 대해 부부는 다음과 같은 해결책들을 제안할 수 있을 것이다.

- 남편은 이틀에 한 번 청소할 것이다. 아내는 잔소리를 그칠 것이다.
- 남편과 아내는 파출부를 구해서, 집안청소와 기타의 집안일을 처리할 것이다.
- 남편과 아내는 집안청소를 하지 않고서, 지저분한 것을 참고 지낼 것이다.
- 남편이 모든 집안청소를 할 것이다.
- 집안청소를 남편과 아내가 구역을 분담해서 맡을 것이다.
- 남편이 집안청소를 하지 않는 대신에, 그 대가를 아내에게 지불할 것이다.
- 남편은 집안청소로 아내가 잔소리할 때마다 집 밖으로 나갈 것이다.

부부문제에 대한 여러 해결책이 제시된 후에, 해결책의 적절성에 대한 평가가 실시된다. 이것은 해결책의 효과성, 현실성, 부부의 수용 가능성이나 상호 원함 등의 면에서, 부부가 합의하는 과정으로 이루어진다. 이것은 머리 짜내기 단계 동안에 제시된 아이디어들을 토의하고 종합하면서, 부부가 실행할 방법을 합의해서 선택하는 시간이다.

문제의 해결에 있어서 합의가 가장 좋은 것이라는 것을 알고 있으면서도 서로의 입장이나 견해를 경쟁적으로 고집하면서 상대방을 이기려고 드는 인간의 동기는 매우 강력하다. 사람들은 협동해서 모두가 승리하는 승-승win-win 또는 이익—이익의 결과를 얻기보다는 경쟁해서 모두가 손해를 보는 패-패lose-lose 또는 손해—손해의 결과를 초래하는 결정을 행하기가 매우 쉽다. 동의나 합의는 기본적으로 부부 각자의 소망이나 욕구 중의 일부분을 '포기하는 것'을 포함한다.

부부 각자가 약간씩 양보하는 것이 가장 효과적인 합의일 수 있다. 부부가 한 팀이라는 생각에 동의한다면, 한 팀의 성원들의 소망과 기대를 최대로 충족시키는 것은 어느 한쪽이 100을 얻고 다른 쪽이 0이것의 합계는 100임을 얻기보다 각각 70과 70을 얻는 것이것의 합계는 140임이 팀 전체에 유익한 선택이 될 것이다. 부부 각자가 기를 쓰고 자신의 뜻을 관철시키려고 드는 것이 팀으로서 손해가 될 뿐만 아니라, 부부관계의 응집력이나 단결력에도 큰 손상을 입힌다는 점을 명심할 필요가 있다. '부부 각자가 서로를 위해 약간 양보하고 포기하면서, 부부 전체가 더 많은 이익을 얻는

233

것'이 현명한 타협의 방법이다. 또한 타협이 배우자에 대한 배려와 존중의 강력한 하나의 표시라고 생각하라.

5단계 : 계약서 작성하기

부부가 어떤 부부문제를 명확하게 정의하고, 머리 짜내기와 적절한 평가과정을 거쳐서 어떤 해결책을 만들었다면 그 다음에는 문서로 된 '부부계약서'를 만들어야만 된다. 부부문제의 해결책을 실행에 옮기기 위해서 계약서를 작성하는 것은 부부관계를 공적이고 법적 관계로 만드는 어색하고 바보 같은 짓같이 여겨질 수도 있다. 그러나 부부계약서는 부부가 변화시켜야 할 사항을 명확하게 해주고, 잘못된 해석을 방지하며, 합의한 것을 잊어버리지 않게 해주고, 서로의 약속을 최대로 존중하고 지키게 해주는 장점이 있다. 이러한 장점들 때문에 부부관계의 향상을 위해 많은 전문가들이 이 방법을 강력하게 권장하고 있다.

부부계약서의 작성은 부부가 마음 내키는 대로 아무렇게나 하는 것은 아니다. 훌륭한 부부계약서는 부부가 변화시키게 될 특수한 행동을 명시한다. 부부가 합의한 내용을 일반적이거나 애매한 용어로 기록하면, 차후에 그것의 실행 여부에 대한 해석에 있어서 부부가 서로 불일치할 수 있다. 일반적이고, 애매하고, 주관적 감정과 사고가 포함된 약속은 차후에 그것의 실행 여부에 대해 의견 불일치가 생길 수 있으므로, 계약서의 내용으로서 좋은 것이 못 된다. 좋지 못한 계약내용의 예들은 다음과 같다.

- 남편은 아내를 더 잘 대해 줄 것이다.
- 아내는 남편이 자신의 직업을 중요하다고 느끼게끔 만들 것이다.
- 아내는 남편을 더 많이 지원하도록 노력할 것이다.
- 남편은 술을 많이 마시지 않을 것이다.

위와는 달리, 특수한 행동을 포함시킨 계약서는 계약의 이해에 관련된 논쟁을 막아줄 수 있다. 그 예들은 다음과 같다.

- 남편은 수요일과 금요일 저녁식사 전에 청소기로 집안청소를 해줄 것이다.
- 아내는 남편이 퇴근한 후에, 최소한 5분 동안 남편의 하루 일과에 관한 이야기를 들어줄 것이다.
- 남편은 최소한 하루에 한 번 자신의 일과에 관해 이야기할 것이다. 아내는 남편의 이야기를 적극적으로 들어줄 것이다.
- 남편은 일주일에 한 번 아내와 함께 산책할 것이다.
- 아내는 돈 문제에 대해 남편이 무능하다고 말하지 않을 것이다.

부부가 상호 합의한 것들을 구체적으로 지적한 부부계약서를 작성한 후에, 부부는 일반계약서의 작성처럼, 부부계약서의 마지막 부분에 계약날짜와 각자의 성명을 기입하고 서명하거나 도장을 찍는다. 부부계약서는 복사해서 부부 각자가 보관한다.

부부계약서를 작성한 것만으로 부부관계에서 행동변화를 보장하지는 못한다. 부부들은 흔히 과거에 습관적으로 해왔던 행동으로 되돌아가기 쉽다. 부부계약의 실천을 확실하게 할 수 있도록 계약서는 부부가 잘 볼 수 있는 곳에 붙여놓는 것이 좋다. 냉장고 문이나 침대 머리 부분의 장식대 위에 붙여놓으면, 계약의 이행 여부를 잊어버리지 않을 수 있다.

6단계 : 해결책의 효과를 평가하기

부부계약서를 작성하고 실행한 후에, 부부문제에 대해 합의된 해결책이 어느 정도로 효과가 있는지를 평가할 필요가 있다. 예를 들어, 남편이 자주 자정이 넘어 만취상태로 귀가해서 괴로움을 당하는 문제가 있고, 그 남편이 음주할 경우에는 밤 10시 이전에 귀가하기로 하는 해결책에 합의했다고 하자. 이 예에서, 만일 남편이 그 후에 전혀 음주문제가 없었다면, 그 해결책은 100% 성공한 것이므로 일부러 사후 평가를 행할 필요가 없을 것이다. 그러나 그 남편의 음주문제가 완전히 해결되지 않고 가끔 발생한다면, 그 해결책은 수정되고 보완될 필요가 있다. 이런 경우에 사후 평가가 필요하다.

부부문제의 해결책만을 마련하고 그 성과를 평가하지 않는 것은 그 문제의 재발 가능성을 남겨두는 것이다. 따라서 이런 문제를 예방하기 위해서 합의된 해결책을 기록해 두고 반드시 노력의 결과에 대해서도 토의하고 확인해야 한다.

가해자와 피해자가 구분될 수 있는 해결방법

앞에서 우리는 부부문제 해결의 두 가지 일반적 측면들, 즉 부부문제의 본질과 그 해결방법을 취급했다. 그러나 이러한 일반적 취급에서 다소 등한시된 측면이 있다. 그것은 바로 부부문제들 중에서 가해자와 피해자가 구분될 수 있는 것들이다.

부부문제 중의 많은 것들은 가해자와 피해자가 구분되지 않는다. 예컨대, 다음의 부부문제들은 부부가 서로 의견이 맞지 않거나 문제의 해답이 애매한 것들이다.

- 수입이 부족한 것
- 서로 대화가 부족한 것
- 친척을 돕는 것
- 성생활이 즐겁지 않은 것
- 종교가 다른 것
- 여가생활이 부족한 것

위에 제시된 문제들은 부부간 의견 차이의 조정을 통해서나, 어떤 새로운 해결방법을 찾아냄으로써 해결될 수 있는 것들이다. 이러한 문제들은 근본적으로 문제의 해답에 대한 의견 불일치가 있거나, 정답이 없는 것들이다. 즉, 해답의 차원_{정답의 유무나 불일치}에 관련된 것들이다.

그러나 부부문제는 이런 차원만 있는 것은 아니다. 남편이 아내를 폭행한 것과 아내가 심한 욕설을 퍼부은 것과 같이, 부부문제들 중에는 가해자와 피해자가 구분되는 차원, 즉 부부문제의 가해자와 피해자의 차원이 있다. 부부문제 중에서 가해자와 피해자가 구분될 수 있는 문제들은 일반적 문제해결 방법 이외에 추가적으로 고려할 사항이 있기 때문에, 별개의 주제로서 다룰 만한 가치가 있다.

가해행동

부부가 상대방에 대해 정신적 · 신체적 고통이나 해를 입히는 경우가 흔히 발생된다. 기본적으로, 이것들은 아래의 예에서 보는 것처럼 피해자에게 고통이나 불쾌감을 일으키는 것들이다.

- 부정적 언어 및 비언어 반응들_기분 나쁜 말대꾸, 비난, 비평, 경멸, 욕설, 기분 나쁜 제스처
- 행위기준이나 기대를 위반함_약속을 어김, 무례함, 결혼기념일을 잊음, 바람을 피움, 알코올 중독, 도박

가해행동에 대해 사람들은 일반적으로 가해자와 가해상황에 대해 혐오감으로 반응하며, 이것들은 적극적 반응과 소극적 반응으로 이루어진다. 적극적 반응은 가해자에 대한 역공격의 형태이고, 소극적 반응은 가해자로부터 도피하는 반응이다. 예를 들면, 남편이 술에 취해서 술주정을 부린다고 하자. 그의 아내는 이때에 남편이 싫어짐, 공

포, 불안의 혐오정서를 느끼는 동시에, 도망가거나 공격하는 행동을 하게 된다. 신문지상에서 가끔 보도된 바와 같이 남편이 술주정을 심하게 하고 가족들에게 폭행을 상습적으로 저질렀을 때, 그 가족들은 비록 그가 남편이며 아버지일지라도 심한 혐오반응과 아울러 폭행을 저지하기 위한 공격행동, 심지어 살해행위까지도 저지른다. 이 경우에 남편의 폭행은 가족들의 적극적 대처반응인 공격행동을 유발시킨 것이다. 그러나 대개의 경우에 이와 같은 공격반응 외에, 가해자로부터 도망하거나 피하는 등의 소극적 반응을 행하기 쉽다.

 부부 중 한 사람이 배우자에게 해로운 행동을 할 경우에 부부관계 유대의 핵심적인 끈인 신뢰감, 즉 상대방이 나에게 즐거움을 주고, 도움을 주고, 괴로움을 감소시켜 줄 것이라는 믿음을 크게 손상시킨다. 이러한 신뢰감의 손상은 관계의 불만족과 아울러 헤어짐을 낳게 만든다. 따라서 부부간의 가해행위는 상대방에 대한 미움과 관계 해체로 직결되게 되어서, 관계에 최악의 영향을 준다. 이것을 방지하기 위해 부부들은 가해행위의 악영향을 감소시킬 방법을 사용하는 것이 꼭 필요하다.

사과

어떤 괴로움이나 고통을 느낄 때, 그것의 원인이 어디에 있다고 판단하는가가 매우 중요하다. 앞에서 든 예에서, 남편이 아내에게 괴로움을 주기 위해 고의로 술주정을 했다면, 그 아내는 술주정에 대해 몹시 분노를 느끼고 보복적 공격을 가하려는 마음이 매우 크게 될 것이다.

그러나 남편이 평소에 잘 대해주다가 사업상의 손님접대를 위한 과음으로 술주정을 했다는 것을 아내가 알고 있다면 그 술주정은 고의적이 아니며, 아내는 비록 괴롭고 고통스러운 경험을 가졌을지라도 곧 스스로 위안을 하고 남편에 대한 미움, 분노와 보복공격을 누그러뜨리게 될 것이다. 따라서 가해행동의 상황에서 행동에 대한 원인을 어떻게 판단하는가가 그에 대한 반응을 결정짓는 데에 관건이 된다. 고의가해행동의 원인이 개인의 내부요인과 통제 가능한 요인에 기인된 것와 비고의가해행동의 원인이 개인의 외부요인과 통제 불가능한 요인에 기인된 것의 해석이 매우 중요하며, 이것은 특히 범죄의 재판에서도 매우 중요한 요인이 되고 있다.

부부관계와 같이 가까운 관계들에서 가해행위의 부정적 결과들은 최대로 경감시켜야만 된다. 가해행위의 결과로 생긴 괴로움과 고통은 이것을 경감시키려는 진정한 노력에 의해 어느 정도 성공을 거둘 수 있다. 이러한 노력 중에서 가장 효과적인 것이 '사과', 즉 용서를 비는 것이다.

사과는 상대방에 대한 가해를 시인하는 것으로서, 장차 그런 가해행동을 행하지 않겠다는 은연적인 약속이 포함되어 있다. 이것은 가해에 대한 인정이고, 나아가서 상대방의 괴로움과 고통에 대한 인정이다. 그리고 어떤 유형이든 간에, 상대방의 심리상태에 대한 인정은 상대방의 인간적 가치를 존중해 주는 것을 의미하기 때문에 인정을 받은 사람으로서는 하나의 위안이고 보상이 된다. 따라서 사과는 피해로 인한 괴로움과 고통을 감소시켜 주는 매우 효과적인 방법이다.

우리가 잘 알고 있는 축구경기를 예로 들어보자. 축구경기는 하나의 축구공을 두 집단이 서로 차지하려고 드는 경쟁적 경기이다. 따라서 두 집단은 경쟁과 갈등상태에 있는 것이다. 공이 공중에 떴을 때에 서로 경쟁적인 팀에 속한 두 선수가 공을 차지하려고 들고, 그런 가운데에서 상대선수에게 밀치는 행동을 한다. 밀침을 당한 선수는 넘어져서 아프거나 부상을 입는다. 이런 상황에서, 그는 상대편 선수에 대한 미움과 분노의 부정적 감정상태에 있고 이것은 공격행동으로 이어질 수 있다. 이런 일들이 경기장에서 다반사로 일어난다는 것을 우리는 잘 알고 있다.

위와 같은 상황에서 밀치는 행동을 한 선수, 즉 가해한 선수는 피해당한 선수를 무시할 수 있지만, 그 피해에 대해 "미안해요", "고의로 밀친 것은 아니오"라는 사과의 말을 하고 피해 선수의 등을 두드려주거나 다정한 친구처럼 일으켜 세워줄 수 있다. 이런 경우에 피해를 당한 선수는 자신의 미움과 분노의 감정을 누그러뜨리고 상대의 사과를 진정으로 받아들인다. 그리고 피해가 전혀 없었던 것처럼 여기고 다음의 행동으로 옮겨 간다.

이 축구선수들처럼 부부들도 여러 가지 상이한 욕구들과 목표들로 인해서 경쟁과 갈등의 상황에 처하게 되고, 고의든 비고의든 간에 상대방에게 많은 괴로움과 고통을 준다. 배우자가 설명도 없이 늦게 귀가하는 것, 외식과 같은 공동의 부부활동을 갖지 않는 것, 비평, 비난, 욕설과 같은 기분 나쁜 대화방식, 술이 취하거나 도박에 빠짐, 지저분함이나 게으름과 같은 성격들로 인해서 부부들은 자주 상대방으로부터 괴로움과 고통을 당할 수 있다.

우리 속담에 "말 한마디로 천 냥 빚도 갚는다"라는 말이 있는데, 이것은 어느 정도 진실이다. 이 속담에서 '말 한 마디'는 바로 빚을 갚지 않은 것으로 인한 피해자의 괴로움과 고통을 인정해 주고, 장차 그 괴로움과 고통을 성의껏 감소시키는 노력, 즉 최선을 다해서 빚을 갚을 것을 약속하는 것을 의미한다. 물론, 사과가 피해자가 느끼는 분노나 기분 나쁨을 완전히 해소시키지는 않는다. 사과를 받는 사람은 자신이 겪어온 정신적·신체적 고통에 대해 그것이 전혀 없었던 것으로 잊어버리기가 곤란할 수 있다. 그러나 잘못이나 비행은 이미 저질러진 명백한 사실이고, 그로 인해 고통을 계속 당하는 것이 최선의 선택은 못 된다. 상대방의 잘못이나 비행으로 인한 불쾌하고 고통스러운 경험은 그 경험을 계속 머리 속에 되살리거나 반추함으로써 감소되지 않고, 오히려 점점 더 증가될 뿐이다. 따라서 진정한 사과에 대한 인간의 통상적 반응은 일반적으로 긍정적 성질을 갖게 된다.

용서

살아가면서 우리는 우리와 관계가 먼 사람들, 또는 가까운 사람들로부터 많은 불쾌한 경험이나 고통을 당하게 된다. 물론 이러한 불쾌한 경험이 상대방의 탓만이 아니라, 쌍방 모두의 공동의 탓에 기인될 수 있지만, 어쨌든 타인들과의 관계에서 겪는 것이기 때문에, 개인의 입장에서 볼 때는 타인들로부터 받는 것이라고 느낄 수 있다. 인간은 서로 즐거움과 괴로움을 주고 받는 존재들이며, 그 중에서 즐거움보다 괴로움이 더 문제가 되고, 이것이 바로 여기에서 취급되는 주제인 것이다.

인간이 완전하지 못하므로, 우리는 항상 알든 모르든, 고의적이든 비고의적이든, 그리고 선의든 악의든 간에, 많은 잘못, 실수, 사고를 저지르고 그로 인해 자기 자신은 물론 타인들에게 괴로움과 고통을 입힌다. 특히 부부관계와 같이 가까운 관계들에서 사람들은 많은 상호작용을 행하고, 그런 가운데에서 불가피하게 크거나 작은 괴로움과 고통을 주게 된다. 그 결과로 우리는 서로 혐오감과 분노를 느끼고 이것이 심한 경우에 언어적이거나 신체적인 폭력행동을 저지를 수 있다.

결혼생활에서 자기 배우자에게 주게 되는 많은 괴로움과 고통은 거의 필연적인 것이라고 볼 수 있다. 특히 피해자인 경우에, 부부관계의 장래를 위해 어떻게 해야 되는가? 우선적으로 피해의 사실을 인식하고서 배우자에게 전달하고 배우자로부터 시인, 사과 및 보상을 이끌어 내는 것이 필요하다. 만일 배우자가 자신의 잘못이나 실수를 진정으로 시인하고 사과하고 적절한 보상을 행한다면, 우리는 이전에 경험했던 괴로움과 고통을 어느 정도 잊고 배우자에 대한 혐오감과 분노감을 누그러뜨릴 수 있다.

만일 당신의 부부관계를 행복하게끔 만들고 싶다면, 당신의 배우자가 준 괴로움과 고통을 최대한 신속하고 완전하게 감소시키도록 하

라. 그 방법은 기본적으로 배우자의 잘못과 실수를 '용서' 하는 것이다. 용서는 부부관계의 필수품이다. 대부분의 종교들은 용서를 인간이 가질 수 있는 최고의 선으로 인정하고 있다. 기독교에서 강조하는 사랑, 불교에서 강조하는 자비, 그리고 유교에서 강조하는 인(仁)은 모두 인간생활에서의 타인에 대한 애정과 도움을 의미하며, 이것의 최대의 표현은 혐오와 미움의 감정까지도 버리고서 용서하는 것이다.

기본적으로, 용서는 두 가지 좋은 기능을 행하는데 그것은 바로 가해자에 대한 원조와 피해자에 대한 위로이다. 가해자는 고의든 비고의든 간에, 자신이 저지른 행동으로 인해 배우자에 대해 정신적·신체적 괴로움과 고통을 입혔다. 만일 가해자가 이러한 사실을 인식한다면, 대개의 경우에 가해자는 당황, 미안함, 죄의식을 느끼게 된다.단, 반사회적 성격을 가진 사람은 예외임. 그리고 이와 동시에 자신의 가해행동과 연관된 사람과 마주칠 상황을 피하고자 한다.

만일 어떤 중년의 남편이 젊은 여성과 바람을 피우다가 부인에게 발각되었다고 하자. 이 사람이 보통의 사람이라면, 그는 심히 당황하고 불안하고 자기 아내에게 미안함과 죄의식을 느끼게 된다. 그리고 자기 아내의 얼굴을 마주 대하지 못할 정도로 아내를 피하려는 강한 동기를 갖게 된다. 자기 아내와 함께 있는 것이 심한 불쾌한 정서나 경험과 밀접하게 연관되어 있기 때문이다. 결론적으로, 가해자는 자신의 잘못과 실수로 인해서 여러 부정적 정서를 경험하고, 피해자를 회피하려는 강한 동기를 갖게 된다. 이것이 바로 가해자의 심리상태이며, 이러한 심리상태는 자칫하면 가장 중요한 부부관계를 악화시키거나 소원하게끔 만들거나, 나아가서 부부가 헤어지게끔 만든다.

다른 한편으로, 피해자의 심리상태를 살펴보자. 기본적으로 피해자는 배우자의 행동으로 인해 괴로움과 고통을 당했고, 이것은 대개 쉽사리 사라지거나 잊혀지지 않는다. 빨리 잊는 것이 부부관계를 위해 최선인데도 불구하고 그렇게 하지 못하는 것이 인간의 속성이다. 따라서 피해자는 분노와 미움으로 괴로움과 고통을 계속 당하게 된다. 이러한 괴로움과 고통을 가장 효과적으로 감소시키는 것은 자신이 입은 피해를 잊는 것, 즉 용서인 것이다.

피해자의 심리적 안녕에 대해 용서가 주는 좋은 효과 이외에도, 용서는 부부관계를 향상시키는 가장 좋은 지름길이다. 용서로 인해서 부부는 결혼생활에서 필수적인 서로의 대등한 관계를 유지시킬 수 있으며 가해자는 일종의 빚을 진 자이고, 따라서 관계에서 낮은 지위에 있게 되므로 부부관계가 불평등하게 된다, 부부의 원만한 상호작용을 위해서도 최소한 배우자에 대한 긍정적 감정을 갖는 것이 필요하다.

따라서 용서는 자기 배우자를 자기와 동등한 지위로 이끌어 올리고, 상호 긍정적 감정, 즉 애정을 회복시키는 기능을 한다. 결국, 용서는 피해자 자신의 정신건강을 위해, 그리고 부부관계의 원만함을 위해 필수적인 것이다.

그러면 용서가 이렇게 좋은 효과를 내는 바람직스러운 것임에도 불구하고, 부부들이 쉽게 사용하지 않는 이유는 무엇인가? 용서가 원하는 결과를 항상 일으키지는 않기 때문이다. 그렇다면 용서는 어떤 조건을 요하는가? 가해자로부터 입은 정신적·신체적 괴로움과 고통이 너무 가혹해서 잊어버리기 어려운 경우에 용서는 입은 상처를 충분하게 치유하고 예방할 수 있어야만 된다는 전제조건이 필요하다.

어떤 사람들은 무조건적 용서를 주장하고, 이것이 진정한 인간애라고 간주한다. 논리상으로는 그럴 수도 있다. 그러나 현실적인 면에서, 무조건적 용서는 개인 자체에 대해서는 적절할 수 있지만, 가해행동 자체에 대해서는 적절하지 못할 수 있다.

예컨대, 바람피우는 남편을 용서하는 경우를 고려해 보자. '인간적으로' 남편에 대해서는 수용하고 애정을 주어야만 된다. 그러나 '행동적으로' 남편은 자신의 행위로 인해 배우자와 부부관계에 해가 되는 행동을 해서는 안 되며, 해가 되는 행위 자체까지 용서나 면죄의 대상이 되지는 않는다. "죄는 미워하되 죄인은 미워하지 말라"는 속담이 여기에서도 적용된다.

따라서 배우자의 가해행동은 그 행동으로 인해 장차 자기의 배우자와 관계에 해를 주지 않아야만 용서받을 수 있다. 이를 위해 가해자는 자신이 저지른 실수와 잘못으로 인한 피해자의 괴로움과 고통을 진심으로 보상해야 되며, 이후로 다시는 그런 일이 일어나지 않도록 하겠다고 약속해야 한다. 피해자도 이러한 약속을 전제로 자신의 마음을 열어야 되며, 그렇지 않을 경우에는 용서가 가해행동을 더욱 부추길 것이다. 따라서 섣부른 관용은 오히려 가해자와 피해자 모두에게 해가 된다.

우리는 이런 경우를 자녀양육 과정에서도 자주 목격해 왔다. 자녀의 잘못을 따끔하게 질책하고서 애정을 다시 주는 것이 좋은 자녀교육 방법이다. 이것도 좋고 저것도 좋다는 식으로 자식의 행동에 대해 무조건적으로 허용하는 것은 자녀에게 행위기준을 가르치지 않기 때문에, 장기적으로 부모와 자녀 모두에 대해 해가 되는 것이다. 이와 같은 원리가 대부분의 인간관계에도 적용된다.

부부관계 문제를 평가하기

아래에는 모든 부부들이 경험하는 문제영역들이 제시되어 있다. 아래에 있는 평가기준을 참고해서, 각 문제영역이 당신에게 문제가 되고 있는 정도를 0~100점의 점수를 사용해서 평가하라.당신과 당신의 배우자의 평가를 비교하기 위해, 동일한 평가지를 사용하거나, 이 평가지를 복사해서 두 사람이 각각 독립적으로 평가하라.

0점 : 특징이 전혀 없는 것   **50점 : 특징이 중간 정도로 있는 것**   **100점 : 특징이 최대로 많은 것**

	당신 자신	배우자
1. 금전	_____	_____
2. 여가와 레크리에이션	_____	_____
3. 친척들과 인척들 예 : 부모, 형제	_____	_____
4. 의사소통 또는 대화	_____	_____
5. 함께 지내는 시간	_____	_____
6. 자녀양육과 훈육	_____	_____
7. 부부문제의 해결	_____	_____
8. 배우자에 대한 신뢰감	_____	_____
9. 독립성 부족 또는 간섭	_____	_____
10. 술	_____	_____

	당신 자신	배우자
11. 집안일의 관리	_____	_____
12. 애정이나 관심의 표현	_____	_____
13. 의사결정 또는 결정권	_____	_____
14. 비현실적인 기대들	_____	_____
15. 성생활	_____	_____
16. 직업	_____	_____
17. 배우자의 친구들	_____	_____
18. 질투와 외도	_____	_____
19. 종교	_____	_____
20. 기타 기입할 것	_____	_____

위의 문제영역들에 대한 당신의 점수들은 그 점수의 크기가 당신이 결혼생활에서 겪는 곤란의 정도를 말해주는 것이다. 점수가 50~100점의 문제영역들은 당신의 결혼생활을 위해 해결되고 관리되어야 될 문제들이다. 50점 이하의 문제들도 역시 그 다음으로 해결해야 할 과제가 된다. 문제가 매우 심각한 영역을 맨 먼저 해결하려고 들지 않는 것이 좋다. 그 대신에 50점 이하의 점수를 받은 영역들부터, 즉 당신에게 문제가 덜 되는 문제영역들부터 해결을 시도하라.

제9장

마음과 행동을 조화시키기

이혼하는 많은 부부들이 불화와 이혼의 주된 원인으로서 '성격이 맞지 않는다' 는 것을 제시하고 있다. 여기에서 성격이 맞지 않는다는 것은 부부가 여러 측면에서 맞지 않는다는 것을 의미하며, 이 말만을 갖고서 부부의 불화를 구체적으로 이해하기는 곤란하다.

우리는 앞에서 결혼생활의 중요한 측면들, 즉 부부의 친근성, 성생활, 의사소통 및 부부문제와 갈등의 해결방법 등을 살펴보았다. 이러한 주제들은 결혼 만족과 이혼의 가장 핵심이 되는 측면들이기는 하지만, 특수하고 요소적인 성질을 갖고 있다. 이러한 핵심 요소들을 취급함으로써 원만한 결혼생활의 기초가 되는 주춧돌들을 이해했으므로, 이제 결혼생활의 전반적 조화의 방법을 검토할 필요가 있다.

부부가 함께 살아가면서, 마음과 행동이 조화되는 종합적인 결혼생활의 방법은 무엇인가? 이러한 결혼생활의 조화의 주제를 이 장에서 좀 더 자세하게 취급해 보자.

부부의 결혼생활의 전반적 조화에 관련된 부부들의 주관적 느낌은 부부가 행동적으로, 그리고 심리적으로 서로 어느 정도 조화되는가에 관련되어 있다.

필자는, 미혼의 커플들과 결혼한 부부들을 대상으로 결혼생활에 대한 만족을 예측하게 해주는 '결혼 전 교제에 대한 만족도 요인들'에 관한 연구조사를 한 바 있다. 이 연구들에서 발견된 관계 만족의 가장 강력하고 직접적인 예측변인은 두 남녀가 한 쌍의 남녀, 데이트 상대 및 장래의 부부로서 얼마나 잘 조화되는가에 대한 응답이었다. 즉, 교제 중인 미혼의 커플들과 결혼한 부부들은 자기들이 한 쌍의 남녀로서 잘 어울리거나 조화된다고 생각할수록 관계에 대한 만족이 더 높았다. 이러한 발견에 비추어 볼 때, 결혼 만족을 높이는 지름길은 부부가 서로 잘 어울리거나 조화된다harmony는 인식을 증가시키는 것이라는 결론이 나온다.

이혼하는 많은 부부들이 불화와 이혼의 주된 원인으로서 '성격이 맞지 않는다'는 것을 제시하고 있다. 여기에서 성격이 맞지 않는다는 것은 부부가 여러 측면에서 맞지 않는다는 것을 의미하며, 이 말만을 갖고서 부부의 불화를 구체적으로 이해하기는 곤란하다. 이 말은 부부 두 사람의 삶의 욕구와 목표, 가정생활에 관련된 여러 일들에 대한 생각과 태도, 그리고 행동과 습관의 영역들에서의 서로의 부조화를 일컫는다. 예컨대, 이혼자들 특히, 협의 이혼자들이 이혼의 사유로서 압도적으로 가장 많이 제시하는 것은 부부가 서로 성격이 맞지 않는다는 것이다. 그리고 그들이 성격이 맞지 않는 것으로서 구체적으로 제시하는 것들도 결국 생활의 목표와 꿈, 가정생활에 관련된 여러 일들에 대한 생각과 태도, 그리고 특수한 행동과 습관에 관련된 것이다. 따라서 부부들이 어떤 특수한 '특징' 상에서 맞지 않는다기보다는 일반적인 여러 심리적 특징들이 조화되지 않는다고 표현하는 것이 더 적절할 것이다.

결혼생활의 만족과 유지가 궁극적으로 부부의 심리적 특징들의 조화에 달려 있다는 것을 전제할 때, 우리는 부부가 심리적 특징들상에서 조화를 어떻게 성취시키는가의 문제를 집중적으로 취급할 필요가 있다.

심리적 조화의 영역들

일반적으로 심리란 개인의 사고, 정서 및 행동을 일컫는다. 따라서 개인의 모든 특징들이 심리적 특징들에 속한다고 간주될 수 있으며, 신체적 특징들은 심리적 특징들에 직접 포함되지 않고 하나의 관련된 요인으로서 취급될 수 있다.

결혼생활에서 부부관계의 조화에 관련된 중요한 심리적 측면들은 다음과 같이 세 가지 영역으로 구분지을 수 있으며, 궁극적으로 이 영역들에서 부부가 조화로울수록 결혼 만족이 높다.

욕구와 목표의 조화

많은 부부들의 말다툼의 원인이 결혼생활의 욕구와 목표 또는 이상에 관련된 것이다. 여기에서 결혼생활의 욕구와 목표는 결혼생활의 궁극적 상태가난에서 벗어나는 것, 부유한 것, 화목한 것, 자녀가 잘되는 것와 이것들을 달성하는 수단들근면, 성실, 규칙적 생활, 용감, 부드러움 등을 포함하며, 인생과 일상생활에 대한 중요한 개인적 가치들과 밀접하게 관련되어 있다.

사람들은 가치관의 차이가 있을 때에 큰 부조화를 인식하고 그에 따라 좌절감, 불쾌감과 같은 부정적 정서들을 경험한다. 예를 들어, 어떤 남편은 어려운 가정에서 성장해서 가난에서 벗어나서 부자로 사는 것이 평생의 소망이며, 이를 위해 근검과 저축을 생활목표로 삼고 있다. 이와 반대로, 그의 아내는 비교적 경제적으로 여유 있는 가정에서 성장해서 돈을 아껴 쓰지 않고 현실적 즐거움과 편안함을 우선적으로 추구하려는 경향이 있다. 이들 부부의 경우에, 남편은 아내가 너무 낭비하는 허황된 여성이라고 간주하고, 아내는 남편이 돈을 쓸 줄 모르는 옹졸한 남성이라고 간주한다. 이렇게 생활목표나 이상에 차이가 있게 되면, 자연히 부부 각자의 목표는 배우자로부터 존중받지 못하고 좌절되며 부부는 심한 갈등상태에 있게 되고 그에 따라 말다툼이 자주 생기게 된다.

결혼생활의 욕구와 목표상의 갈등을 최소화시키기 위해서, 부부는 결혼 전에 각자의 생활목표와 방법에 관해 적극적으로 대화하고, 그것들이 장차 조정되고 인내할 수 있는 것인지를 판단하고서 결혼을 결정해야만 된다. 또한 결혼 후의 생활에서도, 부부가 자기들의 생활목표와 방법에 대해 충분한 대화를 가질 기회를 많이 가져야 된다. 부부

의 공동 외출, 산책, 등산, 여행 등의 상황들에서 부부들이 자신의 인생목표와 방법에 관해 자연스럽게 대화해야 된다. 이러한 대화가 없을 경우에, 부부는 서로 인생목표와 방법에 대해 자기주장을 내세우게 된다. 또한 상대방의 주장을 듣고 수용할 자세가 되어 있지 않으며, 그 결과로 생활목표에 관한 갈등이 장기간 지속될 수 있다. 결론적으로, 결혼생활의 조화의 중요한 한 요소는 부부가 결혼생활에 대해 공동 목표와 방법을 갖는 것이다. 이것이 없거나 부족한 부부는 자기들의 생활목표의 일치를 위한 대화와 토의의 시간을 갖는 것이 우선적으로 필요하다.

사고와 태도의 조화

우리 인간은 이 세상에 관한 지식과 아울러 그에 관련된 태도, 즉 감정을 갖고 있다. 위에서 제시된 결혼생활의 욕구와 목표도 엄격히 말해서 이 범주에 속하는 것이다. 결혼생활의 여러 영역들에서 사고와 태도는 주로 부부관계와 가정생활에 직접 관련된 주제들에 대한 것이다.

일반적으로, 사람들은 사고방식과 태도의 차이에 대해 부정적 반응을 보인다. 예를 들어, 어떤 남편은 남성이 가정에서 의사결정권을 갖고 높은 지위를 갖는 것과 같은 전통적인 가부장적 생각과 태도를 갖고 있다. 이와 반대로, 그의 아내는 부부의 의사결정권과 지위에 관해서 여성해방론적이거나 평등주의적 태도를 갖고 있다. 이 경우에, 이들 부부는 남편과 아내의 권력과 권위의 주제에 관해서 심한 갈등이나 의견 불일치를 겪을 수 있다.

결혼생활에서 어떤 부부들은 여러 주제들, 예를 들어 가정경제, 맞벌이, 청소와 정돈, 자녀양육, 친인척 등에 대해 생각과 태도가 일치된다. 이들은 서로 많은 영역들에서 생각과 태도가 일치되기 때문에 유쾌한 감정상태에 있게 되고 심한 말다툼도 거의 없다. 따라서 부부관계는 애정과 우정이 깊고 순탄하며 자기들이 '성격적으로' 서로 잘 어울리는 부부라는 인식을 갖는다.

이와 반대로 어떤 부부들은 결혼생활에 관련된 여러 주제들에 대해 서로 생각과 태도가 상반되거나 다르다. 이들은 다수의 주제들에서 생각과 태도가 불일치되기 때문에 전반적으로 불쾌한 감정상태에 있게 되고 상대방에 대해 부정적으로 반응하고, 그에 따라 끊임없이 심한 말다툼을 한다. 결국 부부관계는 최소의 애정과 우정이 사라진 남남보다 못한 관계를 갖고, 자기들이 '성격적으로' 서로 맞지 않는 부부라는 인식을 갖는다.

이와 같이 결혼생활에서 부부들의 갈등, 만족 및 관계 유지는 상호의 생각과 태도가 어느 정도 잘 조화되거나 일치되는가에 달려 있다. 이러한 생각과 태도의 조화성을 알아보기 위해, 어떤 남녀들은 결혼 전에 대화와 공동 활동을 통해 적극적으로 상대방의 마음의 세계, 즉 사고와 태도를 탐색하려고 든다.

일반적으로 결혼 전의 교제 기간이 길거나, 가정배경이나 교육수준과 같은 사회경제적 특징들이 유사한 부부들이 그렇지 않은 부부들보다 결혼생활에 대한 만족이 더 높고 더 오랫동안 결혼생활을 유지한다. 이러한 결과는 교제 기간이나 사회경제적 특징들 자체에 기인한다기보다는 이것들이 서로의 사고와 태도를 확인하고 유사성들을 점검하고 자기들의 조화성을 검토할 수 있는 기회를 증가시키거나, 사회경제적 특징들의 유사성이 결혼생활에 관련된 다양한 주제들에 대한 사고와 태도의 유사성과 밀접하게 관련되어 있는 것에 기인된다고 볼 수 있다.

결혼 전의 교제 기간 동안에 사람들은 상대방의 외모에 더 많은 초점을 두고, 결혼생활과 관련된 내면적인 사고와 태도를 등한시하기 쉽다. 젊은 남녀가 이성을 대할 때에는 생리적으로나 정신적으로 매우 흥분되고 상대방을 '이상화' 시키기 쉽다. 그리하여 만난 지 얼마 되지 않아서 깊은 애정을 느끼고, 상대방이 자기의 이상에 잘 맞는다고 속단하고 결혼을 결정하게 된다.

그런데 여기에 함정이 있다. 이들은 서로 애정을 표현하고 즐거워하느라 그들이 장래에 생활하면서 필연적으로 부딪히게 될 여러 내면적인 생각들과 태도들을 검토하지 않았으며, 장기적으로 이것은 이들의 결혼생활에 위험한 함정이 된다. 예를 들어, 남편은 자기의 집안이 어려워서 어머니와 동생들을 도와주고 뒷바라지해 주어야 된다고 생각한다. 그런데 아내는 남편의 식구들을 도와주는 것을 전혀 생각하지 않았으며, 남편의 가족들을 도와주는 것이 자기들의 책임이 아니라고 생각한다. 이들은 자기들 부부 이외의 다른 가족들에 대한 대우에 대해 심한 의견 불일치를 겪고 심하게 말다툼하며, 그 결과로 부부의 애정에 금이 가고 자기들의 장래의 관계에 대해 의문을 갖게 되었다. 이들 부부는 친인척에 대한 대우의 문제를 결혼 전에 이미 검토하고 논의하고 타협했어야만 했다.

이 예와 같이, 결혼생활과 관련된 중요한 주제들에 대한 부부의 생각과 태도는 결혼 전에 미리 논의되고, 차이가 있을 경우에 조정되고 타협되어야만 된다. 이러한 논의와 타협이 없이 성급하게 결혼한 부부들은 자기들의 태만의 대가를 톡톡히 치르게 되며, 그 대가는 결혼 불만족과 이혼이다.

그러나 결혼 전에 충분하게 논의되고 확인되기 곤란한 영역들이 있다. 예를 들어 가정의 금전관리, 자녀문제, 성생활 방식 등의 많은 문제들은 부부가 함께 생활할 때에 비로소 당면하는 것들이므로 결혼 전의 교제 기간 동안에는 주요한 주제로 제기될 수가 없다. 따라서 결혼생활에 관련된 주요 주제들에 대한 생각과 태도상에서 부부간의 차이가 나타날 때 그것들은 신속하게 토의되고 확인되고 조정되어야 된다. 이러한 기회를 신속하고 확실하게 갖는 것이 문제를 키우지 않고 장기화시키지 않는 지름길이다. 부부가 시간을 내어서, 결혼생활에 관련된 중요한 주제들에 대한 서로의 생각과 태도에서 차이가 있는 것들을 토론하도록 하라.

행동과 습관의 조화

결혼생활에 대한 생각과 태도 이외에, 부부 각 개인의 행동과 습관의 측면 또한 부부관계의 조화에서 매우 중요하다. 부부들이 말다툼하는 많은 내용들이 마음에 들지 않는 배우자의 행동이나 습관과 관련된 것이다. 예를 들어 아내는 마루바닥에 티끌 하나만 있더라도 참지 못하고 걸레질을 하는 반면에, 남편은 밖에 나갔다가 집안에 들어올 때에 바지에 묻은 먼지나 검불을 털지 않는다. 이들 부부는 청결에 관련된 행동에서 서로 조화되지 않는다. 그 밖에도 돈을 쓰는 데에 인색한 것과 낭비하는 것, 일찍 자거나 늦게 자는 것, 가족들보다 친구들과 밤낮으로 어울려 지내는 것, 욕을 잘하거나 말투가 상스러운 것, 음주와 흡연이 심한 것, 도박에 빠지는 것, 시간만 나면 낚시나 그 밖의 취미에 과도하게 빠지는 것 등 결혼생활에 나쁜 영향을 주는 행동과 습관이 많다.

이와 같은 결혼생활에 지장을 주는 행동과 습관은 결혼 갈등과 불만족의 중요한 근원이 되므로, 부부대화에 의해 문제가 확인되고 해결되어야만 된다. 어떤 전문가는 부부가 결혼 전에 자기들의 행동과 습관의 조화를 미리 점검하기 위해 최소한 2~3일의 공동생활캠프 가기의 경험을 가질 것을 권고한다.

종교와 결혼생활

동서양을 막론하고 종교는 사람들의 가정생활을 포함한 일상생활의 기본 철학, 이상과 가치 및 행동에 막대한 영향을 끼쳐왔다. 종교는 그것이 신이라는 존재를 가정하든 않든 간에, 인생에 대한 기본적 이상과 가치를 제시한다. 사랑하라, 자비하라, 어질어라 등과 같은 생활의 기본 목표와 방법을 제시하는 종교는 우리 인간의 심성에 대해 큰 호소력을 갖고 있으며, 국가의 통치, 사회생활, 가정생활 및 개인 생활에 막대한 영향을 주어왔다.

대부분의 종교는 그 기본 바탕에 있어서 가족체제와 기능을 지지하고 강화시키는 측면이 있다. 부모를 공경하고, 배우자와 자식을 사랑하고, 가족을 부양하고 보호하라는 교리들이 대부분의 주요 종교의 가르침 속에 포함되어 있다. 따라서 기본적으로 종교는 가족친화적인 것이다. 그리하여 오늘날과 같이 결혼과 가족의 가치와 운영방식에 대해 혼란이 많은 시대에서 종교를 갖는 것은 결혼을 유지하고 결혼생활에 대한 만족을 얻는 데에 큰 도움을 줄 수 있다.

많은 종교들이 가정생활의 행복과 안정을 증진시키는 핵심 신념들, 가치들 및 행동들을 규정하고 있기 때문에, 종교는 대부분의 부부에게 유익할 수 있다. 연구들은 아래와 같은 몇 가지 사실을 제시해 왔다.

● 종교적인 사람들이 비종교적인 사람들보다 결혼하는 경향이 더 많다. 이것은 종교적 관여가 사람들을 함께 모이게끔 만들고, 결혼생활에 관한 규범을 포함한 사회규범들에 따르게끔 만들기 때문이다.
● 종교적인 부부들이 결혼생활에 만족하는 경향이 더 많다.
● 종교적인 부부들은 가정문제들에 대한 갈등이 더 적다.
● 종교적인 부부들은 결혼의 유지에 대한 결심이 더 강하고, 이혼하

는 경향이 더 적다. 또한 이들은 이혼이 잘못이라고 생각하는 경향
이 더 많다.

- 종교적인 부부들은 가족으로서의 더 강한 정체감과 소속감을 갖는
  경향이 더 많다.
- 종교적인 부부들은 서로를 위해 희생하는 것에 대해 만족하는 경향
  이 더 많다.
- 종교적인 부부들은 생활문제에 당면해서 인내할 수 있다고 믿는 경
  향이 더 많다.

심지어 한 조사에 의하면, 종교적인 여성들의 성적 만족오르가슴의 빈
도와 성활동에 대한 의사소통의 면에서이 더 높고 결혼 만족도 더 높다고 한다.

이와 같은 결혼생활에 대한 종교의 긍정적 관련성들은 결코 모든
종교적인 부부들이 좋은 결혼생활을 영위하고 있다는 것을 의미하는
것은 아니다. 이러한 긍정적 결과들은 통계적으로 일관성 있기는 하
지만, 그 영향의 크기는 작다. 종교를 갖는 것에 관련된 어떤 요인들
이 결혼생활을 강하게 유지시키는 데 도움을 준다고 결론짓는 것이
더 정확한 진술이 될 것이다.

서로 다른 종교를 가진 부부의 결혼생활

통신과 교통수단의 발달로 인해서 오늘날에는 다양한 배경지역, 인종
의 사람들이 서로 만나 결혼하기 쉽게 되었고, 그 결과로 종교가 상이
한 사람들이 결혼하기가 쉽게 되었다. 그럼에도 불구하고, 종교적 가

정배경이 강한 사람들이 동일한 종교의 배우자와 결혼하는 경향이 더 많다.

부부의 종교 차이의 영향에 관한 연구들은 종교가 같은 부부들보다 다른 부부들이 이혼하는 경향이 훨씬 더 많다는 것을 보인다. 교제 기간 동안에 '사랑'이 모든 문제를 극복해 줄 것이라고 믿고 결혼했지만, 결혼생활 중에 종교 차이에 수반된 문제들이 더 많이 발생될수록 결혼 실패의 가능성은 더 커진다.

부부의 결혼생활에서는, 종교의 차이 자체보다 그 차이를 어떻게 처리하는가가 더 중요하다. 예를 들어, 종교가 다른 어떤 부부는 자녀의 종교문제에 대해 갈등이나 말다툼이 잦고 심해지게 되며, 이러한 문제에 대해 부부의 합의가 이루어지지 않는다면 부부관계가 점점 더 소원해지기 쉽다. 또한 이러한 문제는 부부관계의 다른 측면들로 갈등이 확대되고 마침내 이혼을 일으킬 수도 있다. 이러한 문제에 대해 부부가 합의해서 자녀의 종교문제를 해결할 수 있다. 이 합의는 부부 각각에 대해 100% 충족되는 것이 아니라, 각각 70~80%를 충족시키는 방식으로 해결될 수 있다.

종교가 결혼생활에 도움을 주는 이유

결혼생활에 대해 종교가 긍정적 영향을 주는 주요한 두 가지 궁극적 이유가 있다.

첫째로, 적극적 측면에서 종교는 부부를 포함한 가족들에게 공통적 세계관과 인생관을 제공해 주어서, 결혼 만족을 증가시켜 준다. 50년 이상 평생을 원만하게 살아온 부부들이 인생, 죽음, 결혼생활의 의미 등을 포함하는 공통적 관계시각들을 갖고 있다는 것을 보인다. 이러한 공통적 관계시각들은 부부관계의 유지에 대한 장기적 시각을 뒷받침해 주며, 이러한 부부관계에 대한 장기적 시각이 결혼생활을 안정화시킬 수 있다.

둘째로, 소극적 측면에서 종교에 의해 제공된 부부의 공통적 세계관과 인생관은 이것들의 차이에 기인된 부부의 상호 이해의 곤란과 그에 따른 좌절과 말다툼을 막아준다.

종교에 의해 제공된 부부의 공통적 세계관과 인생관은 부부관계와 가정생활의 여러 측면에 대한 가치들, 도덕 판단의 기준들 및 여러 기대들상의 '유사성'을 제공해서, 상호의 호감과 관계 유지를 촉진시킨다. 이러한 세 가지 측면들상에서 유사성의 증가에 대한 예를 살펴보면, 다음과 같다.

│ **부부관계와 가정생활의 여러 측면에 대한 가치의 유사성의 증가** │

- 관계 유지_무슨 일이 있더라도 부부는 평생 함께 살아야만 되며, 이혼은 나쁜 것이다.
- 상호 존중_배우자를 포함해서 타인들을 사랑하고 자비롭게 대해야만 된다.
- 친밀성_부부는 서로를 최대한 이해해야 된다. 부부는 서로 사랑하고, 근심과 걱정을 함께 나누고, 서로 도와야 된다.
- 용서_인간은 누구나 잘못을 저지를 수 있으며, 부부는 서로의 허물

을 덮어주고 잘못에 대해 사과하고 용서해야 된다.

| 도덕 판단기준의 유사성의 증가 |

종교는 이 세상을 살아가는 과정에서 인간적으로 무엇이 옳고 그른가를 구분지어 준다. 이러한 공통적 도덕기준은 생활의 중요한 측면에 대한 부부의 사고와 행동의 갈등을 줄여준다.

- 생명의 존엄성_모든 생명인간, 동물, 심지어 식물은 존귀한 것이다. 따라서 낙태는 나쁜 것이다.
- 개인적 책임_부부는 자기의 도움을 필요로 하는 배우자와 가족을 돌보아야만 되며, 버리거나 학대해서는 안 된다.
- 성행동_부부는 간음해서는 안 되며 정조를 지켜야 된다.
- 약물과 알코올의 사용_술과 담배의 사용은 나쁘다.

| 기대의 유사성의 증가 |

결혼생활의 여러 측면들에 대해 종교는 종교적 가치들과 규범들을 통해 부부의 공통적 사고의 틀이나 기대들을 형성시킨다. 후자는 자녀를 어떻게 대우해야 되는가, 친척이나 시부모를 어떻게 대해야 되는가, 부부의 역할은 무엇인가와 같은 가정생활의 여러 구체적 측면에 대한 부부의 공통적 기대와 신념을 형성시키고 강화시킨다.

심리적 특성들의 근원

결혼생활과 배우자에 관련된 여러 기대들이나 심리적 특성들은 주로 통상적인 학습의 형태로서 과거의 개인적 경험을 통해 생긴다. 예를 들어 동화, 소설 또는 드라마 속의 주인공들은 사람들에게 부부관계와 연애관계의 전형에 대한 기대를 형성시킨다. 〈로미오와 줄리엣〉을 감명깊게 본 사람들은 남녀 간의 열렬한 사랑이 남녀관계의 핵심이 되고, 가문 사이의 불화한 관계와 같은 외부 조건이 전혀 또는 거의 중요치 않다는 기대를 형성할 수 있다. 모든 경험들이 사람들의 기대에 영향을 줄 수 있지만, 개인이 살아가고 있는 직접적인 주위환경에 대한 경험이 특히 많은 영향을 준다. 우리는 결혼 이전에 타인들과 함께 살아오면서 영향을 받아왔고, 관계에 대한 여러 문화적책, TV 등 영향도 받아왔다. 이러한 것들을 편의상 개인의 원가족, 친구와 이웃을 비롯한 여러 인간관계 및 문화요인들의 세 가지로 구분할 수 있다.

원가족 family of origin의 영향

현재 결혼생활을 하는 모든 부부들도 이전에는 한 가정의 자녀였다. 자녀로서, 우리는 부모와 아울러 형제자매들, 조부모 및 친척들과 함께 오랫동안 생활해 왔다. 그런 가운데에서 여러 사람들과 관계를 맺고 상대하는 방식에 관한 지식과 기대를 발전시켜 왔다. 부부가 출생하고 성장했던 원가족의 여러 구성원들은 부부가 서로 상대하고, 관계의 기준이나 규범을 확립하고 적용하는 것들에 대한 중요한 학습적

모델들로서 기능해 왔다. 이런 모델들을 통해 직접적이거나 간접적으로 관계에 대한 많은 지식과 기대를 발전시키게 된다. 그리고 앞으로 자기들이 새로 형성하게 될 부부관계와 부모-자식관계에 대한 기대들이 있다. 이렇게 각자가 갖고 있던 기대들이 결혼생활에 큰 영향을 준다. 다행스럽게 두 사람의 기대들이 합리적이고 일치될 경우에는 서로 잘 조화되는 부부가 될 것이지만, 불행하게도 서로의 기대들이 비합리적이고 서로 불일치될 경우에는 부부간에 큰 의견 불일치에 당면하고, 나아가서 매우 부조화한 부부가 된다.

예를 들어, 남편은 자기 아버지가 집안청소를 전혀 하지 않는 가부장적 가정의 아버지를 보면서 자랐고, 아내는 자기 아버지가 집안청소를 어머니와 똑같이 하는 가정에서 자랐다고 하자. 이런 경우에, 대개 남편은 '청소는 여자가 하는 것이다' 라는 생각이나 기대를 갖고 있는 반면에, 아내는 '청소는 부부가 함께 하는 것이다' 라는 생각이나 기대를 갖게 된다. 이러한 남편과 아내가 함께 결혼생활을 하게 될 때에 둘은 청소문제로 항상 다투고 말다툼하고, 마침내 서로 '성격이 맞지 않는다' 는 생각을 갖게 된다.

그리고 남편과 아내가 서로 자기들의 기대들의 근원에 관해 직접적으로 대화하기 전까지는 상대방을 이해하기 곤란한 '외계인' 으로 간주하고 서로 상대하기 곤란한 사람이라는 인식상태에 이를 것이다.

부부관계에서 청소와 같은 비교적 작은 주제 이외에 금전관리, 자녀관계, 갈등 시의 행동 등의 매우 중요하고 심각한 문제들에 대해서도 이와 똑같은 기대의 불일치가 존재할 수 있다.

예를 들어, 부부갈등을 처리하고 있는 부모의 행동을 관찰해 온 자녀들은 부모가 보인 것과 비슷한 행동을 보이기 쉽다. 어린 시절에 자기 부모가 의견 충돌로 말다툼하는 상황에서 아버지가 큰소리를 치고 어머니가 아무 말도 못하는 것을 목격해 왔던 남편은 자기 자신이 그와 비슷한 상황에 당면했을 때에 자기 아버지가 했던 방식으로 큰소리를 칠 수 있다. 그는 은연중에 자기 아버지의 행동을 통해 '부부의 말다툼 상황에서 남편은 큰소리치는 것이다' 라는 기대를 발전시켜 왔던 것이다.

이와 같이, 개인이 자란 가정의 가족들 간의 관계방식은 이후 자신의 결혼생활에서 행동하는 방식에 관한 기대와 행동을 발전시키게끔 만든다. 많은 연구들이 자기 부모와의 좋은 관계, 성장했던 가정의 행복한 분위기와 같은 것들이 부부의 결혼 만족에 영향을 준다는 것을 나타낸다. 이러한 사실들은 개인의 결혼생활에 개인이 결혼 전에 보아왔던 자기 부모와 가족의 영향이 확실히 있다는 것을 나타내준다. 이런 점에서, 결혼 전의 교제 기간과 결혼생활 동안에 배우자의 결혼 전의 성장배경이나 경험을 잘 이해할 필요가 있다.

그런데 가정에서 자기 부모에게서 배우지 않은 많은 지식들과 기대들도 있다. 자기 부모가 자녀에게 보여주지 않았던 여러 행동들이 있으며, 이것들에 대한 개인의 지식이나 기대는 다른 근원들로부터 얻어지게 된다. 따라서 자기 부모의 결혼생활이 원만하지 못했던 자녀들이라도, 이러한 다른 근원들의 영향을 받아서 자기 부모와 달리 자신들은 행복한 결혼생활을 가질 수 있다. 애정표현, 성관계, 금전관리 등과 같이 부모가 자녀에게 직접 보여주지 않았던 행동들에 관해서는 다른 근원들로부터 지식과 기대를 갖게 될 것이다.

가족 이외의 관계친구, 친척, 이전 관계의 영향

결혼생활에 대한 지식과 기대는 부모나 가족 이외의 여러 근원으로부터 얻어질 수 있다. 친구들은 개인에게 많은 영향을 주며 이러한 영향 중의 일부는 인간관계, 특히 부부관계에 관한 것일 수 있다. 예를 들어, 친구들과 함께 부부 모임이나 여행을 갖는 사람들은 친구 부부가 서로 상대하는 다양한 방식을 보고 들을 수 있다. 친구들이 자기 배우자의 얼굴에 뽀뽀하는 것을 목격한 사람들은 그런 행동을 자연스럽게 받아들이고 자기 자신도 그런 행동을 실제로 행하고 기대할 수 있다. 여러 부부가 모인 장소에서 자기의 친구가 식사 후에 설거지를 해주는 것을 목격한 남성은 차후에 설거지를 해주는 행동을 더 쉽게 할 수 있다. 부부의 여러 친척들삼촌, 사촌 등의 행동도 부부에게 마찬가지로 영향을 줄 수 있다.

이전에 다른 이성과 연애했거나 결혼했던 사람들은 이전의 연애상대나 배우자가 보여주었던 행동들을 알고, 그에 따라 기대를 형성시킬 수 있다. 예를 들어, 이전의 애인으로부터 심하게 배신당했던 경험이 있었던 사람들은 결혼 후에 자기 배우자에 대해서도 은연중에 불신감과 거리감을 보일 수 있다.

문화의 영향

사람들의 행동과 사고에 대해 가까운 가족이나 친구들 이외의 여러 근원이 또한 영향을 줄 수 있다. 자주 접하는 TV, 영화, 신문 등과 같은 매체들과 종교기관들이 대표적인 영향원들이다. TV 드라마에서 보여주는 연인과 부부의 모습들이 사람들에게 큰 영향을 준다. 또한 교회와 같은 종교기관들은 다양한 종교활동을 통해 사람들에게 영향을 준다. 결혼, 이혼, 배우자에 대한 대우 등은 종교교리의 핵심을 이루고 있으며, 이러한 종교교리는 여러 신앙활동을 통해 종교교리를 지지해 주는 부부관계에 대한 규범과 기대를 전달한다. 예를 들어, 가정경제에 관련된 문제로서 어떤 교회에서는 소득의 10분의 1을 교회에 헌금할 것을 권한다. 이러한 교리는 종교적인 부부들의 기대를 이루며, 이러한 종교적 기대에서 불일치하는 부부들은 헌금에 대한 기대나 의견의 불일치로 큰 갈등을 갖고 대가를 치르게 된다.

심리적 특성들을 조화시키는 방법

부부의 심리적 특징들 특히, 생활의 욕구와 목표, 생활의 중요한 주제들에 대한 사고와 태도 및 행동과 습관을 조화시키는 것은 부부관계를 향상시키는 데 관건이 되는 것이다. 이것들에서의 부조화나 불일치는 결혼생활에 대한 커다란 실망과 좌절을 일으키는 반면에, 조화나 일치는 부부간의 따뜻한 우정과 애정을 증가시킬 수 있다.

부부의 심리적 특징들을 조화시키는 훌륭한 방법들로서 대화를 통해 조화를 향상시키는 것과 가정생활을 의례화시키는 것을 들 수 있다.

대화를 통한 심리적 조화의 달성

부부들은 결혼생활의 목표, 방법 및 결과와 관련된 여러 가지 사고, 태도 및 행동을 갖고 있다. 이러한 여러 측면들을 모두 토의하는 것은 실현성이 부족하다. 어떤 부부가 학술토론처럼 결혼생활의 이모저모를 토의하겠는가? 결국, 부부들이 자기들에게 직접 관련 있는 중요한 측면을 토의하는 것이 가장 효과적일 것이다. 그러한 중요한 측면을 어떻게 결정할 수 있는가? 그것은 부부의 양쪽이나 한쪽이 결혼생활에서 큰 실망과 좌절을 일으키는 주제들을 선택하는 것으로 이루어질 수 있다. 이러한 선택은 부부들이 불만족, 실망, 좌절 등의 부정적 경험을 일으키는 문제에 대한 자기인식에서 시작될 수 있다. 이러한 문제인식이 이루어진 후에, 앞장에서 제시된 문제와 갈등의 해결방법들을 적용하면 될 것이다.

각자가 느꼈던 부정적 경험을 노트에 기입하고 나서, 그것들이 개선될 필요성이 있는 것인지를 검토하라. 그리고 만일 개선될 필요성이 크다고 판단되면, 대화를 통해 적극적으로 해결방법을 강구하라.

가정생활의 의례화를 통한 심리적 조화의 달성

결혼생활에서 갈등을 최소화시키는 가장 효과적인 방법은 결혼생활의 규칙이나 규범을 스스로 세우고 이를 지키는 것이다. 과거에는 가정생활에 대해 유교적인 규범이 확고하게 교육되고 실시되었다. 그 결과로 옛날 사람들은 가정생활의 문제와 갈등을 최소한으로 갖게 되었고 설사 문제가 있더라도 최소한의 노력으로 해결할 수 있었다. 예컨대 장유유서, 부부유별, 부자유친, 효도 등의 규범들은 가정 내의 위계와 질서를 확립하고 관계에서의 행동들에 대한 확고한 틀을 제공해서, 가족들 간의 갈등의 소지를 최소화시켰던 것이다.

그러나 오늘날 시대변화에 따라 가정생활에 관한 옛 규범들은 거의 존중받지 못하고 공염불처럼 되었다. 그렇다고 해서 새로운 가정생활의 규범이 제시되지도 않고 있다. 이러한 가정생활의 규칙의 부재로 인해서, 부부들은 부부관계와 가정생활에 관련된 문제들을 하나하나 협상과 타협으로 해결하지 않으면 안 되게 되었다. 매사를 협상과 타협으로 해결하다 보니 해결이 힘들고 지연되고 말다툼이 끊이지 않고, 마침내 결혼생활이 힘겨운 싸움터로 되었다.

이러한 문제를 해결하는 지름길은 부부들이 자기들의 부부관계와 가정생활의 규칙을 세우고 이를 지키는 것이며, 이것들에 가장 큰 도움이 되는 것이 결혼생활의 의례화이다. 결혼생활의 의례화는 결혼생활에 관련된 주요 활동을 부부관계의 향상을 위해 의례화시키는 것이다.

결혼생활의 의례화에 관한 예들이 아래에 제시되어 있다. 이러한 예들을 그대로 따를 수도 있지만, 적절하게 선택하고 수정해서 적용해도 좋다.

- 아침기상_아침에 정해진 시간에 함께 일어난다.

- 아침식사_가급적 정해진 시간에 부부가 함께 식사하고, 식사 후에 반드시 차를 함께 마신다.

- 출근하기_부부가 출발하기 전에 그날 동안에 일어날 일들에 대해 한 가지 질문을 한다"오늘 특별한 일이 있어요?". 질문에 대해 응답한 다음 헤어질 때에, 부부가 최소한 5초 동안 서로 두 손을 잡거나 포옹하거나 키스한다.

- 낮 동안에 안부를 묻기_전화나 이메일로 최소한 하루에 한 번 안부를 묻거나 문자 메시지를 보낸다.

- 저녁식사_부부가 매일 가급적 함께 식사한다. 자녀들도 함께 하는 것이 좋다. 식사 분위기를 좋게 만들고분위기 있는 전등, 촛불, 조용한 음악 등, 조용히 대화한다. 단, 부부문제와 같은 곤란한 대화는 다른 특별한 시간으로 미룬다.

- 저녁식사 후 차 마시기_자녀들이 식사를 마치고 자리를 뜬 후에 부부 단둘이서 뜨거운 차커피를 마신다.

- 잠자기_부부가 함께 같은 시간에 잠자리에 든다. 그날 있었던 화나는 일이나 짜증나는 일은 모두 잊고 함께 이완하는 편안한 시간이 되게끔 만든다.

- 외식하기_부부관계를 향상시키기 위해 최소한 한 달에 한 번 정도, 좋아하는 식당에 가서 함께 식사를 한다. 또한 생일, 결혼기념일, 승진, 자녀의 졸업과 입학 등의 기념일에 외식을 갖는다. 돈이 많이 들지 않게끔 조촐한 식당에 가거나, 빈대떡 등을 함께 사서 먹을 수

도 있다.

- 부부 데이트_자녀들과 다른 식구들을 집에 남겨두고 부부 단둘이서 한 달에 한두 번의 야간 데이트를 갖고, 연간 2~4회의 여행을 갖는다. 여행을 위해 숙박시설과 식당을 예약한다. 인터넷을 이용해서 민박을 비롯한 숙박시설을 쉽게 알아볼 수 있다.

- 몸이 아플 때_배우자가 아플 때 어디가 어떻게 아픈지를 묻고, 걱정을 표현하고 필요한 약이나 음식을 준비한다.

- 칭찬과 감사_배우자의 노고를 위로하고 성공_{승진} 등을 축하하고 감사의 뜻을 표하기 위해 준비물_{풍선, 샴페인, 선물}을 마련하고, 축하와 감사의 말을 행한다_{"당신이 자랑스러워요", "정말 고마워요"}.

- 일이 나쁘게 되었거나, 실패했을 때_배우자의 실망과 실의를 위로하는 따뜻한 말을 행하거나_{"기운 내요. 누구나 힘들 때가 있는 법이에요"}, 위안이 되는 행동을 한다_{등을 밀어주기, 맛있는 음식을 주문하기}.

- 기분 나쁜 감정의 해소_부부의 말다툼이나 실수로 인해 배우자가 기분 나쁘게 느끼고 있을 때, 진정한 사과와 위로를 표현한다. 직접적인 말들_{"여보 미안해요. 내가 큰 실수를 저질렀어요"}을 사용해서 사과한다. 그리고 사과의 뜻으로 꽃이나 과자와 같은 선물을 준비하고, 카드에 사과의 글을 써서 배우자에게 전한다. 또한 배우자의 사과에 대해 적극적으로 답례한다_{"괜찮아. 충분히 이해해. 나도 마찬가지로 성질을 부렸어"}.

- 성생활_부부의 성생활은 부부의 신체적 즐거움을 경험하게 만들고, 부부의 유대감을 증가시키는 기능을 해준다. 그러나 이러한 즐

거움과 유대감은 일상생활의 여러 요인들직장일과 가사일의 처리, 늦은
취침시간에 의해 방해받아서, 성생활이 거의 드물거나 일어나지 않거
나 짜증나거나 흥분되지 않는 결과를 초래하기 쉽다.

성생활이 즐겁게끔 만들기 위해 다음과 같은 일들에 유의한다제6장
을 참조할 것.

- 분위기 조성_편안하고 즐거운 시간이 되게끔 분위기를 만든다잠옷,
  향수, 조명, 음악 등의 준비.
- 배우자의 반응을 질문하기_배우자가 가장 많이 흥분을 느끼거나
  즐거워하는 활동이나 애무방식을 물어본다. 대화가 애무의 가장 기
  본적 도구라는 것을 잊지 마라. 말없이 자기 식으로 행동하는 것은
  성의 즐거움을 보장하지 못한다.
- 부부의 성생활의 개시와 거절 신호의 발전_부부의 성생활의 시도
  는 대개 은연적으로 표현된다배우자의 샤워. 이러한 방식은 부부가
  성생활의 개시와 거절을 직접 전달하기 곤란하고, 부부 모두가 의
  사소통의 곤란으로 인해서 성생활이 힘들거나 피곤하다고 느끼기
  쉽다. 이런 문제를 해결하기 위해 성행위에 대한 욕망을 숫자 부호1
  : 전혀 관심 없음~10 : 매우 관심 있음를 사용해서 표현하면 좋을 것이
  다. 예컨대, 남편은 "나는 오늘 밤에 8이야. 당신은 어때?"라고 질
  문하고, 그에 대해 아내는 "오늘 밤에 나는 3이야" 식으로 응답할
  수 있다.

결혼생활의 문제영역 확인하기

결혼생활의 욕구와 목표, 생각과 태도 및 행동과 습관의 측면들에서 경험하는 부정적 경험을 확인함으로써, 장차 부부가 공동 노력을 통해 해결할 과제를 마련한다.

다음의 영역들에서 부정적 경험들, 즉 불만족, 실망 및 좌절감을 경험했던 '구체적 사실들'을 제시하라. 종이 두 장과 필기도구를 준비해서 부부 각자가 20~30분 동안 결혼생활에서 가졌던 부정적 경험들을 종이에 쓰고, 서로 나누어 보라. 그리고 필요한 경우에 다음번의 부부토의에서 집중적으로 취급할 것을 일시와 장소를 정해 약속하라.

1. **결혼생활의 욕구와 목표 영역 : '당신 자신'이 결혼생활에서 달성시키지 못했던 희망, 소망, 이상을 차례대로 기입하라** 저축, 전원주택 마련, 해외여행, 정돈된 집안 등

   ❶ _____

   ❷ _____

   ❸ _____

   ❹ _____

   ❺ _____

2. **결혼생활과 관련된 생각과 태도 영역 : 당신이 결혼생활에서 불만과 갈등을 느꼈던 점들, 특히 '배우자'에게 가지고 있는 생각과 태도를 기입하라.**

   ❶ 부부관계의 일반적 만족 :

❷ 부부간의 애정 정도와 표현 :

❸ 남편과 아내의 역할 :

❹ 부부의 직업, 수입 및 지출 :

❺ 집안의 돈 관리 관리 책임자, 재산 형태와 소유자 이름, 부부의 상의방식 등 :

❻ 가정생활 방식 식사, 잠자기, 집안일의 수행 :

❼ 자녀 양육, 훈육, 교육, 대화 :

❽ 여가와 공동 활동 휴일, 공휴일, 평일의 여가활동의 종류, 방법, 횟수 :

❾ 친인척 관계 친척, 인척, 형제들 :

❿ 사교활동 친구들, 직장동료들, 이웃들, 모임 회원들 :

⑪ 종교와 신앙 :

⑫ 기타 사항 :

3. **행동과 습관 영역 : 일상생활에서 당신이 불만족하거나 불편하게 느꼈던 '배우자'의 행동과 습관을 기입하라.**

   ❶ 아침에 기상하는 것 기상시간, 침구정리, 기상 후의 활동들 :

   ❷ 아침식사 시간, 음식, 식사방식 :

   ❸ 아침에 헤어지기 방식 :

   ❹ 낮 동안의 연락 안부 확인, 활동의 알림과 듣기 :

   ❺ 저녁의 귀가방식 귀가시간, 귀가 시의 만남 행동들 :

278

⑥ 저녁식사 시간, 음식, 식사방식 :

⑦ 저녁식사 후의 부부활동들 활동의 종류와 방식 :

⑧ 잠자기 시간, 방식 :

⑨ 성생활 횟수, 방식 :

⑩ 음주, 흡연, 약물 :

⑪ 기타 기입할 것 :

현명한
선택

제10장

결혼생활을
유지하기

부부관계의 유지 자체가 부부와 가족들에게 행복만
큼이나 중요한 것이기 때문에 관계의 유지를 특별히
강조해서 다루는 것이 필요할 것이다. 결혼생활에 불
만족하더라도, 여러 요인으로 인해서 헤어지지 않고
결혼생활을 계속 유지하는 사람들도 많다.

결혼생활의 성공은 두 가지 의미를 포함한다. 첫 번째 의미는 결혼생활에 대한 만족이나 행복감이다. 행복하게 오순도순 살아가는 부부를 흔히 결혼에 성공했다고 말한다. 두 번째 의미는 최저의 외면적 기준으로서 결혼이 유지되고 있는 것을 포함한다. 어떤 부부가 헤어지거나 이혼하지 않고서 결혼생활을 지속하는 것을 결혼에 성공했다고 말할 수 있다.

이 장에서는 결혼 성공의 첫 번째 의미보다 두 번째 의미에 주로 초점을 둔다. 이 두 가지 의미가 완전히 구분되어 있는 것이 아니고 서로 연관되어 있기 때문에, 이것들을 엄격하게 구분시켜서 논의하기는 곤란하다. 그러나 부부관계의 유지 자체가 부부와 가족들에게 행복만큼이나 중요한 것이기 때문에 관계의 유지를 특별히 강조해서 다루는 것이 필요할 것이다.

기본적으로 결혼생활에 만족하는 사람들이 불만족하는 사람들보다 결혼을 유지하기가 더 쉬울 것이다. 그러나 결혼 만족과 결혼 유지가 반드시 일치되는 것은 아니다. 결혼생활에 불만족하더라도, 여러 요인으로 인해서 헤어지지 않고 결혼생활을 계속 유지하는 사람들도 많다. 그러한 가까운 예는 우리의 할머니들이다. 옛날 우리의 할머니들은 어렸을 때 시집가서 엄한 시집살이를 하고, 고된 일을 하고, 남편으로부터 다정한 말을 듣는 일이 거의 없는데도 불구하고, 오늘날의 여성들처럼 헤어지거나 이혼하지 않고서 평생 동안 불만족한 결혼생활의 고통을 견디면서 지속했던 것이다. 그러면 도대체 결혼 유지의 요인이 무엇인지 생각해 보자.

결혼 유지의사의 세 요인

부부가 이혼하지 않고서 결혼을 유지하는 현상을 이해하기 위해, 결혼 유지의사commitment, 또는 몰입이라고도 함라는 용어를 사용한다. 이 용어는 결혼을 유지할 의도나 의향과 비슷한 뜻으로, 결혼을 유지할 욕망이나 동기를 결정짓고, 마침내 결혼을 유지할 행위나 조치들을 결정짓는다.

결혼 유지의사는 세 가지 요인으로 구성되어 있으며, 그것들은 다음과 같다.

- 개인적 유지의사personal commitment
- 도덕적 유지의사moral commitment
- 구조적 유지의사structural commitment

위의 세 가지 요인에 대해 좀 더 자세하게 검토해 보자.

개인적 유지의사

이것은 배우자에 대한 사랑, 호감, 존중 등의 긍정적 매력들 때문에 관계를 유지하려는 욕망을 느끼는 것이다. 즉, 자신의 배우자를 매우 좋아하고 사랑해서 관계 유지를 원하는 사람이다. 그런데 개인적 관계 유지의사는 또다시 다음과 같은 세 개의 요소로 구성되어 있다.

- 배우자에 대한 호감, 사랑 및 매력_배우자가 인간적으로 좋고, 배우자를 사랑하고, 배우자와 함께 평생 동안 살기를 원하는 것이다.

- 부부관계에 대한 매력과 만족_부부관계가 잘 진행되고 있다는 느낌과 결혼생활의 여러 영역들_의사소통, 가사일, 자녀 등에 대한 만족감이다. 이러한 느낌들이 강할 경우에, 관계의 장기적 지속을 원하고, 관계를 중요시하고 우선시한다.

- 부부관계의 정체성_개인이 자신의 정체성을 결혼한 남편이나 아내로서 인식하는 것이다. 부부는 각각 자신이 헤어질 수 없는 부부관계의 일원이라고 강하게 믿을 수 있다. 부부관계의 정체성이 높은 사람은 배우자와 부부관계에 대한 매력이나 만족이 다소 낮더라도, 관계에 대한 개인적 정체성이나 자기개념 때문에 관계에 계속 머물

기를 원할 수 있다.

도덕적 유지의사

이것은 개인적으로 부부관계를 유지시키고 싶은 여부와 상관없이 관계 유지에 대한 도덕적 의무 때문에 관계를 유지하려는 욕망을 느끼는 것이다. 이것 역시 세 개의 요소로 구성되어 있다.

- 부부관계의 유지에 대한 도덕적 가치_이혼이 도덕적으로 옳지 않다거나, 좋든 나쁘든 간에 부부는 서로 죽을 때까지 함께 살아야 된다거나, 결혼서약이 존중되어야 된다는 도덕적 신념, 또는 종교적 신앙이 있다. 이러한 도덕적 가치들은 특별한 경우, 예를 들어 배우자의 사망을 제외하고서 자신의 부부관계가 지속되어야 한다는 것을 포함한다.

- 배우자와 자식에 대한 의무감_자기의 배우자가 자신을 필요로 하고 자신이 떠나는 것이 옳지 않다거나, 자녀를 위해 이혼하지 않겠다는 신념들이다.

- 관계의 지속성에 대한 일반적 가치감과 의무감_부부관계의 지속은 인생의 보람이며 승리라는 신념을 갖고 있으며, 이러한 신념을 지키는 데 의무감이나 사명감을 갖고 있는 것이다.

구조적 유지의사

이것은 부부관계를 끝냄으로써 따라오게 될 사회적 압력들과 손실들 때문에 '할 수 없이' 관계를 유지하려는 의사이다. 부부관계에 대한 개인적 유지의사와 도덕적 유지의사가 낮을 경우에, 구조적 유지의사의 요소들이 뚜렷하게 인식된다. 또한 개인은 자신의 소망과 관계없이 관계에 붙잡혀 있다는 느낌을 갖고, 관계 해체의 비용들또는 부담들 때문에 자신이 구속받고 있다는 느낌을 갖는다. 이것은 다음과 같은 네 가지 요소로 구성되어 있다.

- 대안의 매력성_현재의 결혼 외의 대안들이 얼마나 바람직스럽거나 훌륭한가가 관계에 대한 의존을 결정할 수 있다. 대안들은 새로운 배우자나 새로운 관계와 같은 개인적 관계들과 이혼 후의 상황들경제, 직업, 주택, 자녀와의 접촉 가능성의 측면들을 포함할 수 있다. 만일 현재의 부부관계를 끝냄으로 인해 감당하게 될 관계적 · 사회적 · 경제적 및 심리적 부담들이 크다면, 부부관계의 안정성이 증가될 것이다.

- 사회적 압력_개인의 관계망 내의 타인들가족, 이웃 및 친구이 이혼에 대해 부정적으로 반응하게 될 것이 예상될 경우에, 개인은 결혼을 유지해야만 한다는 구속감을 느끼게 된다. 이혼 후에 예상되는 수치감, 타인들의 나쁜 평판, 가족들의 비난 등은 모두 사회적 압력의 형태들로서 이혼에 대한 구속력으로 작용한다.

- 관계 종식 절차의 곤란성_관계 종식에 따르는 여러 가지 곤란들이 이혼을 저지할 수 있다. 법적 절차의 복잡성과 비용, 재산 분할, 주택 마련, 취업 등이 매우 힘들고 자신없다고 여겨지면 이것이 이혼

에 대한 심리적 장애물로 작용하게 된다.

- 투자의 회수 불가능성_결혼생활에 투입해 온 시간, 노력 및 자원들이 이혼으로 인해 쓸모없게 되거나 상실된다는 느낌은 이혼하는 것이 손해라는 인식을 일으킨다. 사람들은 이혼으로 인해 손해를 입지 않고 투자한 것을 계속 확보하려는 욕망을 가질 수 있고, 이것은 부부관계의 안정성을 증가시킨다.

결혼 유지를 위한 몇 가지 아이디어

앞에서 우리는 결혼 성공을 논의하면서, 결혼 성공이 결혼 만족과 결혼 유지로 구성되어 있다는 것을 지적한 바 있다. 이러한 결혼 성공이라는 주제를 한 걸음 더 나아가서 생각해 볼 때, 결혼 성공이 인생에서의 다른 과업들인 직업이나 학업에서의 성공과 비슷한 성질의 것이라고 간주될 수 있다. 과업들상에서의 성공이 과업의 성질에 의해 크게 좌우된다는 것을 전제할 때, 우리는 결혼 성공을 위해서도 결혼생활의 성질을 검토해야 될 것이다. 이하에서 결혼생활의 몇 가지 성질을 제시하고서 이것들을 고려한 결혼 성공의 방안을 검토해 보자.

장기적 시각을 가질 것
결혼은 기본적으로 단기적이기보다 장기적 과정이다. 처음부터 한 달만, 1년만, 또는 5년 동안만 결혼생활을 하겠다고 작정하고 결혼식을 올리는 사람은 아무도 없을 것이다. 따라서 결혼생활에 대한 장기적 시각과 노력이 결혼 성공에서 매우 중요하다.

평생 동안 행복한 결혼생활을 해왔다고 응답한 사람들에 대한 연구는 그러한 남편들과 아내들이 결혼을 일시적 관여가 아니라, 하나의 신성하고 장기적인 관여라고 본다는 것을 나타냈다. 결혼생활이 매우 불행하다고 느끼거나 부부간에 학대적이고 폭력적인 언행이 자주 있는 사람들을 제외하고, 많은 사람들이 배우자에 대해 다소 애정을 갖고 있고 만족을 느낄 것이다. 후자의 사람들에게는 원만하게 진행되고 있는 결혼생활을 계속 지속시키는 것이 매우 중요한 과제일 것이다. 이들은 이미 장기적이고 어렵고 복잡한 과정을 거쳐서 결혼이라는 항구에 도착해 있다. 이들이 앞으로 남은 인생의 장기적 여행을 즐겁고 성공적으로 마치기 위해서는 식수, 식량, 연료 등과 같은 장기적 항해에 필요한 것들을 철저하게 준비하고 출발하는 것이 필요하고, 어려움이 있을 경우에 이를 극복하는 것이 필요하다.

잠시 기분에 의해 사귀는 남녀들이나 일시적으로 바람을 피우는 사람들은 관계의 장래를 생각하지 않고, 관계의 장래에 대한 준비나 노력을 하지 않는다. 따라서 관계상의 어려움이 생기게 되면 이들은 장기적 시각을 갖지 않았고, 장기적 준비와 노력을 하지 않았기 때문에 관계는 곧 비틀거리고 해체되게 된다.

이와는 달리, 관계의 영구성에 대한 언약을 하고서 결혼생활을 지속하는 부부들은 일시적이고 기분에 좌우되는 관계를 결심한 것이 아니라, 장기적이고 어떤 일이 있더라도 관계를 지속하겠다고 결심한 사람들이다. 여러 가지 어려움에도 불구하고, 관계를 계속 유지하는 사람들은 장기적 관계를 자발적으로 선택한 사람들이다. 이러한 자발적 선택은 그것이 어리석은 선택이 아닌 경우에는 지켜지고 존중되고 소기의 목적을 성취해야만 된다는 것을 의미한다. 결혼이 장기적이라는 것에 대한 신념이 확고하지 않고, 자신의 선택을 지키지 못하는 사람들은 장기적으로 지속되는 성질을 갖고 있는 결혼생활에 성공을 거둘 수가 없다.

여기에서 장기적 시각을 갖는다는 것은 장기적 목표, 즉 결혼의 성공을 결심하고 계획하고 준비하고 노력한다는 것을 의미한다. 결혼이라는 배가 험난한 파도를 무릅쓰고 결혼 행복과 유지라는 목표를 향해 나아가기 위해서는 '중단 없는 전진'이 필요하다. 도중에 지체하거나 제자리에서 맴돌거나 후진하는 것은 결혼 성공의 목표달성을 곤란하게 만들고 지체시키고 실패하게 만든다. 중단 없는 전진을 위해 부부는 결혼이라는 배가 고장을 일으키지 않고 계속 전진하도록 노력해야만 된다. 결혼에 대한 장기적 시각을 갖고 결혼을 유지하고 발전시키기 위해 도움이 되는 몇 가지 유의사항은 다음과 같다.

결혼의 단기적 성과보다 장기적 성과에 유의할 것

결혼하면서 반년, 1년, 5년, 또는 10년을 함께 살겠다고 마음먹는 사람은 없을 것이다. 결혼하는 것은 평생을 함께 산다는 것을 은연중에 가정한다. 그러나 앞에서 논의된 바와 같이, 결혼 성공을 위해서는 우선적으로 개인적 유지의사 또는 자의적 헌신이 중요하며, 이것은 장기적 성과를 기대하면서 적극적으로 노력하려는 의사를 포함한다. 경제학적으로 이러한 노력은 결혼에 대한 투자와 같은 것이다.

우리는 투자에서 단기적·일회적 투자와 장기적·계속적 투자를 구분할 수 있다. 이러한 단기와 장기의 투자는 투자에서 나오는 성과의 성질에 차이가 있다. 단기적 투자의 성과는 대개 단기적인 것이다. 로또 복권을 샀을 경우에 복권의 성과는 로또 추첨이 완료되는 순간 끝이 나고, 추첨 동안의 투자가 허용되지 않는다. 그러나 결혼과 같이 장기적 투자의 성과는 단기간에 큰 성과가 나타나지 않으며, 10년, 20년, 평생에 걸쳐 나타난다. 이런 경우에 단기적 투자는 적절치 못하다. 어떤 아내가 1개월이나 6개월 동안 남편과 가족을 위해 최선의 노력을 했다고 하더라도, 그 성과가 장기적이거나 평생 동안 지속된다는 것을 보장하지는 못한다.

장기적 투자는 꾸준하게 정기적으로 행하는 것이 좋다. 같은 양의 투자라고 하더라도 어느 한정된 기간 동안 몰아서 하는 것은 장기적 성과를 보장하지 못한다. 결혼생활에서 꾸준하게 정기적으로, 즉 매일, 매주, 매월, 매년 투자할 경우에 최대의 장기적 성과를 기대할 수 있다.

결혼의 행복과 안전성을 얻는 데 '공짜'가 없다는 것을 명심할 것

"한국 사람은 공짜를 좋아한다"는 말이 있다. 공짜를 좋아하는 것이 한국 사람뿐은 아니겠지만, 우리가 직접 보아온 것이 한국 사람들뿐이어서 이런 말이 나온 것이라고 보는 것이 더 정확할 것이다. 그런데 노력을 들이지 않고 공짜로 얻는 것은 대개 다음과 같은 특징이 있다.

● 가치가 거의 없는 것이다_누가 가치 있는 것을 공짜로 주겠는가?
대개 공짜들은 시간이 지나서 보면 불필요하거나 별로 쓸모없는 것
들이다.

● 얻은 것에 부담과 손해가 뒤따르기 쉽다_사기 판매에서 자주 보이
는 바와 같이, 공짜 뒤에는 항상 사기가 뒤따르기 쉽다. 사기 판매
는 판매할 당시에 헐값으로 공짜로 주는 것같이 보이지만 복잡한
이유를 들면서 실제 가격보다 몇 배나 되는 대금을 요구하는 일이
흔하다.

이것은 결혼생활에서도 마찬가지이다. 결혼생활을 위해 노력하지
않고서 결혼생활이 행복하고 오래 지속될 것이라고 믿는 것은 결혼생
활에 대한 '공짜 심리', 즉 노력 없이 성과를 얻으려는 허황된 욕망과
동일하며, 그 성과 또한 보잘 것 없는 것이기 쉽다.

결혼생활에서의 성공은 공짜가 없는 것이다. 노력한 만큼 성과를
얻거나, 대개 노력한 것보다 훨씬 더 적은 성과를 얻게 된다. 따라서
결혼생활에 성공하고 싶으면 자신이 원하는 성과를 얻을 수 있도록
평소에 많은 정성과 노력을 기울여야 된다.

자기중심적 계산 편향을 유의할 것

결혼생활에서 부부싸움이 일어나면 대개 배우자의 잘못과 노력 부족

을 배우자에 대한 비평, 비난 및 경멸의 형태로 과장시켜서 표현한다. 배우자에 대한 이러한 부정적 행동은 결국 배우자가 관계에 기여하는 바, 즉 투자가 적거나 질이 낮다는 것을 과장해서 평가하는 것으로 요약될 수 있다. 과연 배우자에 대한 부부들의 이러한 평가는 객관적인 것인가?

인간의 공동 활동에 대한 성과 평가의 배후에서 진행되고 있는 심리과정에는 두 가지 커다란 편향이 작용되고 있다. 하나는 이기적 편향이고, 다른 하나는 자기중심적 편향이다. 첫 번째의 '이기적 편향'은 공동 활동의 성공에 대해 자기 자신이 영예나 공로를 차지하고 실패에 대해 책임지기를 피하려는 경향이다. 결혼생활에서 곤란한 일이나 잘못된 결과에 당면할 때에 우리는 그 탓을 배우자나 외부 상황, 운에 돌리는 경향이 있다. 예를 들어, 차를 운전하는 중에 차가 고장이 났을 경우에 남편은 아내가 빨리 가자고 재촉하는 바람에 정비소에 들르지 못한 것을 고장의 이유로 들고 아내를 탓할 수 있다. 이와 반대로 아내는 남편이 매사에 꼼꼼하지 않고 부주의한 성격을 갖고 있기 때문이라고 비난할 수 있다.

두 번째의 '자기중심적 편향'에서 배우자들은 집안이 잘되고 자녀가 제 역할을 잘하는 것이 자기 공로라고, 즉 자기가 집안일에 신경을 많이 쓰고, 자녀 지도를 잘했기 때문이라고 자신의 공로를 내세울 수 있다. 이와 같이 자신의 노력과 역할을 과대평가하는 것의 결과로, 부부는 각자 자기 배우자를 중요치 않게 여길 수 있다. 이러한 상황을 바라보는 제삼자들은 대개 부부의 공동 활동의 성과가 부부 양측에게 모두 있다고 판단하기 쉬울 것이다. 여기에서 우리가 유의할 것은 자신이 내세우는 공로나, 배우자에 대한 비평이 공정하지 못할 수 있다는 것이다. 따라서 결혼생활에 대한 배우자의 투자나 노력에 대해 서로 존중하고 감사하는 마음자세를 가져야만 된다.

결혼생활의 미래와 배우자에 대한 신뢰를 쌓을 것

우리가 친구를 대할 때에 편안하게 느끼는 이유는 무엇인가? 그것은 주로 친구가 즐거울 때나 괴로울 때에 곁에 있어주고 도움을 주며 위로해 주고 작은 허물이나 잘못으로 관계를 끊지는 않을 것이라는 믿음, 즉 신뢰감이다. 즉, 신뢰는 상대방이 자기에 대해 긍정적으로 대할 것이며 부정적으로 대하거나 배신하지 않을 것이라는 믿음이다. 부부관계도 이와 꼭 마찬가지로 상호 신뢰가 매우 중요하다. 이 신뢰감이 바로 부부가 장래까지 함께 사는 것에 대한 보증서일 것이다.

특히 배우자가 실패하거나 어려울 때에 함께 참아주고 위로해 주는 것이 중요하다. 작은 실패, 잘못이나 마음에 들지 않는 행동에 대해 심한 비난이나 욕설을 한다든가, 얼굴을 대할 때마다 잔소리를 하는 것은 자기의 배우자가 믿고 의지할 수 있는 사람이라는 신뢰감을 훼손시킨다. 신뢰감이 훼손될 때에 우리는 상대방을 떠나는 것에 대해 주저하지 않는다. 믿을 수 없고 배반하기 쉬운 사람과 계속 함께 살 필요가 어디에 있겠는가? 배우자에 대한 신뢰감을 훼손시키는 언행 중에서 가장 결정적인 것은 상대방과의 이별이나 이혼을 위협하는 것이다. "말이 씨앗이 된다"는 속담처럼 헤어지겠다거나 이혼하겠다는 말을 자주 하는 것은 배우자에 대한 최대의 위협이며, 배우자에 대한 장기적 신뢰감을 해치고, 결국 헤어지거나 이혼하게끔 만든다.

팀 정신을 가질 것

결혼생활이 원만하고 행복하기를 바란다면, 자기중심성과 이기성을 버리고 팀 정신과 배우자에 대한 헌신의 자세를 가져야만 된다. 이러한 측면은 전 국민적으로 인기를 끌었던 스포츠 행사인 '월드컵 축구경기'를 비유하면 좀 더 쉽게 이해할 수 있을 것이다. 축구경기에서 훌륭한 공격수들이 재간 있게 골을 넣어서 자기 팀의 승리에 큰 기여를 한다. 팀 승리는 마치 이들 선수의 재간에 달려 있는 것처럼 보인다. 그러나 이들 선수의 탁월한 활약 뒤에는 이들에게 제구실을 다하게끔 도와주는 다른 훌륭한 선수들의 협조가 반드시 있다. 결국 팀 승리는 선수들의 개인적 기술과 팀의 조직력에 달려 있는 셈이다. 결혼생활도 이와 마찬가지이다. 부부 각자가 행복한 결혼생활에 도움이 되는 행동을 하고, 부부의 조직력이 높아서 협조가 잘될 때 비로소 결혼생활은 원만하게 진행되며, 그에 따른 성과_{행복, 재산, 자녀 성장}도 많게 된다.

과거의 가정생활은 농업사회에 맞게끔 남성이 체력적으로 힘든 일을 주로 하고, 여성이 가정살림을 주로 하는 형태를 취해 왔다. 어떤 의미에서 농경시대에 가장 적합한 협동적 분업형태를 취해 온 것이다. 그러나 오늘날의 산업구조는 직업적 측면에서 가족이 협동적으로 할 일이 그리 많지 않다. 남성이 직장에 나가서 돈을 벌고 아내가 가정살림을 하는 가정이라고 하더라도, 부부가 직업적 일에 대해 함께 상의하고 협동할 산업구조가 아니다. 그리하여 부부는 물론 가족 모두가 제각기 자기 할 일을 갖고 뿔뿔이 생활하는 형태, 즉 개인적 생활형태를 갖고 있다.

이러한 개인주의적 문화풍토에서 부부를 비롯한 가족들은 서로 상의하고 긴밀하게 협동할 일이 드물어서, 다른 가족들을 배려하지 않고 자기중심적 사고와 행동에 빠지기 쉽다. 이러한 자기중심적 사고와 행동이 관계의 영역에서 작용하게 될 때 부부는 각각 자기주장적으로 되고, 상의하고 협동하는 일을 잘하지 못한다. 그리하여 부부 공동의 작은 문제에 부딪치더라도 쉽게 갈등을 일으키고, 열전과 냉전의 악순환 속에서 상호의 긍정적 감정은 메말라버리고, 마침내 이혼의 낭떠러지라는 위험에 처하게 된다.

팀 정신을 갖고서 부부가 당면한 결혼생활의 과업들애정문제, 재정문제, 자녀문제에 잘 대처해 나가기 위해 다음과 같은 점들이 강조될 수 있다.

| 이기심의 억제 |
결혼생활에서 자기중심적인 것은 부부관계와 배우자에 대해 배려하거나 신경을 쓰지 않고 자신의 욕망이나 선호를 우선시하는 것이다. 가장 심한 경우는 반사회적 성격인데, 이러한 성격을 가진 사람은 배

우자와 자식을 비롯한 타인들의 처지, 곤경 및 괴로움을 도외시하고, 체면도 고려치 않고, 자신의 욕망 충족에만 관심을 둔다. 맛있는 음식이 있을 경우에 이들은 배우자나 가족을 생각해 주지 않고, 자기 입에 넣는 데만 오로지 관심이 있다. 주머니에 용돈이 떨어졌을 때는 돈을 내놓으라고 졸라대고, 돈을 주지 않으면 몰래 훔쳐가기까지 한다. 이러한 유아적인 이기성이나 자기중심적인 사람을 만나서 함께 사는 사람들은 불행하다. 자기 배우자에 대해 진심어린 애정이나 관심을 주지 않고, 자기만을 위해 돈을 쓰고, 자기만을 위한 취미나 심지어 도박을 즐긴다.

결혼생활이 행복하게 되기 위해서 이러한 자기중심성은 최대로 억제되어야 된다. 그것은 다음과 같은 방식으로 이루어져야 된다.

- 배우자에 대해 관심을 갖는다.
- 배우자의 마음상태에 민감하다.
- 배우자의 관점을 취한다.
- 배우자를 편안하고 안전하게 만든다.
- 배우자를 발전시킨다.
- 자신의 건강과 행복만큼 배우자의 건강과 행복을 우선시한다.

| 팀워크와 승리의 관계 |

운동경기에서 한 팀원이 결정적 실수를 했을 경우를 생각해 보자. 이때 다른 팀원들의 반응은 두 가지일 수 있다. 하나는 실수에 대해 위로해 주고 격려해 주는 것이고, 다른 하나는 비난하거나 신경질을 부리는 것이다. 팀의 목표가 다른 팀을 상대로 해서 승리하는 것이므로, 실수한 팀원을 비난하거나 실수에 대해 신경질을 부리는 것은 실수한 팀원뿐 아니라 전체 팀의 사기와 아울러 조직력을 손상시킨다.

이와 같은 원리가 부부관계에서도 동일하게 적용된다. 부부문제에 대해 배우자를 나무라거나 신경질을 부리거나 토라져서 대화를 거부하는 것은 결코 문제해결에 도움이 되지 않는 파괴적 대처방법이다. 건설적 대처방법은 실수에 대해 함께 원인을 따져보고 그 원인을 시정하는 것이다. 그리고 만일 그 실수가 선의의 원인에서 비롯되었다면, 실수한 배우자의 속상함과 사기저하를 위로해 주어야만 된다. 대개의 부부문제의 해결은 '비난보다 격려', '신경질보다 차분한 대처'를 필요로 한다.

| 헌신의 자세 |

결혼을 유지시키는 두 가지 힘이 개인적 유지의사인 자의적 헌신과 도덕적 유지의사와 아울러 구조적 유지의사인 제약적 구속이라는 것을 이미 지적한 바 있다. 결혼의 유지에서 이 둘 중에서 어느 것이 더 중요한가를 결정짓기는 곤란하다. 그것은 개인적 특징과 사회적 조건에 달려 있을 것이다. 그러나 제약적 구속은 다소 타의적인 성질을 갖고 있고 헌신은 자발적인 성질을 갖고 있으므로, 결혼 행복을 위해서는 자의적 헌신이 더욱 중요할 수 있다. 기본적으로, 자의적 헌신은 결혼과 배우자에 대한 긍정적 감정에 기초되어 있다. 그러므로 결혼과 배우자에 대한 긍정적 감정을 갖기 위해 부부 모두가 적극적으로 임할 필요가 있다.

관계의 유지와 관련해서 자의적 헌신을 증가시키기 위한 몇 가지 아이디어를 아래에 제시해 본다.

- 결혼생활의 문제와 고충에 대해 마음을 터놓고 대화한다.
- 과거에 공동으로 즐거웠거나 습관적이었던 일들에 대해 즐겁게 회상하는 시간을 갖는다.
- 부부가 함께 관계의 향상과 개선을 결심하고 실행한다.
- 옛날에 교제할 당시처럼 부부가 서로 관심과 애정을 갖고서 상대한다.

제11장

결혼이 깨질 때에 고려할 사항

만일 부부문제들이 부부의 한쪽이나 양쪽의 노력에
의해 해결될 가망이 거의 또는 전혀 없다고 믿는다면
이제 이혼을 고려해야 될 것이며, 이러한 고려에서
유의해야 될 사항을 자세하게 검토해 보자.

행복하고 화목한 부부들과 불행하고 불화한 부부들 간에 정서와 행동 차원상에서 차이가 있다는 점이 이미 지적된 바 있다. 정서의 측면에서, 행복한 부부들은 서로에 대해 긍정적 감정을 갖고 있다. 그들은 배우자의 존재에 대해 편안함을 느끼고 배우자를 좋아하고 정을 느끼고 있다. 이에 비해서, 불행한 부부들은 배우자의 존재에 대해 불편함을 느끼고 배우자를 싫어하고 두 사람 사이의 연결의 아교인 정이 부족하다.

또한 이 두 부류의 부부들은 행동차원이나 서로 상대하는 스타일상에서 차이가 있다. 불행하거나 불화한 부부들은 습관적으로, 그리고 일상적으로 상호 비지원적이고 애정표현이 부족하다. 나아가서 서로 긍정적 감정을 나타내는 행동보다 부정적 감정을 나타내는 행동이 더 많다. 특히 부부갈등이 있을 때에 이들은 습관적으로 상호 관련이 적은 방식으로 각자 자기주장을 내세운다. 두 사람이 서로 원활하게 대화하기보다 각자 독립적으로 자기주장을 하는 식으로 대화한다. 마치 두 개의 녹음기가 동시에 시끄럽게 작동되고 있는 식으로 대화한다.

불행한 부부들이 갖고 있는 이와 같은 상호의 부정적 감정과 부조화되는 행동들이 심해질 때에 이들은 결혼생활을 지속하기가 곤란하다. 서로 정이 거의 또는 전혀 없고, 서로 상대할 때에 기분 나쁜 부정적 행동을 주로 교환하고, 갈등이 있을 때에 자기주장만을 내세우고 상대방의 주장에 대해 주의하거나 반응하지 않는 두 사람이 관계를 오래 지속하기는 매우 곤란하다. 설사 이러한 부부들이 사회적 압력과 같은 제약적 구속들로 인해서 관계를 지속한다고 하더라도, 이들은 이미 서로 마음이 떠나 있기 때문에 남남끼리 같은 집에서 동거하는 것과 다름이 없으며, 심지어 남만도 못한 상태가 된다. 상황이 이쯤에 이르면 어떻게 해야 되는가? 애정 없는 결혼생활을 지속할 것인가, 아니면 단지 제약적 구속에 의해서만 유지되는 고통스러운 결혼생활을 깨야 할 것인가?

이러한 결정을 내리기 위한 주요 기준은 무엇인가? 경제문제와 자녀문제와 같은 여러 가지 고려할 사항이 있겠지만, 가장 중요한 것은 기본적으로 부부의 정서와 행동에 관련된 문제들을 부부가 해결할 수 있는지 또는 해결할 수 없는지의 여부이다. 만일 부부문제들이 부부의 한쪽이나 양쪽의 노력에 의해 해결될 수 있다고 믿는다면, 비록 결혼생활이 순탄치 못할지라도 결혼생활을 지속하면서 부부문제를 해결하려고 노력할 수 있다. 만일 부부의 한쪽이나 양쪽의 노력에 의해 해결될 가망이 거의 또는 전혀 없다고 믿는다면, 이제 이혼을 고려해야 될 것이며, 이러한 고려에서 유의해야 될 사항을 자세하게 검토해 보자.

이 단계에서 조심해야 될 한 가지 사항은 이혼을 고려할 당시의 시기적 특징이다. 이혼을 고려할 당시에 배우자들은 매우 부정적으로 흥분되어 있고 많은 스트레스를 겪고 있다. 이러한 정서적 흥분상태는 배우자들이 이성적으로 판단할 능력을 상실하게끔 만들 수 있으며 이때 내린 결정이 장기적으로는 잘못된 결정으로 판명될 수도 있다. 잘못된 이혼 결정은 부부에게 평생 되돌릴 수 없는 후회거리를 만들고, 결국 부부 모두에게 원치 않는 불행을 가져다준다. 따라서 이혼을 심각하게 고려할 때 부부는 부모, 친척, 친구 등과 상의하고, 잠시 서로 떨어져서 흥분을 가라앉히면서 깊이 생각할 여유를 갖는 것이 좋다.

이혼의 득과 실 검토

우리의 인생목표가 궁극적으로 행복한 상태를 유지하거나 추구하는 것이라고 한다면, 부부가 이혼에 의해 현재보다 더 행복한 상태를 가질 수 있는지를 검토해야만 될 것이다. 이혼의 장단점을 평가하는 데에 있어서 고려할 몇 가지 세부사항을 검토해 보자.

- 이혼 후 행복감이 증가될 것인가?
- 이혼 후 현재의 생활보다 더 편안해질 것인가?
- 이혼 후 새로운 기회재혼가 있을 것인가?
- 이혼 후 여러 가지 스트레스나 힘든 일들일상생활이나 직업의 변화들이 생기게 되는데, 이것들이 좋은 방향으로 해결될 수 있는가?
- 자녀들에 대한 나쁜 영향은 방지될 수 있는가?
- 부모, 친척, 친구들 및 사회활동에 대한 나쁜 영향은 방지될 수 있는가?
- 이혼 후 부부가 서로에 대해 지니고 있는 남아 있는 애정문제를 후회 없이 해결할 수 있겠는가?
- 재산의 분할은 부부 각자에게 큰 손해를 주지 않겠는가?

● 이혼자의 사회적 낙인인생실패자에서 오는 심적 부담을 극복할 수 있
겠는가?

위와 같은 이혼의 득과 실에 대한 숙고와 현명한 판단이 이혼 후의
부부의 후회감과 생활적응에 큰 영향을 줄 것이다. 신중치 못하거나
감정에 치우친 판단은 시간이 지난 후에 큰 후회를 일으키고, 이것은
결국 부부가 이혼에서 얻고자 하는 것은 아닐 것이다.

위에서 검토된 '이혼 시에 고려할 사항'은 이혼이 부부들에게 주는
영향을 직접적으로 지적해 준다. 이제 이혼이 부부들에게 주는 구체
적 영향을 살펴보자.

우선적으로, 이혼이 배우자들에게 주는 영향은 긍정적 영향과 부정
적 영향으로 구분될 수 있다. 아마 이혼자들은 이혼이 주는 부정적 영
향보다 긍정적 영향이 더 클 것으로 생각되어서 이혼을 결정할 것이
며, 실제로 이혼에 따른 긍정적 변화들도 있을 수 있다. 그것은 주로
이혼 후의 새로운 생활스타일들독신생활, 재혼이 제공하는 긍정적 영향
들이다.

하지만 이혼이 하나의 중요한 생활변화이고, 생활변화 자체가 사람
에게 스트레스를 주는 사건들이라고 간주할 때에 이혼이 주는 부정적
영향을 숙고하고 그에 대처해야 될 것이다. 따라서 다음에서 우리는
이혼에 수반되는 몇 가지 부정적 영향을 검토할 것이다.

일상의 변화

이혼 후에 많은 일상생활의 습관이 혼란되거나 변화된다. 이것들 중의 몇 가지는 다음과 같다.

- 아침 기상시간
- 세수와 식사
- 자녀의 등교
- 출근
- 외식
- 직업활동
- 퇴근 후의 식사와 시간 보내기

경제사정의 변화

이혼 후에 경제상황의 변화가 뒤따른다. 그것들은 다음과 같다.

- 재산의 변화_재산 분할로 인해서 공동 재산의 시너지 효과가 감소된다.
- 생활수준의 변화_남성에 비해 여성의 근로소득이 일반적으로 낮으므로, 여성들의 생활수준이 저하된다.
- 이혼비용의 부담_자녀양육비, 법원비, 변호사비 등의 추가적 비용이 필요하다.

자기상의 변화

이혼 후에 기혼자나 부부의 일원이라는 자기상self-image으로부터 독신자로의 자기상의 변화가 뒤따른다. 이러한 신분상의 변화는 다음의 몇 가지 과업의 해결을 요한다.

- 장차 다른 배우자를 구할 것인가?
- 이전 친구들 간의 관계는 어떻게 유지시킬 것인가?
- 배우자가 없는 데 따른 고독감과 고립문제를 어떻게 해결할 것인가?
- 새로운 친구들을 어떻게 만들 것인가?

가족특히 자녀, 친척 및 친구와의 관계변화

이혼한 사람의 지위는 결혼한 사람의 지위와 차이가 있다. 결혼한 사람들은 가족을 비롯한 타인들에 대해 공동체적 관계를 형성한다. 이혼 후 공동체적 관계로부터 단독적 관계 쪽으로의 이동은 부모들, 자녀, 친구들, 이웃들에 대해 상이한 관계스타일을 요하며, 특히 부모에 크게 의존하고 있는 자녀에게는 큰 적응문제를 발생시킨다. 자녀는 사랑하는 부모, 형제와의 이별을 경험하고, 생활습관과 전통의 변화를 경험하며 일상생활에서 큰 혼란을 경험한다.

자녀들이 부모의 이혼에 적응하는 데는 상당한 개인차가 있다. 어떤 자녀는 성공적으로 변화에 적응하는 반면에, 어떤 자녀는 행동문제들을 나타내거나 다른 아이들로부터의 고립과 같은 문제들을 나타낸다. 이러한 자녀들이 갖는 구체적 적응문제들은 다음과 같다.

- 불안과 슬픔
- 우울
- 분노와 공격
- 당황
- 고독

- 낮은 자존감
- 오줌을 싸는 것
- 더 미숙한 행동
- 또래들로부터의 고립
- 학업문제들

자녀가 부모의 이혼으로 인해 큰 적응문제들에 당면하기 쉬우므로, 이혼하는 부모는 자녀에 대해 다음과 같은 사항을 설명해 주어서 적응 준비를 시키는 것이 좋다.

- 부모와의 이별과 이사의 최종적 사실을 설명해 줌
- 부모의 이혼에 대해 자녀의 잘못이 없음
- 부모가 계속 자녀를 사랑함
- 주거의 이동과 전학 여부
- 명절날, 휴가 등의 장소와 방법
- 법적 진행사항에 대한 설명과 변호사의 질문에 대한 준비
- 양육권의 결정사항
- 다른 이혼자 자녀들과 상의함

이혼방법의 선택

민법에 의하면, 이혼은 재판이혼과 협의이혼으로 구분된다. 재판이혼은 법적인 이혼사유가 생겨서 부부 중의 한쪽이 이혼을 원하는데 다른 쪽이 합의하지 않을 경우에 가정법원의 조정을 거쳐 이혼소송을 청구하여 재판의 선고로서 이혼이 성립되는 것이다. 재판이혼의 사유는 배우자의 부정행위, 악의적 유기, 자신에 대한 부당한 대우, 존속에 대한 부당한 대우, 3년 이상의 생사불명 등이다.

협의이혼은 이혼 사유는 문제되지 않고 부부가 이혼에 합의해서 법원에서 이혼의사 확인을 받아서 신고를 하는 것으로 성립된다. 협의이혼을 하려면 부부가 이혼에 합의하고서 가정법원에 서류를 접수하고 판사의 서명 날인이 있는 이혼확인서 등본을 받아야 된다. 협의이혼 시에 이혼에 대한 합의뿐만 아니라 위자료, 재산 분할, 자녀에 대한 친권과 양육권, 양육비, 면접교섭권 등의 합의도 필요하다.

이혼 과정과 이혼 후의 의사소통

이혼하는 부부들은 결혼생활 중에도 대화가 곤란하며, 이혼 과정에서는 상호 감정의 악화로 인해 대화하기가 더욱 곤란하다. 그러나 이혼 과정의 완료를 위해 최소한의 의사소통이 필요하다. 또한 이혼 후의 자녀문제의 처리를 위해서도 부부와 아울러 자녀 간의 의사소통

채널이 유지되도록 노력해야 된다. 비록 이전 배우자와의 의사소통이 매우 어려운 일이 될지라도, 의사소통 채널의 유지는 이혼 과정과 아울러 이혼 후의 문제들을 처리하는 것을 도와줄 수 있다.

제12장

끝으로
당부하는 말

지금까지 우리는 결혼생활을 좀 더 잘 이해하기 위해
결혼생활의 여러 영역을 검토해 왔다. 이제 이러한
검토를 마무리하기 위해 결혼생활을 행복하고 오래
지속시키게끔 만드는 데 도움이 되는 몇 가지 유의사
항을 요약적으로 제시하겠다.

문제가 없는 부부관계는 없다

당신이 결혼생활에서 부딪치는 문제들은 대부분의 결혼한 사람들이 공통으로 경험하는 문제들이다. 따라서 당신 혼자만 문제들을 갖고 있다고 너무 걱정하지 마라. 결혼생활에서의 문제는 배탈이나 감기처럼 매우 흔하고 공통적인 것이다. 예를 들어, 감기는 전세계적으로 사람들에게 고통을 주는 매우 흔한 병이다. 당신은 감기에 걸렸다고 혼자 고민하지는 않을 것이다. 감기를 예방하고 치료하는 방법이 널리 알려져 있는 것과 같이, 부부문제를 예방하고 치료하는 다양한 효과적 방법이 개발되어 있다. 당신이 할 일은 자신의 결혼문제를 명확하게 인식하고, 그것을 예방하고 치료하는 방법을 배우고 실천하는 것이다. 너무 걱정하지 말고 열심히 노력하라.

문제가 심화되기 이전에 예방하는 것이 가장 좋다

우리가 병에 걸리기 전에는 건강의 고마움을 잘 알지 못하듯이, 부부관계의 문제는 신혼 초에 부부가 사랑에 들떠 있을 때에는 느껴지기가 어렵다. 그러나 점차 열정적 사랑이 식어가고 생활문제들이 압도적으로 부부들을 억누르기 시작하면 부부들은 관계의 문제로 힘겨워하게 된다. 따라서 부부문제는 발생 시초부터 관심을 갖고 효과적으로 대처해야 큰 문제로 발전되지 않게 된다. 우리 속담에 "호미로 막을 일을 가래로 막게 된다"는 말이 있다. 미리 조심하고 예방하면 손쉽게 해결될 문제들이 무관심하고 방치하게 되면 엄청난 노력을 들이고서도 해결하기 곤란한 상황에 이르게 된다. 부부의 정이 다소 남아 있을 때에 부부문제에 적극적으로 대비하고 노력하라.

두 사람 공동의 인식하에 함께 노력하는 것이 효과적이다

"백지장도 맞들면 더 가볍다"는 속담이 나타내는 바와 같이, 대부분의 일들은 당사자들의 개인적 노력보다 공동 노력에 의해 더 효과적으로 수행될 수 있다. 부부관계의 문제는 근본적으로 한쪽의 노력만으로 해결되기 곤란하다. 부부의 양쪽이 관련되어 있는 것이 대부분이기 때문에 가장 효과적인 해결은 부부의 공동 대처에 의해 이룩될 수 있다.

당신 혼자만 부부관계 향상을 위해 관심을 갖고 노력할 수 있다. 이 것이 출발을 위한 가장 손쉬운 방법임에 틀림없다. 당신 자신이 솔선해서 친근함을 보이고 재미있는 일들을 행하고 애정적인 행위를 보일 수 있다. 그러나 종국적으로 이러한 일들은 부부가 함께 행할 때에 더 효과적이고 보람 있게 된다. 당신이 앞장서서 부부문제를 예방하고 향상시키고 치료하는 활동을 행하면서, 당신의 노력에 당신의 배우자도 동참하도록 요구하라. 아마 당신의 배우자도 당신의 순수한 동기를 이해하면 고마움을 느끼고 동참할 강한 동기를 갖게 될 것이다.

두 사람의 노력으로도 해결하기 어렵다고 판단되면
지체없이 전문가와 상의하라

당신의 사랑하는 어린 딸이 원인을 알 수 없이 고열이 나고 아파서 신음할 경우에 당신은 어떻게 하는가? 한밤중이라도 아이를 업고 병원이나 약국으로 뛰어갈 것이다. 당신의 부부관계도 이와 동일한 대우를 받아야만 된다. 부부관계만큼 소중한 것이 어디에 있겠는가? 당신의 부부관계가 원만하지 않아서 고통을 느낀다면 당신들 부부가 함께 고민하고 노력하는 것이 우선적으로 필요하다. 하지만 당신들 부부가 부부관계에 완전한 전문가가 아니므로, 당신들 부부의 노력만으로는 문제에 대처하는 데 한계가 있다. 이런 경우에는, 몸이 아플 때 병원이나 약국으로 뛰어가듯이 부부관계 문제의 전문가에게 적극적으로 도움을 구하라. 도움을 구하는 방법에는 두 가지가 있을 수 있다. 하나는 부부관계에 관한 전문지식을 싣고 있는 서적들을 구해서 읽는 것이다. 만일 이 방법이 시간과 여건상으로 곤란하다면, 부부관계 전문가나 상담자에게 상의를 구하라. 그들은 부부관계의 문제를 직업적으로 다루기 때문에 당신들보다 훨씬 더 많은 지식과 경험을 갖고 있고, 당신들에게 더 효과적인 방법과 치료를 제공해 줄 것이다.

지금 당장 당신들이 할 일은 무엇인가?

위에서 지적된 다섯 가지 유의사항을 명확하게 인식했다고 하더라도, 당신의 부부관계는 당장의 예방과 향상을 요한다. 이를 위해 몇 가지 사항을 제시하겠다.

배우자를 위해 시간과 노력을 투자하라

건강하기 위해서 일주일에 3~4회, 그리고 각각 20~30분 정도의 운동이 필요하다고 건강전문가들은 권하고 있다. 우리의 신체건강과 마찬가지로 부부관계의 향상도 시간과 노력을 요한다. 예를 들어, 부부관계에 신경을 쓰지 않고 직업적 성취에만 몰두하는 사람들은 일반적으로 부부관계가 나빠지고 결혼생활이 삐걱대기 쉽다. 이것은 바로 부부관계도 다른 일들_{직업적 일들}처럼 정성을 기울여야만 된다는 것을 의미한다.

우리나라 사람들의 자녀에 대한 교육열은 세계적이라고 한다. 부모들은 자식을 위해 소득의 많은 부분을 학비와 과외비로 아낌없이 투자하고 있다. 좀 더 나은 학교에 다니기 위해 거주지를 이동하고 도시로 이사하기도 하고 심지어 '기러기 아빠'처럼 아버지만 한국에서 일하고 어머니가 자녀와 함께 외국에 나가서 이산가족의 상태에서 사는 사람들도 많다. 이처럼 부모들은 자녀를 위해 전 인생을 바치다시피 하면서 정작 자기들 자신의 행복, 즉 결혼 행복을 위해서는 거의 투자하지 않고 있다.

이제 부부들은 자신을 다시 되돌아보아야 할 시기가 되었다. 결혼 행복이 없는 자녀, 부유함, 명예 및 사회적 지위는 두 다리 중에서 한 다리가 없는 상태와 같다는 것을 다시 깨달아야 된다. 당신의 부부관계를 위해 정기적으로 시간, 금전 및 노력을 투자하라. 이것이 당신들의 진정한 인생 행복의 지름길임을 명심하라.

필요한 지식과 기술을 익히고 의식화하라

앞에서 부부관계의 향상을 돕는 많은 지식과 기술을 이제 이러한 유용한 지식과 기술을 실제로 당신에게 도움이 되게끔 사용하도록 해야 된다. 몸에 좋은 약이 있다는 것을 알기만 한다고 해서 병이 낫고 건강해지는 않는다. 약을 적절한 시기에 적절한 방법으로 먹어야만 된다. 이와 마찬가지로, 이 책에서 제시된 많은 지식과 기술대화방법, 문제해결의 규칙, 재미를 갖기, 사과하기, 의례화하기은 당신이 이것들을 정확하게 이해하고 실제로 사용할 때 비로소 당신의 부부관계에 유익하게 될 것이다.

지식과 기술을 실제로 유익하게 사용하기 위해서 반복적 연습과 일상적 습관화가 필요하다. 우리가 일상적으로 당면하는 경조사에는 관습적인 예식의 절차, 즉 의례나 의식이 있다. 이것들은 결혼식을 올리거나 제사를 지낼 때처럼 사람들이 많고 복잡한 일을 효과적으로 처리하는 대처방법들이다. 이와 마찬가지로, 부부관계의 문제들은 우리의 개인적 통제범위 밖에서 발생되기 쉬우며, 이것들에 대처하기 위해 의례적 방법들을 갖는 것이 필요하다.

이 책에서 제시된 강력한 방법들을 당신의 일상적 결혼생활의 일부분으로 의식화시켜라. 그것들의 예는 다음과 같다.

- 부부회의매주
- 대화 방법의 사용
- 문제토의와 해결의 분리

- 용서하기
- 재미를 즐기고 친근성을 향상시키기 위한 시간을 갖기
- 결혼생활을 위한 학습독서와 기술연습시간을 갖기

배운 기술을 적절히 활용하라

당신이 이 책에서 배운 바를 일상생활 속에서 의식화시키는 것은 '필요한 경우에 배운 기술을 활용한다' 는 것을 의미한다. 배운 기술을 사용하는 것은 대개 문제가 심각해서 스트레스를 많이 경험하는 상황이기 쉽다. 사람들이 스트레스를 경험할 때에는 자신이 평소에 했던 방식으로 행동하기 쉽다. 따라서 새로 배운 더 나은 방식을 사용하지 못하게 된다. 예를 들어, 태권도를 갓 배운 사람은 실제로 위급할 때에 배운 것을 전혀 사용하지 못하기 쉽다.

배운 기술을 사용할 때에 처음에는 잘되지 않는다는 것에 유의하라. 그렇지만 이것은 당신이 배운 기술이 쓸모없다는 것을 의미하지는 않는다. 이것은 단지 당신이 새로운 기술에 서툴다는 것을 의미한다. 기술의 사용에는 한동안 슬럼프 기간이 있으며, 이것을 극복해야만 능숙한 기술자가 될 수 있다. 예를 들어, 당신들이 재미있는 시간을 갖고 있는 동안에 재미를 손상시킬 수 있는 갈등거리나 말다툼거리시부모 문제가 제기되었다고 하자. 재미를 즐기는 긍정적 경험은 부부의 말다툼에 의해 크게 손상을 받을 수 있다. 이러한 손상을 방지하기 위해 "타임아웃"이나 "잠깐"을 외치도록 권한 바 있다. 이 방법은 말다툼을 중지시켜서 부부의 재미를 방해하지 않으려는 것임을 이미

알고 있을 것이다. 당신들이 재미있는 것을 즐기는 동안에_{나들이, 산책,} _{여행, 성관계} 말다툼거리가 생기거나 끼어들게 되면 말다툼에 대한 "타임아웃"을 외치는 습관을 가져라. 이와 같이, 필요한 경우에 배운 기술을 사용할 수 있을 때에 당신의 노력은 보람있는 성공을 거둘 수 있다.

배우자의 부정적 언행보다 긍정적 언행에 관심을 두어라

결혼생활의 문제에 영향을 주는 가장 강력한 요인은 부부가 서로 상대하는 행동이다. 이러한 행동은 상대방의 감정에 대해 긍정적 영향을 주는 것과 부정적 영향을 주는 것이 있다. 그런데 우리는 상대방의 긍정적 행동에 의해 만족하고 행복을 느끼고, 부정적 행동에 의해 불만족하고 불행을 느낀다. 따라서 결혼생활의 행복을 향상시키기 위해서는 부정적 행동보다 긍정적 행동을 더 많이 해야 된다.

부부가 서로 긍정적 행동을 많이 하도록 만드는 방법은 배우자의 긍정적 행동에 관심을 갖고, 긍정적 행동의 발생에 대해 보상이나 강화를 주어야 된다. 우리의 전통적 부부상은 결혼생활에 대해 부부가 즐거움이나 불평을 드러내지 않고 지내는 것, 즉 과묵하게 배우자의 행동에 대해 반응하는 것을 강조한다. '말이 없는' 남편이나 아내는 부정적 행동의 발생의 경우에는 부부관계에 도움이 될 수 있다. 결국, 배우자의 부정적 행동_{비난, 욕설, 모욕}에 대해 말이 없거나 반응이 없는 것은 부정적 상호작용의 악순환의 고리를 끊게 해주기 때문에 일시적으로 부부관계에 도움이 될 수도 있다.

그러나 배우자의 긍정적 행동_{상냥한 인사말, 이야기, 선물, 포옹}에 대해 말이 없거나 무반응적으로 대하는 것은 결코 좋은 것이 못 된다. 이것은 또한 '긍정적 상호작용'의 고리를 끊게끔 만든다. 배우자의 긍정적 행동에 대해 관심을 두고 즉각 긍정적으로 반응하라. 이러한 것을 이 분야의 한 전문가는 부부가 서로 다가가기turning toward라고 일컫고 있으며, 결혼생활 성공의 지름길이라고 주장한다. 예를 들어, 배우자가 "감기 들까 걱정돼요", "당신의 직장생활이 걱정되네요"와 같은 말을 하거나 맛있는 과자를 만들어 내놓았거나 다정하게 손을 잡았을 때 무덤덤하고 말이 없이 대하지 마라. 그런 언행에 대해 "고마워요", "기분 좋아요", "참 잘했어요" 등으로 즉각 당신의 긍정적 반응을 표현하라. 적극적이고 빈번한 감사, 칭찬 및 위로의 언어적 · 신체적 표현이 당신들의 행복한 결혼생활의 영양소가 됨을 잊지 마라.

마지막으로, 결혼생활의 문제와 위기는 언제든지 닥쳐올 수 있다는 것을 인식하고 '유비무환'의 정신으로 대처하는 것이 중요하다. 만일 당신이 결혼생활의 문제를 예방하고 질을 향상시키기를 원한다면, 결혼생활에 대한 지식을 얻고 활용하라. 이 책은 이러한 핵심적 지식을 제공하고 있다. 이 책에서 제시된 지식과 기술을 당신의 책상 위에 사장시키지 마라.

찾아보기

325